管道工程计量与计价

主 编 孙 凤 武 群 林 颖
副主编 曾 赟 刘香香 朱 竹

西南交通大学出版社
·成 都·

图书在版编目（CIP）数据

管道工程计量与计价 / 孙凤, 武群, 林颖主编.
成都：西南交通大学出版社, 2025. 3. -- ISBN 978-7
-5774-0399-1

Ⅰ. U172

中国国家版本馆 CIP 数据核字第 2025GR8604 号

Guandao Gongcheng Jiliang yu Jijia

管道工程计量与计价
主编 孙凤 武群 林颖

策 划 编 辑	黄庆斌
责 任 编 辑	赵思琪
封 面 设 计	墨创文化
出 版 发 行	西南交通大学出版社 （四川省成都市金牛区二环路北一段 111 号 西南交通大学创新大厦 21 楼）
营销部电话	028-87600564　028-87600533
邮 政 编 码	610031
网　　　址	https://www.xnjdcbs.com
印　　　刷	成都中永印务有限责任公司
成 品 尺 寸	185 mm × 260 mm
印　　　张	17.5
字　　　数	434 千
版　　　次	2025 年 3 月第 1 版
印　　　次	2025 年 3 月第 1 次
书　　　号	ISBN 978-7-5774-0399-1
定　　　价	39.80 元

课件咨询电话：028-81435775
图书如有印装质量问题　本社负责退换
版权所有　盗版必究　举报电话：028-87600562

编委会

主　编： 孙　凤　武　群　林　颖

副主编： 曾　赟　刘香香　朱　竹

参　编： 成都鹏业软件股份有限公司编写团队

　　　　　向秋实（重庆科学城城市建设集团有限公司）

PREFACE 前言

在建筑行业中，管道工程是连接各个系统、确保建筑功能正常运行的"生命线"。随着技术的进步和行业标准的更新，对管道工程的计量与计价提出了更高的要求。本书正是为了满足这一需求，为学生和专业人士提供一本实用的教材。

本书旨在培养具备实践能力和创新精神的应用型人才，通过校企合作模式，将理论知识与工程实践紧密结合，为学生提供更为真实、全面的学习体验，以帮助他们能更好地适应未来的工作内容。

本书依据国家标准《建设工程工程量清单计价规范》（GB 50500—2013）和《通用安装工程工程量计算规范》（GB 50856—2013），同时结合《重庆市建设工程费用定额》（CQFYDE—2018）及《重庆市通用安装工程计价定额》（CQAZDE—2018），系统地讲解了安装工程工程量清单计量与计价的原理和方法。本书主要介绍建筑安装工程中的管道工程部分，包括生活给水、排水、消防工程、通风空调以及采暖工程的计量与计价，并结合BIM技术的应用，进行了综合案例分析。

本书的教学内容不仅注重实用性，还包括启发式和交互式教学。每章内容均以实际工程项目为核心，从基础知识介绍到施工图识读，再到案例分析，逐步引导学生深入理解并掌握计量与计价的实际操作。书中还配备了丰富的教学资源，如讲解视频、工程量清单与定额对应关系梳理、例题指导及框架图总结，旨在提高教学效果和学生的学习体验。

本书是校企合作的结晶，由重庆同乘工程咨询设计有限责任公司提供工程实践项目"重庆市重庆工程学院教学科研楼项目"的施工图，成都鹏业软件股份有限公司提供技术和软件支持。本书的编写分工明确，由多位专家共同完成，确保了内容的专业性和实用性。本书的具体编写分工如下：刘香香编写第1、2章，武群编写第3、4章，林颖编写第5章，曾赟编写第6章，孙凤编写第7、8章，本书配套案例施工图由重庆同乘工程咨询设计有限责任公司朱竹进行整理修订，本书配套案例视频讲解资源及计量计价源文件由成都鹏业软件股份有限公司编制。全书由孙凤汇总修改并统稿，由向秋实进行整理与校核。

本书编写过程中参考了大量资料，在此，谨向所有为本书提供过帮助和支持的学者、专家，以及参考文献中列出的每一位作者，致以最诚挚的感谢与敬意。

由于编者水平有限，书中难免存在疏漏之处，敬请广大读者批评指正。

编 者
2025年3月

CONTENTS 目录

第1章 安装工程造价的构成
1.1 安装工程造价概述……………………………………………………1
1.2 安装工程费用组成……………………………………………………4
1.3 安装工程费用取费标准………………………………………………11
1.4 安装工程工程量清单计价程序………………………………………14
总结框架图……………………………………………………………19
课后练习题……………………………………………………………19

第2章 安装工程工程量清单编制及计价
2.1 工程量清单概述………………………………………………………20
2.2 工程量清单的编制……………………………………………………22
2.3 工程量清单计价………………………………………………………44
2.4 工程量清单计价表格介绍……………………………………………52
总结框架图……………………………………………………………60
课后练习题……………………………………………………………60

第3章 给水工程计量与计价
3.1 给水工程基础知识……………………………………………………61
3.2 给水工程施工图识读…………………………………………………72
3.3 生活给水工程计量与计价案例分析…………………………………75
总结框架图……………………………………………………………98
课后练习题……………………………………………………………98

第4章 排水工程计量与计价
4.1 排水工程基础知识……………………………………………………99
4.2 排水工程施工图识读…………………………………………………106
4.3 排水工程计量与计价案例分析………………………………………108
总结框架图……………………………………………………………121
课后练习题……………………………………………………………121

第 5 章 建筑消防工程水灭火系统计量与计价
- 5.1 消防工程基础知识 ... 123
- 5.2 消防工程水灭火系统施工图识读 ... 133
- 5.3 水灭火系统工程计量与计价案例分析 ... 135
- 总结框架图 ... 184
- 课后练习题 ... 184

第 6 章 通风空调工程计量与计价
- 6.1 通风空调工程基础知识 ... 185
- 6.2 通风空调工程施工图识读 ... 198
- 6.3 通风空调工程计量与计价案例分析 ... 205
- 总结框架图 ... 230
- 课后练习题 ... 230

第 7 章 采暖工程计量与计价
- 7.1 采暖工程基础知识 ... 232
- 7.2 采暖工程施工图识读 ... 239
- 7.3 采暖工程计量与计价案例分析 ... 242
- 总结框架图 ... 254
- 课后练习题 ... 254

第 8 章 基于 BIM 技术的管道工程计量与计价综合案例
- 8.1 管道工程建模计量 ... 255
- 8.2 管道工程计价 ... 263
- 8.3 管道工程计量与计价综合案例 ... 269
- 总结框架图 ... 270
- 课后练习题 ... 270

参考文献 ... 271

第1章 安装工程造价的构成

本章主要介绍了安装工程计量与计价的含义、工程造价各阶段的主要任务、建设项目总投资的构成、建筑安装工程费的构成和计算流程、建筑安装工程费的取费标准以及工程量清单的计价程序。

1.1 安装工程造价概述

安装工程造价是工程项目中不可或缺的一部分，它涉及工程项目的投资、设计、施工、验收等各个环节。安装工程造价的准确性对于工程项目的顺利进行和成本控制至关重要。

在安装工程造价的过程中，需要考虑多个因素，如材料费用、人工费用、设备费用、管理费用等。这些费用会受到市场波动、政策调整、技术更新等多种因素的影响，因此安装工程造价需要不断地进行动态调整和优化。

为了确保安装工程造价的准确性，需要由一支专业的造价团队进行精细化管理和控制。这个团队需要具备丰富的实践经验、扎实的专业知识、敏锐的市场洞察力和精湛的技术能力。只有这样，才能在保证工程质量的前提下有效控制成本，实现工程效益最大化。此外，随着科技的不断发展，安装工程造价也逐渐向数字化、智能化方向转型。通过引入先进的信息化技术，可以实现安装工程造价的自动化计算、数据分析和预测，提高造价管理的效率和精度。同时，也可以借助大数据、人工智能等技术手段，对工程造价进行智能化分析和优化，为工程项目的决策提供有力支持。

1.1.1 安装工程计量与计价的含义

1. 工程造价的含义

工程造价（Project Costs，PC）的含义可以从多个角度来理解。根据国家标准《工程造价术语标准》（GB/T 50875—2013），工程造价是指构成项目在建设期预计或实际支出的建设费用。这是从整个项目建设的角度出发，对工程造价进行的定义。工程造价是指某项建设工程产品的建造价格，本质上属于价格范畴。在不同场合，从不同角度来看，工程造价有广义和狭义之分。

从投资者或业主的角度定义的工程造价是广义的，是指建设项目建设成本，涵盖了建设工程造价、安装工程造价、电力工程造价、水利工程造价、市政工程造价、通信工程造价等，是建设某项工程预期开支或实际开支的全部固定资产投资费用，这些费用主要包括设备及工器具购置费、建筑工程及安装工程费、工程建设其他费用、预备费、建设期利息等。

从市场角度定义的工程造价是狭义的，是指工程价格，即为建成某项工程，预计或实际在土地、设备、技术劳务市场以及承包市场等，通过招投标等交易方式所形成的建筑安装工程的价格和建设工程总价格。

2. 安装工程的含义

安装工程是指按照工程建设施工图纸和施工规范的规定，把各种设备放置并固定在一定的地方，或将工程原材料经过加工并安置、装配而形成具有功能价值的产品的工作过程。

在建筑行业常见的安装工程有给排水工程，采暖工程，燃气工程，消防工程，通风空调工程，工业管道工程，刷油、防腐蚀及绝热工程，通信工程，音响、安防、楼宇智能化及电气照明工程等。这些安装工程按建设项目的原则划分均属单位工程，它们具有单独的施工设计文件，有独立的施工条件，是工程造价计算的完整对象。

3. 安装工程计量与计价的含义

安装工程计量与计价过去一般称为安装工程造价，是反映拟建工程经济效果的一种技术经济文件。它一般从计量、计价两个方面计算工程经济效果。

（1）计量。

计量主要是依据施工图纸、规范图集等编制工程量清单，简单地讲，就是计算该工程所要完成的安装工程实体数量。

（2）计价。

现行的安装工程计量与计价主要采用工程量清单计价，是依据清单计价规范、施工图纸、相关的计价定额和计价办法及造价信息形成的各阶段工程造价，就是用货币形式反映工程成本。

4. 工程量清单计价法

工程量清单计价方法是按照"清单计价规范"规定的工程建设施工阶段全过程进行工程量清单编制和计价的方法。

《建设工程工程量清单计价规范》（GB 50500—2013）适用于建筑工程、装饰工程、安装工程、市政工程、园林绿化工程、矿山工程的工程量清单项目编制及工程量的计算规则。工程量计算规则是有关清单项目工程量计算的规定，清单项目的工程量应以实体工程量为准，以完成后的净值计算。投标人报价时应在单价中考虑施工损耗和需增加的工程量。

1.1.2 安装工程计量与计价在项目各阶段的主要任务

1. 投资决策阶段

安装工程计量与计价的主要任务是对拟建项目中安装工程部分的费用进行初步估算和预测，为项目的可行性研究、方案比选、经济评价以及投资决策作依据。

投资估算是指在整个投资决策过程中，依据现有的资料和一定的方法，对拟建项目的投资额（包括固定资产投资、流动资金和项目建设期贷款利息等）进行的估计。投资估算是项目决策的重要依据之一，对于项目的规划和规模、投资决策、资金筹措等方面都具有重要的参考作用。因此，在进行投资估算时，需要充分考虑项目的实际情况和可能面临的风险，采用科学合理的估算方法和手段，确保估算结果的准确性和可靠性。

2. 设计阶段

安装工程造价在设计阶段的主要任务是完成设计概算和施工图预算。

（1）设计概算是在初步设计和扩大初步设计阶段，由设计单位根据初步投资估算、设计要求及初步设计图纸或扩大初步设计图纸，依据概算定额或概算指标、各项费用定额或取费标准、建设地区自然及技术经济条件和设备及材料预算价格等资料，或参照类似工程预（决）算文件，编制和确定的建设项目由筹建至竣工交付使用的全部建设费用的经济文件。

（2）施工图预算是指在施工图设计完成后，根据施工图、预算定额、各项取费标准、建设地区的自然及技术经济条件等资料编制的建筑安装工程预算文件。在我国，施工图预算是建筑企业和建设单位签订承包合同、实行工程预算包干、拨付工程款和办理工程结算的依据；是建筑企业控制施工成本、实行经济核算和考核经营成果的依据。在实行招标承包制的情况下，施工图预算是建设单位确定招标控制价和建筑企业投标报价的依据。具体来说，它是根据已批准的施工图，按照工程量计算规则，考虑实施施工图的施工组织设计确定的施工方案，来计算工程量，然后套用现行的预算定额、材料预算价格和费用定额以及费用计算程序，逐项进行计算并汇总的技术经济文件。

3. 招投标阶段

安装工程造价在招投标阶段的主要任务是编制工程量清单、编制招标控制价、投标报价以及确定合同价。

4. 工程竣工阶段

安装工程造价在工程竣工阶段的主要任务是竣工决算。在竣工决算阶段，通过为项目编制竣工决算，最终确定的建设项目总造价，是建设项目的实际工程造价。

1.1.3 建设项目投资构成

建设项目按用途可以分为生产性建设项目和非生产性建设项目。

（1）生产性建设项目总投资包括固定资产投资和流动资产投资两部分。生产性建设项目主要用于物质生产或满足物质生产需要。例如，工业建设项目，可能包括工矿企业中的生产车间、矿井、储运工程、给排水、供热、供电、供气、通信工程等物质生产建设，还可能涉及企业办公室、化验室、仓库、传达室、厂区道路、围墙等建筑物的建造。

（2）非生产性建设项目的总投资只包括固定资产投资（固定资产投资包含建设投资和建设期利息），不包括流动资产投资。非生产性建设项目主要用于满足人民物质文化生活需要，也称为消费性建设项目。例如，住宅建设，包括集体宿舍、家属住宅、学校教职员工住宅与学生宿舍等。

一般项目的建筑安装工程费用，如招标控制价、投标报价及施工合同价等都指的是建筑安装工程费用。从甲方角度，工程造价则包括建设投资和建设期利息。

其中，建设投资是指为完成工程项目建设，在建设期内投入且形成现金流出的全部费用。建设投资包括工程费用、工程建设其他费用和预备费三部分。工程费用是指建设期内直接用于工程建造、设备购置及其安装的建设投资，可分为设备及工器具购置费和建筑安装工程费。工程建设其他费用是指建设期项目建设或运营必须发生的但不包括在工程费用中的费用。预备费是指在建设期内因各种不可预见因素的变化而预留的可能增加的费用，包括基本预备费和价差预备费。我国目前建设项目总投资构成如图1.1所示。

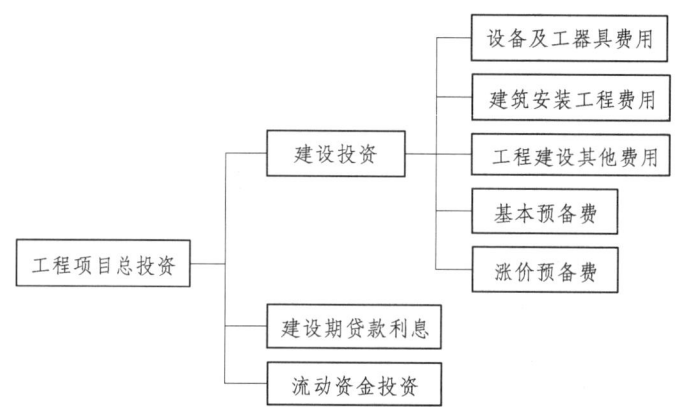

图1.1 建设项目总投资构成

1.2 安装工程费用组成

本节以《重庆市建设工程费用定额》（CQFYDE—2018）为例进行介绍。《重庆市建设工程费用定额》（CQFYDE—2018）的编制是为了合理确定和有效控制工程造价，进而提高工程投资效益，其是根据《建筑安装工程费用项目组成》（建标〔2013〕44号）、《关于全面推开营业税改征增值税试点的通知》（财税〔2016〕36号）、《重庆市住房和城乡建设委员会关于适用增值税新税率调整建设工程计价依据的通知》（渝建〔2019〕143号）、《建设工程工程量清单计价规范》（GB 50500—2013）及《重庆市建设工程工程量清单计价规则》（CQJJGZ—2013）等规定，结合重庆市实际情况进行编制的。

以上定额是重庆市行政区域内国有资金投资的建设工程编制和审核施工图预算、招标控制价（最高投标限价）、工程结算的依据，是编制投标报价的参考，也是编制概算定额和投资估算指标的基础。

编制投标报价时，除费用组成、费用内容、计价程序、有关说明以及工程费用中的规费、安全文明施工费、税金标准应执行本定额外，其他费用标准投标人可结合建设工程和施工企业实际情况自主确定。非国有资金投资的建设工程可参照本定额规定执行。

根据《重庆市建设工程费用定额》（CQFYDE—2018）中建筑安装工程费是由分部分项工程费、措施项目费、其他项目费、规费、税金组成，详见表1.1。

表1.1 建筑安装工程费用项目组成

分部分项工程费	建筑安装工程费的分部分项工程费		
措施项目费	施工技术措施项目费	特、大型机械设备进出场及安拆费	
		脚手架费	
		混凝土模板及支架费	
		施工排水及降水费	
		其他技术措施费	
	施工组织措施项目费	组织措施	夜间施工增加费
			一次搬运费
			冬雨季施工增加费
			已完工程及设备保护费
			工程定位复测费
		安全文明施工费	
		建设工程竣工档案编制费	
		住宅工程质量分户验收费	
其他项目费	暂列金额		
	暂估价		
	计日工		
	总承包服务费		
规费	社会保障费	养老保险费	
		工伤保险费	
		医疗保险费	
		生育保险费	
		失业保险费	
	住房公积金		
税金	增值税		
	城市建设维护税		
	教育费附加		
	地方教育附加		
	环境保护税		

1.2.1 分部分项工程费

分部分项工程费是指建筑安装工程中各专业工程的分部分项工程应予列支的各项费用。这些费用是根据现行国家计量规范,对各专业工程划分的项目进行计算的。这些专业工程包括但不限于房屋建筑与装饰工程、仿古建筑工程、通用安装工程、市政工程、园林绿化工程、矿山工程、构筑物工程、城市轨道交通工程、爆破工程等。分部分项工程费中包括人工费、材料费、施工机具使用费、企业管理费、利润和风险费。

1. 人工费

人工费是指按工资总额构成规定,支付给从事建筑安装工程施工的生产工人和附属生产单位工人的各项费用。内容包括:

(1)计时工资或计件工资。

(2)奖金,如节约奖、劳动竞赛奖等。

(3)津贴、补贴,如流动施工津贴、特殊地区施工津贴、高温(寒)作业临时津贴、高空津贴等。

(4)加班加点工资。加班加点工资是指在法定节假日工作的加班工资和在法定日工作时间外延时工作的加点工资。

(5)特殊情况下支付的工资。特殊情况下支付的工资是指因病、工伤、产假、计划生育假、婚丧假、事假、探亲假、定期休假、停工学习等支付的工资。

构成人工费的基本要素有两个,即人工的工日消耗量和日工资单价。其计算公式为

$$人工费 = \sum(工日消耗量 \times 日工资单价)$$

2. 材料费

材料费是指施工过程中耗费的构成工程实体的原材料、辅助材料、构配件、零件、半成品或成品、工程设备的费用。这些费用包括材料原价、运杂费、运输损耗费、采购及保管费等。

(1)材料原价是指材料、工程设备的出厂价格或商家供应价格。

(2)运杂费是指材料、工程设备自来源地运至工地仓库或指定堆放地点所发生的全部费用。

(3)运输损耗费是指材料在运输装卸过程中不可避免的损耗。

(4)采购及保管费是指为组织采购、供应和保管材料、工程设备的过程中所需的各项费用。采购及保管费包括采购费、仓储费、工地保管费、仓储损耗。其中,工程设备是指构成或计划构成永久工程一部分的机电设备、金属结构设备、仪器装置及其他类似的设备和装置。

材料费的计算公式为

$$材料费 = \sum(材料消耗量 \times 材料基价)$$

其中

$$材料基价 = [(供应供应 + 运杂费) \times (1 + 运输损耗率)] \times (1 + 采购保管费费率)$$

3. 施工机具使用费

（1）施工机械使用费。

施工机械使用费是指施工机械作业所发生的机械使用费以及机械安拆费和场外运输费。施工机械台班单价由折旧费、大修理费、经常修理费、安拆费及场外运费、人工费、燃料动力费、税费七项费用组成。

施工机械使用费的计算公式为

$$施工机械使用费=\sum(施工机械台班消耗费\times 机械台班单价)$$

其中

$$机械台班单价=台班折旧费+台班大修费+台班经常修理费+台班安拆费及场外运费+$$
$$台班人工费+台班燃料动力费+台班车船税费$$

若租赁施工机械，施工机械使用费的计算公式为

$$施工机械使用费=\sum(施工机械台班消耗费\times 机械台班租赁单价)$$

（2）仪器仪表使用费。

仪器仪表使用费是指工程施工所需使用的仪器仪表的摊销及维修费用，即

$$仪器仪表使用费=工程使用的仪器仪表摊销费+维修费$$

4. 企业管理费

企业管理费是指企业范围内所发生的各项管理费和经营费，这些费用主要用于支持企业的日常运营和管理活动。企业管理费包括以下内容：

（1）管理人员工资：按规定支付给管理人员的计时工资、奖金、津贴补贴、加班加点工资及特殊情况下支付的工资等。

（2）办公费：企业管理办公用的文具、纸张、账表、印刷、邮电、书报、办公软件、现场监控、会议、水电、烧水和集体取暖降温（包括现场临时宿舍取暖降温）等费用。

（3）差旅交通费：职工因公出差、调动工作的差旅费、住勤补助费、市内交通费和误餐补助费、职工探亲路费、劳动力招募费，以及职工退休或退职一次性路费、工伤人员就医路费、工地转移费以及管理部门使用的交通工具的油料、燃料等费用。

（4）固定资产使用费：管理和试验部门及附属生产单位使用的属于固定资产的房屋、设备、仪器等的折旧、大修、维修或租赁费。

（5）工具用具使用费：企业施工生产和管理使用的不属于固定资产的工具、器具、家具、交通工具和检验、试验、测绘、消防用具等的购置，维修和摊销费。

（6）劳动保险和职工福利费：由企业支付的职工退职金，按规定支付给离休干部的经费，集体福利费，夏季防暑降温、冬季取暖补贴，上下班交通补贴等。

（7）劳动保护费：企业按规定发放的劳动保护用品的支出，如工作服、手套、防暑降温饮料以及在有碍身体健康的环境中施工的保健费用等。

（8）工会经费：企业按"工会法"规定的全部职工工资总额比例计提的工会经费。

（9）职工教育经费：按职工工资总额的规定比例计提，企业为职工进行专业技术和职

业技能培训、专业技术人员继续教育、职工职业技能鉴定、职业资格认定以及根据需要对职工进行各类文化教育所发生的费用。

（10）财产保险费：施工管理用财产、车辆等的保险费用。

（11）财务费：企业为施工生产筹集资金或提供预付款担保、履约担保、职工工资支付担保等所发生的各种费用。

（12）税金：企业按规定缴纳的房产税、车船使用税、城镇土地使用税、印花税等。

（13）其他：包括技术转让费、技术开发费、投标费、业务招待费、广告费、公证费、法律顾问费、审计费、咨询费、保险费、建设工程综合（交易）服务费及配合工程质量检测取样送检或为送检单位在施工现场开展有关工作所发生的费用等。

企业管理费的计算公式为

$$企业管理费=(人工费+施工机具使用费)\times 企业管理费费率$$

5. 利润

利润是指企业在一定会计期间的经营成果，也称为净利润或净收益。从狭义的收入、费用来讲，利润包括收入和费用的差额，以及其他直接计入损益的利得、损失。从广义的收入、费用来讲，利润是收入和费用的差额。

利润的计算公式为

$$利润=(人工费+施工机具使用费)\times 利润率$$

6. 风险费

风险费是指为了应对项目实施过程中可能出现的不可预见事件、不利因素或风险而预留的费用。风险费包括一般风险费和其他风险费。

（1）一般风险费：工程施工期间因停水停电等不可预见的一般风险因素影响正常施工而又不便计算的损失费用。其内容包括：一个月内临时停水、停电，在工作时间16 h以内的停工、窝工损失；建设单位供应材料设备不及时，造成的停工、窝工每月在8 h以内的损失；材料的理论质量与实际质量的差；材料代用（但不包括建筑材料中钢材的代用）。

（2）其他风险费：除一般风险费外，招标人根据《建设工程工程量清单计价规范》（GB 50500—2013）、《重庆市建设工程工程量清单计价规则》（CQJJGZ 2013）的有关规定，在招标文件中要求投标人承担的人工、材料、机械价格及工程量变化导致的风险费用。

1.2.2 措施项目费

措施项目费是指为完成工程项目施工，发生于该工程施工前和施工过程中非工程实体项目的费用。措施项目费分为施工技术措施项目费和施工组织措施项目费，是指建筑安装工程施工前和施工过程中发生的技术、生活、安全、环境保护等费用，包括人工费、材料费、施工机具使用费、企业管理费、利润和一般风险费。

1. 施工技术措施项目费

施工技术措施项目费是指为完成建设工程施工，发生于该工程施工前和施工过程中的技术、生活、安全、环境保护等方面的费用。这些费用涉及多个方面，包括但不限于安全文明施工费（环境保护费、文明施工费、安全施工费、临时设施费）、二次搬运费、夜间施工费、大型设备进出场费、冬雨季施工费、混凝土模板及支架费、已完工程设备保护费、施工降水排水费、脚手架费等。

施工技术措施项目费可以分为总价措施项目费和单价措施项目费。在工程量清单价计中，措施项目通常分为土石方及桩基工程、脚手架工程、模板及支架工程、垂直运输机超高增加费、大型机械进退场费五个部分。这些部分包含了多个定额子目，如施工排水降水、外脚手架、里脚手架、满堂脚手架、现浇混凝土模板、建筑物垂直运输、超高施工增加费、大型机械进退场费等。

总的来说，施工技术措施项目费是为确保工程施工的顺利进行、保障施工质量和安全，以及满足环境保护要求而发生的各项费用。这些费用的合理计算和控制对于工程项目的经济效益和社会效益具有重要意义。

2. 施工组织措施项目费

施工组织措施项目费是指为完成工程项目施工，发生于该工程施工过程中组织上的措施费用，包括夜间施工增加费、二次搬运费、冬雨季施工增加费、已完工程及设备保护费、工程定位复测费、安全文明施工费、建设工程竣工档案编制费、住宅工程质量分户验收费等。

（1）施工组织措施费。

① 夜间施工增加费：因夜间施工所发生的夜班补助费、夜间施工照明设备摊销、照明用电及夜间施工降效等费用。

② 二次搬运费：因施工场地条件限制而发生的材料、构配件、半成品等一次运输不能到达堆放地点，必须进行二次或多次搬运所发生的费用。

③ 冬雨季施工增加费：在冬季或雨季施工需增加的临时设施、防滑、排除雨雪、人工及施工机械效率降低等费用。

④ 已完工程及设备保护费：竣工验收前，对已完工程及设备采取的必要保护措施所发生的费用。

⑤ 工程定位复测费：工程施工过程中进行全部施工测量放线、复测的费用。

（2）安全文明施工费。

① 环境保护费：施工现场为达到环保部门要求所需要的各项费用。

② 文明施工费：施工现场文明施工所需的各项费用。

③ 安全施工费：施工现场安全施工所需的各项费用。

④ 临时设施费：施工企业为进行建设工程施工所必需搭设的生活和生产用的临时建筑物、构筑物和其他临时设施费用，包括临时设施的搭设、维修、拆除、清理和摊销费等。

（3）建设工程竣工档案编制费。

建设工程竣工档案编制费是指施工企业根据建设工程档案管理的有关规定，在建设工程施工过程中收集、整理、制作、装订、归档具有保存价值的文字，以及图纸、图表、声像、电子文件等各种建设工程档案资料所发生的费用。

（4）住宅工程质量分户验收费。

住宅工程质量分户验收费是指施工企业根据住宅工程质量分户验收规定，进行住宅工程分户验收工作发生的人工、材料、检测工具、档案资料等费用。

1.2.3 其他项目费

其他项目费是指分部分项工程费和措施项目费以外的费用，包括暂列金额、暂估价、计日工和总承包服务费。

1. 暂列金额

暂列金额是指招标人在工程量清单中暂定并包括在工程合同价款中的一笔款项。用于施工合同签订时尚未确定或者不可预见的所需材料、工程设备、服务的采购，施工中可能发生的工程变更、合同约定调整因素出现时的工程价款调整以及发生的索赔、现场签证确认等的费用。

2. 暂估价

暂估价是指招标人在工程量清单中提供的用于支付必然发生但暂时不能确定价格的材料、工程设备的单价以及专业工程的金额。

3. 计日工

计日工是指在施工过程中，承包人完成发包人提出的施工图纸以外的零星项目或工作，按合同约定计算所需的费用。

4. 总承包服务费

总承包服务费是指总承包人为配合协调发包人进行专业工程分包，同期施工时提供必要的简易架料、垂直吊运和水电接驳、竣工资料汇总整理等服务所需的费用。

1.2.4 规费

规费是指按国家法律、法规规定，由省级政府和省级有关权力部门规定必须缴纳或计取的费用，包括社会保险费和住房公积金。

1. 社会保险费

（1）养老保险费。

（2）工伤保险费。

（3）医疗保险费。

（4）生育保险费。

（5）失业保险费。

2. 住房公积金

1.2.5 税金

税金是指国家税法规定的应计入建筑安装工程造价的增值税、城市维护建设税、教育费附加、地方教育附加以及环境保护税。

1.3 安装工程费用取费标准

建筑安装工程费用由分部分项工程费、措施项目费、其他项目费、规费、税金组成，其费用标准如下。

1.3.1 企业管理费、组织措施费、利润、规费和风险费

通用安装工程以定额人工费为计算基础，费用标准见表1.2。

表1.2 安装工程企业管理费、组织措施费、利润、规费和风险费取费标准

专业工程		一般计税法			简易计税法			利润/%	规费/%
		企业管理费/%	组织措施费/%	一般风险费/%	企业管理费/%	组织措施费/%	一般风险费/%		
通用安装工程	机械设备安装工程	24.65	10.08	2.80	25.02	10.74	2.99	20.12	18.00
	热力设备安装工程	26.89	10.15		27.30	10.81		20.07	
	静置设备与工艺金属结构制作安装工程	28.81	10.71		30.26	11.41		22.35	
	电器设备安装工程	38.17	16.39		39.75	17.46		27.43	
	建筑智能化工程	32.53	12.93		33.03	13.77		26.36	
	自动化控制仪表工程	32.38	13.53		32.87	14.42		26.65	
	通风空调工程	27.18	10.73		27.59	11.44		21.23	
	工业管道工程	24.65	10.25		25.03	10.92		22.13	
	消防工程	26.13	11.04		26.53	11.76		22.69	
	给排水、采暖、燃气工程	29.46	11.82		29.91	12.59		23.68	
	刷油、防腐蚀、绝热工程	22.79	9.82		23.14	10.47		14.46	

1.3.2 安全文明施工费

通用安装工程以人工费（含价差）为计算基础，费用标准见表1.3。

表1.3 安全文明施工费取费标准

通用安装工程	计算基数	一般计税法/%	简易计税法/%
机械设备安装工程	人工费	17.42	18.15
热力设备安装工程		17.42	18.15
静置设备与工艺金属结构制作安装工程		21.10	21.98
电器设备安装工程		25.10	26.15
建筑智能化工程		19.45	20.26
自动化控制仪表工程		20.55	21.40
通风空调工程		19.45	20.26
工业管道工程		17.42	18.15
消防工程		17.42	18.15
给排水、采暖、燃气工程		19.45	20.26
刷油、防腐蚀、绝热工程		17.42	18.15

1.3.3 建设工程竣工档案编制费

通用安装工程以定额人工费为计算基础，费用标准见表1.4。

表1.4 建设工程竣工档案编制费取费标准

通用安装工程	一般计税法/%	简易计税法/%
机械设备安装工程	1.92	2.01
热力设备安装工程	2.11	2.20
静置设备与工艺金属结构制作安装工程	1.91	1.99
电器设备安装工程	1.94	2.03
建筑智能化工程	2.14	2.23
自动化控制仪表工程	2.35	2.45
通风空调工程	1.96	2.05
工业管道工程	1.94	2.03
消防工程	1.92	2.00
给排水、采暖、燃气工程	2.02	2.11
刷油、防腐蚀、绝热工程	1.92	2.01

1.3.4 住宅工程质量分户验收费

住宅工程质量分户验收费按现行住宅工程质量分户验收的有关规定执行，调整后的费用标准见表1.5。

表1.5 住宅工程质量分户验收费取费标准

费用名称	计算基数	一般计税法/（元·m^{-2}）	简易计税法/（元·m^{-2}）
住宅工程质量分户验收费	住宅单位工程建筑面积	1.32	1.35

1.3.5 总承包服务费

总承包服务费以分包工程人工费为计算基础，费用标准见表1.6。

表1.6 总承包服务费取费标准

分包工程	计算基数	一般计税法/%	简易计税法/%
装饰、安装工程	分包工程人工费	11.32	12

1.3.6 采购及保管费

采购及保管费的计算公式为

采购及保管费=(材料原价+运杂费)×(1+运输损耗率)×采购及保管费率

承包人采购材料、设备的采购及保管费率：材料为2%，设备为0.8%，预拌商品混凝土、沥青混凝土及商品湿拌砂浆等半成品为0.6%，苗木为0.5%。

发包人提供的预拌商品混凝土、沥青混凝土及商品湿拌砂浆等半成品不计取采购及保管费。发包人提供的其他材料到承包人指定地点，承包人计取采购及保管费的2/3。

1.3.7 计日工

计日工中的人工、材料、机械单价按建设项目实施阶段市场价格确定，通用安装工程计费基价人工执行表1.7的标准。材料、机械执行各专业计价定额单价。市场价格与计费基价之间的价差单调。

表1.7 计费基价人工单价

工种	人工单价（元·工日$^{-1}$）
安装综合工	125

1.3.8 停工、窝工费用

承包方进入现场后，如因设计变更或由于发包方的责任造成的停工、窝工费用，由承包方提出资料，经发包方、监理方确认后由发包方承担。施工现场如有调剂工程，经发、承包方协商可以安排时，停工、窝工费用应根据实际情况不收或少收。

现场机械停置台班数量按停置期天数计算，台班费及管理费按机械台班费的50%计算，不再计取其他有关费用，但应计算税金。

生产工人停工、窝工按相应专业综合工单价计算，综合费用按10%计算，除税金外不再计取其他有关费用。

周转材料停置费按实计算。

1.3.9 现场生产和生活用水、电价差调整

（1）安装水、电表时，水、电用量按表计量。水、电费由发包人交款时，承包人按合同约定水、电单价退还发包人；由承包人交款时，承包人按合同约定水、电费调价方法和单价调整价差。

（2）未安装水、电表并由发包人缴款时，水、电费按表1.8计算退还发包人。

表1.8 水、电费执行标准

专业工程	计算基数	一般计税法/%		简易计税法/%	
		水费	电费	水费	电费
通用安装工程	定额人工费	1.04	1.74	1.18	2.04

1.3.10 税金

增值税、城市建设维护税、教育费附加、地方教育附加及环境保护税，按国家和重庆市相关规定执行，税费标准见表1.9。采用一般计税方法时，税前造价不含增值税进项税额；采用简易计税方法时，税前造价应包含增值税进项税额。

表1.9 税费标准

税目		计算基础	工程在市区/%	工程在县、城镇区/%	工程不在市区及县、城镇区/%
增值税	一般计税方法	税前造价	9		
	简易计税方法		3		
附加税	城市建设维护税	增值税税额	7	5	1
	教育费附加		3	3	3
	地方教育附加		2	2	2
环境保护税		按实计算			

1.4 安装工程工程量清单计价程序

工程量清单计价应根据国家标准及地方规范，如《通用安装工程工程量计算规范》（GB 50856—2013）、《建设工程工程量清单计价规范》（GB 50500—2013）、《重庆市

建设工程工程量清单计价规则》（CQJJGZ—2013）、《重庆市建设工程工程量计算规则》（CQJLGZ—2013）及《重庆市建设工程费用定额》（CQFYDE—2018）的规定，编制工程量清单，进行清单计价。

1.4.1 单位工程计价程序

单位工程工程量清单计价由分部分项工程费、措施项目费、其他项目费、规费和税金组成。其中，单位工程计价程序表见表1.10。

表1.10 单位工程计价程序表

序号	项目名称	计算式	金额/元
1	分部分项工程费		
2	措施项目费	2.1+2.2	
2.1	技术措施项目费		
2.2	组织措施项目费		
其中	安全文明施工费		
3	其他项目费	3.1+3.2+3.3+3.4+3.5	
3.1	暂列金额		
3.2	暂估价		
3.3	计日工		
3.4	总承包服务费		
3.5	索赔及现场签证		
4	规费		
5	税金	5.1+5.2+5.3	
5.1	增值税	(1+2+3+4－甲供材料费)×税率	
5.2	附加税	5.1×税率	
5.3	环境保护税	按实计算	
6	合价	1+2+3+4+5	

按2013年版的计价规范规定，工程量清单计价书由封面、总说明、投标报价汇总表、分部分项工程量清单计价表、工程量清单综合单价分析表、措施项目清单计价表、其他项目清单计价表，以及规费、税金项目清单计价表等组成。

工程量清单计价时各项费用报价的计算过程如下：

分部分项目工程费=∑(分部分项工程量相应分部分综合单价)

措施项目费=∑各项施工组织措施项目费+∑(各项施工技术措施项目费×相应部分综合单价)

其他项目费=暂列金额+暂估价+计日工费+总承包服务费

单位工程报价=分部分项工程费及措施项目费+其他项目费+规费+税金

单位工程报价=∑单位工程报价

建设项目总报价=∑单项工程报价

1.4.2 综合单价计算程序

通用安装工程的综合单价应按表1.11及表1.12所示程序计算。我国目前主要采用经评审的合理最低投标价法进行评标，即为表明分部分项工程量综合单价的合理性，投标人应对其进行单价分析，以作为评标时判断综合单价合理性的主要依据。综合单价分析表的编制应反映出综合单价的编制过程，实际分析计算综合单价时，可按表1.13进行。

表1.11 综合单价计算程序表（一般计税法）

序号	费用名称	一般计税法计算式
1	定额综合单价	1.1+…+1.6
1.1	定额人工费	
1.2	定额材料费	
1.3	定额施工机具使用费	
1.4	企业管理费	1.1×费率
1.5	利润	1.1×费率
1.6	一般风险费	1.1×费率
2	未计价材料	不含税合同价（信息价、市场价）
3	人材机价差	3.1+3.2+3.3
3.1	人工费价差	合同价（信息价、市场价）－定额人工费
3.2	材料费价差	不含税合同价（信息价、市场价）－定额材料费
3.3	施工机具使用费价差	3.3.1+3.3.2
3.3.1	机上人工费价差	合同价（信息价、市场价）－定额机上人工费
3.3.2	燃料动力费价差	不含税合同价（信息价、市场价）－定额燃料动力费
4	其他风险费	
5	综合单价	1+2+3+4

表1.12 综合单价计算程序表（简易计税法）

序号	费用名称	一般计税法计算式
1	定额综合单价	1.1+…+1.6
1.1	定额人工费	
1.2	定额材料费	
1.2.1	其中：定额其他材料费	
1.3	定额施工机具使用费	
1.4	企业管理费	1.1×费率
1.5	利润	1.1×费率
1.6	一般风险费	1.1×费率
2	未计价材料	含税合同价（信息价、市场价）
3	人材机价差	3.1+3.2+3.3
3.1	人工费价差	合同价（信息价、市场价）－定额人工费
3.2	材料费价差	3.2.1+3.2.2
3.2.1	计价材料价差	含税合同价（信息价、市场价）－定额材料费
3.2.2	定额其他材料费进项税	1.2.1×材料进项税税率16%
3.3	施工机具使用费价差	3.3.1+3.3.2+3.3.3
3.3.1	机上人工费价差	合同价（信息价、市场价）－定额机上人工费
3.3.2	燃料动力费价差	含税合同价（信息价、市场价）－定额燃料动力费
3.3.3	施工机具进项税	3.3.3.1+3.3.3.2+3.3.3.3
3.3.3.1	机械进项税	按施工机械台班定额进项税额计算
3.3.3.2	仪器仪表进项税	按仪器仪表台班定额进项税额计算
3.3.3.3	定额其他施工机具使用费进项税	定额其他施工机具使用费×施工机具进项税税率16%
4	其他风险费	
	综合单价	1+2+3+4

表 1.13 分部分项工程项目清单综合单价分析表

工程名称：   第　页共　页

项目编码		项目名称			计量单位				综合单价		
定额编号	定额项目名称	单位	数量	定额综合单价					未计价材料费	人材机价差	其他风险费	合价
				定额人工费	定额材料费	定额施工机具使用费	企业管理费	利润	一般风险费用				
				1	2	3	4	5	6	7	8	9	10	11	12	13
							费率/%	（1）×（4）	费率/%	（1）×（6）	费率/%	（1）×（8）				1+2+3+5+7+9+10+11+12
合计																
人工、材料及机械名称		单位		数量		定额单价		市场单价		市场合价		价差合计		市场合价		备注
1.人工		元														
……																
2.材料																
（1）计价材料																
……																
（2）其他材料																
3.机械																
（1）机上人工																
……																
（2）燃油动力费																

总结框架图

第1章总结框架图如图1.2所示。

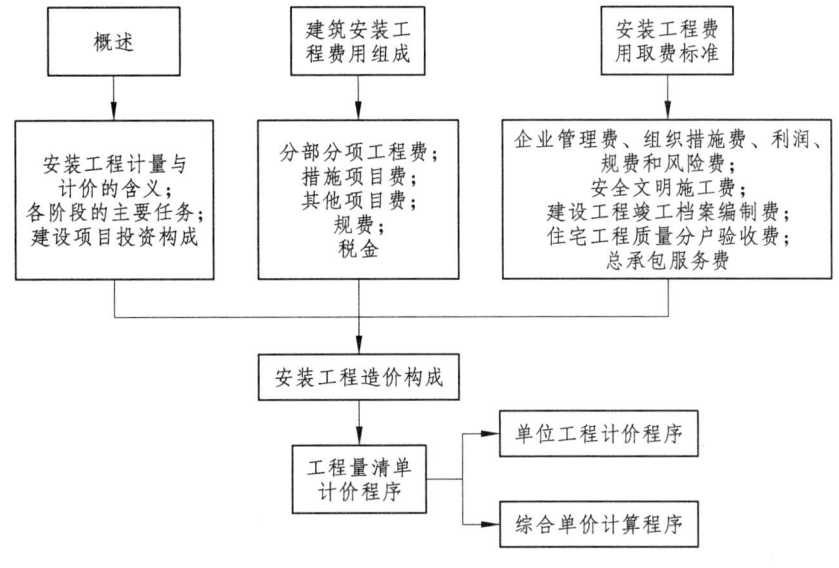

图1.2 第1章总结框架图

课后练习题

1. 什么是措施项目费？包含哪些费用内容？
2. 建设项目投资构成有哪些？
3. 建筑安装工程费用的构成有哪些？
4. 简述工程量清单计价模式下的建筑安装工程费用的计算程序和方法。
5. 简述工程量清单计价程序。

第2章 安装工程工程量清单编制及计价

本章主要介绍了安装工程量清单与清单计价的概念、发展、编制原则及编制依据、安装工程量清单的构成及编制要求、工程量清单计价的构成及计价程序、工程量清单及工程量清单计价的表格。

2.1 工程量清单概述

2.1.1 工程量清单与清单计价的概念

1. 工程量清单的概念

工程量清单：建设工程分部分项工程项目、措施项目、其他项目的名称和相应数量等的明细清单。

招标工程量清单：招标人依据国家标准、招标文件、设计文件以及施工现场实际情况编制，并随招标文件发布供投标报价的工程量清单，包括对工程量清单的说明等。

已标价工程量清单：构成合同文件组成部分的投标文件中已标明价格，经算术性错误修正（如有）且承包人已确认的工程量清单，包括对工程量清单的说明等。

工程量清单应反映拟建工程的全部工程内容和为实现这些工程内容而进行的一切工作。工程量清单应由分部分项工程量清单、措施项目清单、其他项目清单、规费项目清单、税金项目清单组成。

2. 清单计价的概念

工程量清单计价是建设工程招投标中，招标人根据国家统一的计价规范以及计量规范的工程量计算规则提供招标工程量清单和技术说明，由投标人依据企业自身条件和市场价格对招标工程量清单自主报价的工程造价计价方式。

2.1.2 工程量清单与清单计价的发展

2003年2月17日，中华人民共和国建设部以第119号公告的形式，发布了国家标准《建设工程工程量清单计价规范》（GB 50500—2003），施行日期为2003年7月1日。也就是说，在今后的建设工程施工招标投标过程中，都要采用工程量清单计价法。《建设工程工程量清单计价规范》（GB 50500—2003）的实施，在建设工程计价领域彻底改变了我国实施多年的以定额为依据的计价管理模式，从此走上了一个全新的阶段。

2008年7月29日，中华人民共和国住房和城乡建设部以第63号公告的形式，发布了国家标准《建设工程工程量清单计价规范》（GB 50500—2008），施行日期为2008年12月1日，原《建设工程工程量清单计价规范》（GB 50500—2003）同时废止。

2013年1月6日，《建设工程工程量清单计价规范》（GB 50500—2013）正式发布，施行日期为2013年7月1日。《建设工程工程量清单计价规范》（GB 50500—2013）将工程量清单定义为：载明建设工程分部分项工程项目、措施项目、其他项目的名称和相应数量以及规费、税金项目等内容的明细清单。

1. 工程量清单编制主体

《建设工程工程量清单计价规范》规定：工程量清单应由具有编制招标文件能力的招标人，或受其委托具有相应资质的中介机构进行编制，工程量清单应作为招标文件的组成部分。从以上规定可以明确看出，工程量清单是由招标人来编制的。招标人在编制招标文件的同时，编制出拟建工程项目的工程量清单，随招标文件发送给投标人，投标人根据招标人提供的清单项目进行报价。与2003年版规范仅规定"工程量清单应作为招标文件的组成部分"相比，2008年版规范和2013年版规范的规定更为严格，采用了"工程量清单必须作为招标文件的组成部分"的表述，其准确性和完整性应由招标人负责。

具体到编制人来讲，必须是经过国家注册的造价工程师才有资格进行编制，因为从工程量清单格式的要求来看，清单封面上必须要有注册造价工程师签字并盖执业专用章方为有效。

2. 工程量清单编制内容

《建设工程工程量清单计价规范》（GB 50500—2013）规定：招标工程量清单应以单位（项）工程为单位编制，应由分部分项工程项目清单、措施项目清单、其他项目清单，规费和税金项目清单组成。其中，措施项目清单又分为总价措施项目清单和单价措施项目清单。

3. 计价方式及规定

使用国有资金投资的建设工程发承包，必须采用工程量清单计价；使用非国有资金投资的建设工程，宜采用工程量清单计价；不采用工程量清单计价的建设工程，应执行清单计价规范除工程量清单等专门性规定外的其他规定。

工程量清单应采用综合单价计价。其中，措施项目中的安全文明施工费必须按国家或省级、行业建设主管部门的规定计算，不得作为竞争性费用。规费和税金必须按国家或省级、行业建设主管部门的规定计算，不得作为竞争性费用。

2.1.3 工程量清单与清单计价的编制原则

保证工程量清单的准确性，对确定工程造价、控制投资、提高企业经济效益起着重要作用。因此，在清单与清单计价的编制过程中应遵循以下原则：

（1）客观、公正、公平的原则。
（2）遵守有关法律、法规的原则。
（3）严格按照建设工程工程量清单计价规范进行编制的原则。

（4）遵守招标文件相关要求的原则。
（5）编制依据齐全的原则。

2.1.4 工程量清单与清单计价的编制依据

1. 工程量清单的编制依据

（1）建设工程工程量清单计价规范和相关工程的国家计量规范。
（2）国家或省级、行业建设主管部门颁布的计价依据和办法。
（3）建设工程设计文件。
（4）与建设工程项目有关的标准、规范、技术资料。
（5）拟定的招标文件。
（6）施工现场情况、工程特点及常规施工方案。
（7）其他相关资料。

2. 工程量清单计价的编制依据

（1）《建设工程工程量清单计价规范》（GB 50500—2013）。
（2）工程勘察设计文件及相关资料。
（3）工程招标文件及招标答疑、补充文件。
（4）与建设工程项目有关的标准、规范和技术资料。
（5）国家或省级、行业建设主管部门颁发的计价定额。
（6）企业定额。
（7）费用定额及相关现行文件。
（8）工程造价管理机构发布的相关文件。
（9）其他相关资料。

2.2 工程量清单的编制

2.2.1 工程量清单的构成

工程量清单应以单位工程进行编制，由封面、总说明、分部分项工程量清单、措施项目清单、其他项目清单及规费项目清单、税金项目清单等组成。其内容的填写应符合清单计价规范的相应规定。

工程量清单计价书应采用统一格式，以投标报价书为例，投标报价书一般由下列内容组成：
（1）封面。
（2）总说明。
（3）分部分项工程量清单。
（4）措施项目清单。
（5）其他项目清单及规费项目清单。
（6）税金项目清单等组成。

2.2.2 工程量清单的编制要求

工程量清单应由具有编制能力的招标人或受其委托具有相应资质的工程造价咨询人或招标代理人编制。当采用工程量清单方式招标时,招标工程量清单必须作为招标文件的组成部分,其准确性和完整性由招标人负责。

1. 封面及总说明内容填写要求

封面应按规定的内容填写、签字、盖章。由造价人员编制的工程量清单,应由负责审核的造价工程师签字、盖章;受委托编制的工程量清单,应有造价工程师签字、盖章以及工程造价咨询人盖章。

总说明应按下列内容填写:

(1) 工程概况:建设规模、工程特征、计划工期、施工现场实际情况、自然地理条件、环境保护要求等。

(2) 工程招标和专业发包范围。

(3) 工程量清单编制依据。

(4) 工程质量、材料、施工等的特殊要求。

(5) 其他需要说明的问题。

2. 工程计量有效位数的规范化要求

《通用安装工程工程量计算规范》(GB 50856—2013)对工程计量有效位数规定,本规范附录中有两个或两个以上计量单位的,应结合拟建工程项目的实际情况,确定其中一个为计量单位。同一工程项目的计量单位应一致。

工程计量时每一项目汇总的有效位数应遵守下列规定:

(1) 以"t"为单位,应保留小数点后三位数字,第四位小数四舍五入。

(2) 以"m""m^2""m""kg"为单位,应保留小数点后两位数字,第三位小数四舍五入。

(3) 以"台""个""件""套""根""组""系统"等为单位,应取整数。

3. 工程量清单名称的规范化要求

《通用安装工程工程量计算规范》(GB 50856—2013)对清单名称的规定为:工程量清单应根据附录规定的项目编码、项目名称、项目特征、计量单位和工程量计算规则进行编制。

工程量清单由招标人或其委托人负责编制填写。综合单价和合价应在编制招标控制价或投标报价时填写,招标人负责编制招标控制价的综合单价与合价,投标人自主编制填写投标报价的综合单价与合价。

(1) 工程量清单的项目编码。

《通用安装工程工程量计算规范》(GB 50856—2013)规定项目编码应采用12位阿拉伯数字表示,1~9位应按附录的规定设置,10~12位应根据拟建工程的工程量清单项目名称和项目特征设置,同一招标工程的项目编码不得有重码。工程量清单的项目名称应按附录的项目名称结合拟建工程的实际确定。工程量清单项目特征应按规范附录中规定的项目特征，结合拟建工程项目的实际予以描述。分部分项工程量清单中所列工程量应按规范附录中规定的工程量计算规则计算。分部分项工程量清单的计量单位应按规范附录中规定的计量单位确定。项目安装高度若超过基本高度时，应在"项目特征"中描述。《通用安装工程工程量计算规范》（GB 50856—2013）各附录基本安装高度为：附录 A 机械设备安装工程10 m；附录 D 电气设备安装工程5 m；附录 E 建筑智能化工程5 m；附录 G 通风空调工程6 m；附录 J 消防工程5 m；附录 K 给排水、采暖、燃气工程3.6 m；附录 M 刷油、防腐蚀、绝热工程6 m。《通用安装工程工程量计算规范》（GB 50856—2013）对清单编码的规定，如图2.1所示。

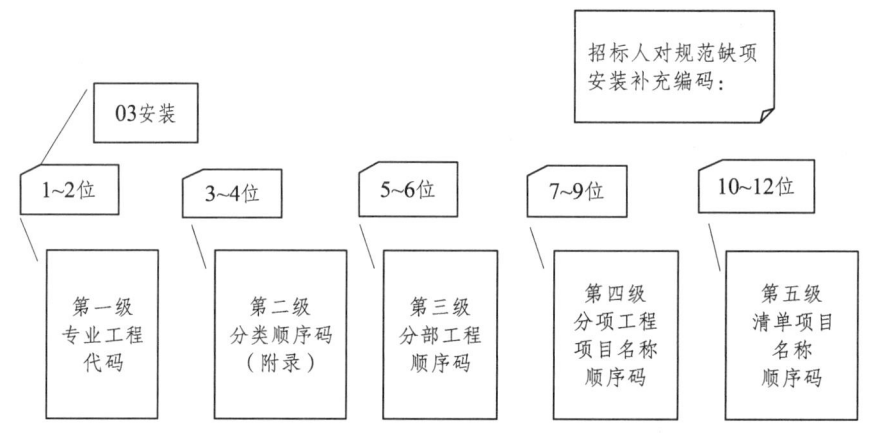

图2.1 项目编码规定设置要求

（2）项目名称。

分部分项工程工程量清单的项目名称，应按《通用安装工程工程量计算规范》（GB 50856—2013）附录的项目名称结合拟建工程的实际确定。规范附录表中的"项目名称"为分项工程项目名称，是形成分部分项工程量清单项目名称的基础，在编制分部分项工程量清单时可作适当调整或细化。清单项目名称应表述详细、准确。

例如，"大便器"在形成工程量清单项目名称时可以细化为"坐便式大便器""蹲便式大便器"。又例如，同一工程不同直径的塑料管，可分别细化为 De110塑料管、De75塑料管、De50塑料管等。

4. 项目特征的规范化要求

项目特征是构成分部分项工程项目、措施项目自身价值的本质特征。项目特征是对项目的准确描述，是确定一个清单项目综合单价不可缺少的重要依据，是区分清单项目的依据，是履行合同义务的基础。分部分项工程量清单的项目特征应按各专业工程工程量计算规范附录中规定的项目特征，结合技术规范、标准图集、施工图纸，按照工程结构、使用材质、规格及安装位置等，予以详细而准确的表述和说明。

5. 工程数量计算的规范化要求

工程数量主要通过工程量计算规则计算得到。工程量计算规则是指对清单项目工程量的计算规定。除另有说明外,所有清单项目的工程量应以实体工程量为准,并以完成后的净值计算;投标人投标报价时,应在单价中考虑施工中的各种损耗和需要增加的工程量。

2.2.3 分部分项工程量清单的编制

分部分项工程项目清单必须载明项目编码、项目名称、项目特征、计量单位和工程量。分部分项工程项目清单必须根据相关工程现行国家计量规范规定的项目编码、项目名称、项目特征、计量单位和工程量计算规则进行编制。分部分项工程量清单为不可调整清单,投标人对招标文件提供的分部分项工程量清单进行复核之后,必须逐一计价,对清单所列项目和内容不允许作任何更改变动。投标人如果认为清单项目和内容有遗漏或不妥,只能通过质疑的方式由清单编制人作统一的修改更正,并将修正的工程量清单项目或内容作为工程量清单的补充部分以招标答疑的形式发往所有投标人。

2.2.4 措施项目清单的编制

措施项目清单必须根据相关工程现行计量规范的规定编制。措施项目清单包括施工技术措施项目清单和施工组织措施项目清单,应根据建设工程的实际情况列项。投标人投标报价时要对拟建工程可能发生的措施项目和措施费用作通盘考虑,清单计价一经报出,即被认为是包括所有应该发生的措施项目的全部费用。如果报出单中没有列项,且施工中又必须发生的项目,业主有权认为,其已经综合在分部分项工程单的综合单价中,将来措施项目发生时投标人不得以任何理由提出索赔与调整。

1. 施工技术措施项目清单的编制

措施项目中能计算工程量的措施项目称为技术措施项目,即计量规范措施项目中列出了项目编码、项目名称、项目特征、计量单位、工程量计算规则的那些项目。技术措施项目也称为单价措施项目。

编制技术措施项目清单时,必须按计量规范列出项目编码、项目名称、项目特征、计量单位和按计量规则计算的工程量,表2.1所示为施工技术措施项目清单计价表。

表2.1 施工技术错误项目清单计价表

序号	项目编码	项目名称	项目特征	计量单位	工程量	金额/元	
						综合单价	合价

2. 施工组织措施项目清单的编制

施工组织措施项目是指不能计算工程量而是按"项"计量的施工措施项目。组织措施项目也称为总价措施项目。施工组织措施项目可按表2.2选择列项,若出现表中未列项目,则应根据工程实际情况进行补充。

表2.2 施工组织措施项目清单表

序号	项目编码	项目名称
1		安全文明施工费
2		夜间施工
3		二次搬运
4		冬雨季施工
5		地上、地下设施，建筑物的临时保护设施
6		已完工程及设备保护
7		工程定位复测、点交及场地清理
8		材料检验试验
9		特殊检验试验
10		住宅工程质量分户验收
11		建设工程竣工档案编制费

2.2.5 其他项目清单的编制

其他项目清单是指除分部分项工程量清单、措施项目清单所包含的内容以外，因招标人的特殊要求而发生的其他费用项目和相应数量的清单。工程建设标准的高低、工程的复杂程度、工期的长短、工程的组成内容、发包人对工程管理的要求等都将直接影响其他项目清单的具体内容。其他项目清单宜按下列内容列项。

1. 暂列金额

暂列金额是指招标人在工程量清单中暂定并包括在合同价款中的一笔款项。这笔款项用于施工合同签订时尚未确定或者不可预见的所需材料、工程设备、服务的采购，施工中可能发生的工程变更、合同约定调整因素出现时的工程价款调整以及发生的索赔、现场签证确认等的费用。

尽管暂列金额列入了合同价格，但并不一定都属于中标人。对于该金额，招标人有权全部使用、部分使用或完全不用。

2. 暂估价

暂估价是指招标人在工程量清单中提供的用于支付必然发生但暂时不能确定的材料、工程设备的单价以及专业工程的金额，包括材料暂估价、工程设备暂估价、专业工程暂估价。

一般情况下，为了方便合同管理和计价，需纳入分部分项工程量清单综合单价中的暂估价只是材料（工程设备）费，以便投标人组价。暂估价中的材料及工程设备暂估单价应根据工程造价信息或参照市场价格估算，列出明细表。

专业工程暂估价应分不同专业，按有关计价规定估算，并列出明细表。表内应填写工程名称、工程内容、暂估金额，投标人应将上述金额计入投标总价中。

3. 计日工

计日工是指在施工过程中，承包人完成发包人提出的工程合同范围以外的零星项目或工作，按合同中约定的单价计价的一种方式。

招标人应在计日工表中列出项目名称、计量单位和暂估数量。

4. 总承包服务费

总承包服务费是总承包人为配合、协调发包人进行的专业工程发包，对发包人自行采购的材料、工程设备等进行保管以及施工现场管理、竣工资料汇总整理等服务所需的费用。总承包服务费应列出服务项目及内容。

编制招标工程量清单时，招标人应将拟定进行专业发包的专业工程以及自行采购的材料、设备等决定清楚，填写项目名称、服务内容，以便投标人决定报价。

5. 规费、税金项目计价表的编制

（1）规费项目清单。

规费项目清单应按照下列内容列项：

① 社会保险费：包括养老保险费、失业保险费、医疗保险费、工伤保险费、生育保险费。

② 住房公积金。

③ 工程排污费。

若出现未包含在上述内容中的项目，应根据省级政府和省级有关部门的规定列项。

（2）税金项目清单。

税金项目清单应包括下列内容：

① 增值税。

② 附加税。

③ 环境保护税。

④ 地方教育附加。

2.2.6 工程量清单表格介绍

结合《重庆市建设工程费用定额》（CQFYDE—2018），工程量清单表格应包含封-1、表-01、表-08、表-09、表-10、表-11、表-11-1、表-11-2、表-11-3、表-11-4、表-11-5、表-11-6、表-12、表-19、表-20或表-21，具体如下：

封-1

_____工程

招标工程量清单

工程造价

招标人：_____　　　　　　　　咨询人：_____
　　　　　（单位盖章）　　　　　　　　　　　　　（单位资质专用章）

法定代表人　　　　　　　　　　　　　　法定代表人
或其授权人：　　　　　　　　　　　　　或其授权人：
　　　　　（签字或盖章）　　　　　　　　　　　　（签字或盖章）

编制人：　　　　　　　　　　　　　　　审核人：
　　　（造价人员签字盖专用章）　　　　　　　（造价工程师签字盖专用章）

时间：　　年　　月　　日

表-01

工程计价总说明

工程名称： 第　页共　页

表-08

措施项目汇总表

工程名称：　　　　　　　　　　　　　　　　　　　　　　　第　页共　页

序号	项目名称	金额/元	
		合价	其中：暂估价
1	施工技术措施项目		
2	施工组织措施项目		
2.1	其中：安全文明施工费		
2.2	建设工程竣工档案编制费		
2.3	住宅工程质量分户验收费		
	措施项目费合计=1+2		

表-09

分部分项工程/施工技术措施项目清单计价表

工程名称：　　　　　　　　　　　　　　　　　　　第　页共　页

序号	项目编码	项目名称	项目特征	计量单位	工程量	金额/元		
						综合单价	合价	其中：暂估价
本页小计								
合计								

表-10

施工组织措施项目清单计价表

工程名称：　　　　　　　　　　　　　　　　　　　　　　第　页共　页

序号	项目编码	项目名称	计算基础	费率/%	金额/元	调整费率/%	调整后金额/元	备注
1		组织措施费						
2		安全文明施工费						
3		建设工程竣工档案编制费						
4		住宅工程质量分户验收费						
		合计						

注：① 计算基础和费用标准按本市有关费用定额或文件执行。
　　② 根据施工方案计算的措施费，可不填写"计算基础"和"费率"的数值，只填写"金额"数值，但应在备注栏说明施工方案出处或计算方法。

表-11

其他项目清单计价汇总表

工程名称： 　　　　　　　　　　　　　　　　　　　　　　　　第　页共　页

序号	项目名称	金额/元	结算金额/元	备注
1	暂列金额			明细详见表-11-1
2	暂估价			
2.1	材料（工程设备）暂估价或结算价			明细详见表-11-2
2.2	专业工程暂估价			明细详见表-11-3
3	计日工			明细详见表-11-4
4	总承包服务费			明细详见表-11-5
5	索赔与现场签证			明细详见表-11-6

注：材料、设备暂估单价进入清单项目综合单价，此处不汇总。

表-11-1

暂列金额明细表

工程名称：　　　　　　　　　　　　　　　　　　　　第　页共　页

序号	项目名称	计量单位	暂列金额/元	备注
1				
2				
3				
4				
5				
6				
7				
	合计			

注：此表由招标人填写，如不能详列，也可只列暂定金额总额，投标人应将上述暂列金额计入投标总价中。

表-11-2

材料（工程设备）暂估单价及调整表

工程名称：　　　　　　　　　　　　　　　　　　　　　　　　第　页共　页

序号	材料（工程设备）名称、规格、型号	计量单位	数量		暂估/元		确认/元		差额±/元		备注
			暂估数量	实际数量	单价	合价	单价	合价	单价	合价	

注：① 此表由招标人填写"暂估单价"，并在备注栏说明暂估价的材料、工程设备拟用在哪些清单项目上，投标人应将上述材料、工程设备暂估单价计入工程量清单综合单价报价中。

② 材料包括原材料、燃料、构配件以及按规定应计入建筑安装工程造价的设备。

表-11-3

专业工程暂估单价及结算价表

工程名称： 第 页共 页

序号	专业工程名称	工作内容	暂估金额/元	结算金额/元	差额±/元	备注
	合计					

注：此表由招标人填写，招标人应将上述专业工程暂估价计入投标总价中，结算时按合同约定结算金额填写。

表-11-4

计日工表

工程名称： 第 页共 页

序号	项目名称	单位	暂定数量	实际数量	综合单价/元	合价/元	
						暂定	实际
1	人工						
	人工小计						
2	材料						
	材料小计						
3	施工机械						
	施工机械小计						
	总计						

注：此表项目名称、暂定数量由招标人填写。编制招标控制价时，单价由招标人按有关计价规定确定；投标时，单价由投标人自主报价，按暂定数量计算合价计入投标总价中；结算时，按发承包双方确认的实际数量计算合价。

表-11-5

总承包服务费计价表

工程名称：　　　　　　　　　　　　　　　　　　　　　　　第　页共　页

序号	专业工程名称	项目价值/元	服务内容	计算基础	费率/%	金额/元
合计						

注：此表项目名称、服务内容由招标人填写，编写招标控制价时，费率及金额由招标人按有关计价规定确定；投标时，费率及金额由投标人自主报价，计入投标总价中。

表-11-6

索赔与现场签证计价汇总表

工程名称：　　　　　　　　　　　　　　　　　　　　　　第　页共　页

序号	索赔项目名称	计量单位	数量	单价/元	合价/元	索赔依据
	本页小计					
	合计					

注：签证及索赔依据是指经双方认可的签证单和索赔依据的编号。

表-12

规费、税金项目计价表

工程名称：　　　　　　　　标段：　　　　　　　　第　页共　页

序号	项目名称	计算基础	费率/%	金额/元
1	规费			
2	税金	2.1+2.2+2.3		
2.1	增值税	分部分项工程费+措施项目费+其他项目费+规费−甲供材料费		
2.2	附加税	增值税		
2.3	环境保护费	按实计算		
		合计		

表-19

发包人提供材料和工程设备一览表

工程名称： 第 页共 页

序号	名称、规格、型号	单位	数量	单价/元	交货方式	送达地点	备注

注：此表由招标人填写，供投标人在投标报价，确定总承包服务费时参考。

表-20

承包人提供主要材料和工程设备一览表

（适用于价格指数差额调整法）

工程名称：　　　　　　　　　　　　　　　　　　　　　　第　页共　页

序号	名称、规格、型号	变值权重 B	基本价格指数 F_0	现行价格指数 F_1	备注
	定值权重 A				
	合计				

注：① 此表的名称、规格、型号以及基本价格指数由招标人填写。基本价格指数应先采用工程造价管理机构发布的价格指数，没有时，可采用发布的价格代替，如人工、施工机具使用费也采用本法调整，由招投标人在"名称"栏填写。
② 此表的变值权重由投标人根据该项人工、施工机具使用费和材料设备价值在投标总报价中所占的比例填写，1减去其比例为定值权重。
③ 此表的现行价格指数按约定的付款证书相关周期最后1天的前42天的各项价格指数填写，该指数应先采用工程造价管理机构发布的价格指数，没有时，可采用发布的价格代替。

表-21

承包人提供主要材料和工程设备一览表

(适用于造价信息差额调整法)

工程名称: 　　　　　　　　　　　　　　　　　　　　第　页共　页

序号	名称、规格、型号	单位	数量	风险系数/%	基准单价/元	投标单价/元	发承发包人确认单价/元	备注

注: ① 此表由招标人填写,除"投标单价"栏的内容,投标人在投标时自主确定投标单价。
　② 招标人应优先采用工程造价管理机构发布的单价作为基准单价,未发布的,通过市场调查确定其基准单价。

2.3 工程量清单计价

2.3.1 工程量清单计价构成

工程量清单应以单位工程进行编制,由封面、总说明、分部分项工程量清单、措施项目清单、其他项目清单等组成。其内容的填写应符合清单计价规范的相应规定。

工程量清单计价书应采用统一格式,以投标报价书为例,投标报价书一般由下列内容组成:

(1)投标总价封面。
(2)总说明。
(3)工程项目投标报价汇总表。
(4)单项工程投标报价汇总表。
(5)单位工程投标报价汇总表。
(6)分部分项工程量清单与计价表。
(7)总价措施项目清单与计价表。
(8)单价措施项目清单与计价表。
(9)其他项目清单与计价汇总表。
(10)人工、材料设备、机械汇总表。

工程量清单计价应根据国家标准及地方规范[如《通用安装工程工程量计算规范》(GB 50856—2013)、《建设工程工程量清单计价规范》(GB 50500—2013)、《重庆市建设工程工程量清单计价规则》(CQJJGZ—2013)、《重庆市建设工程工程量计算规则》(CQJLGZ—2013)及《重庆市建设工程费用定额》(CQFYDE—2018)]的规定,编制工程量清单,进行清单计价。

2.3.2 单位工程计价程序

单位工程工程量清单计价由分部分项工程费、措施项目费、其他项目费、规费和税金组成。其中,单位工程计价程序表见表2.3。

表2.3 单位工程计价程序表

序号	项目名称	计算式	金额/元
1	分部分项工程费		
2	措施项目费	2.1+2.2	
2.1	技术措施项目费		
2.2	组织措施项目费		
其中	安全文明施工费		
3	其他项目费	3.1+3.2+3.3+3.4+3.5	
3.1	暂列金额		

续表

序号	项目名称	计算式	金额/元
3.2	暂估价		
3.3	计日工		
3.4	总承包服务费		
3.5	索赔及现场签证		
4	规费		
5	税金	5.1+5.2+5.3	
5.1	增值税	(1+2+3+4−甲供材料费)×税率	
5.2	附加税	5.1×税率	
5.3	环境保护税	按实计算	
6	合价	1+2+3+4+5	

按2013年版的计价规范规定,工程量清单计价书由封面、总说明、投标报价汇总表、分部分项工程量清单计价表、工程量清单综合单价分析表、措施项目清单计价表、其他项目清单计价表,以及规费、税金项目清单计价表等组成。

工程量清单计价时各项费用报价的计算过程如下:

分部分项目工程费=Σ(分部分项目工程量×相应分部分项综合单价)

措施项目费=Σ各项施工组织措施项目费+Σ各项施工技术措施项目费×相应部分综合单价

其他项目费=暂列金额+暂估价+计日工费+总承包服务费

单位工程报价=分部分项工程费及措施项目费+其他项目费+规费+税金

单位工程报价=Σ单位工程报价

建设项目总报价=Σ单项工程报价

1. 分部分项工程量清单计价表的编制

分部分项工程费应根据招标文件中分部分项工程量清单项目的特征描述确定综合单价计算。确定综合单价是计算确定分部分项工程费、完成分部分项工程量清单计价表编制过程中最主要的内容。从严格意义上讲,工程量清单计价模式下的合同应是单价合同,因此,综合单价的分析计算是投标报价的关键环节。表2.4所示为分部分项工程量清单计价表。

表2.4 分部分项工程量清单计价表

工程名称： 第 页共 页

序号	项目编码	项目名称	项目特征	计量单位	工程量	金额		
						综合单价	合价	其中：暂估价
本页小计								
合计								

2．措施项目清单计价表的编制

措施项目费应根据招标文件中的措施项目清单及投标时拟定的施工组织设计或施工方案由投标人自主确定。

计算措施项目费时应遵循以下原则：

（1）投标人可根据工程实际情况结合施工组织设计或施工方案，自主确定措施项目费。对招标人所列的措施项目可以进行增补。投标人根据施工组织设计或施工方案调整和确定的措施项目应通过评标委员会的评审。

（2）措施项目清单计价应根据拟建工程的施工组织设计或施工方案采用不同方法。

① 技术措施项目应采用综合单价的方式计价。技术措施项目相应的综合单价计算方法与分部分项工程量清单综合单价计算方法相同。

② 组织措施项目，即总价措施项目清单计价。组织措施项目不能计算工程量，只能以"项"计量，按费率的方式计算确定。按"项"计算的组织措施项目费，应包括除规费、税金以外的全部费用。

③ 措施项目中的安全文明施工费，应按照国家或省级、行业建设主管部门的规定计算确定。

施工组织措施项目清单计价表见表2.5。

表2.5 施工组织措施项目清单计价表

工程名称： 第 页共 页

序号	项目编码	项目名称	计算基础	费率/%	金额/元	调整费率/%	调整后金额/元	备注
1		组织措施费						
2		安全文明施工费						
3		建设工程竣工档案编制费						

续表

序号	项目编码	项目名称	计算基础	费率/%	金额/元	调整费率/%	调整后金额/元	备注
4		住宅工程质量分户验收费						
		合计						

注：① 计算基础和费用标准按本市有关费用定额或文件执行。
② 根据施工方案计算的措施费，可不填写"计算基础"和"费率"的数值，只填写"金额"数值，但应在备注栏说明施工方案出处或计算方法。

（3）其他项目清单计价表的编制 其他项目费应按下列规定计价：
① 暂列金额应按招标工程量清单中列出的金额填写。
② 材料、工程设备暂估价应按招标工程量清单中列出的单价计入综合单价。
③ 专业工程暂估价应按招标工程量清单中列出的金额填写。
④ 计日工应按招标工程量清单中列出的项目和数量，自主确定综合单价并计算计日工金额。
⑤ 总承包服务费根据招标工程量清单中列出的内容和提出的要求自主确定。
其他项目清单计价汇总表见表2.6，暂列金额见表2.7。

表2.6 其他项目清单计价汇总表

工程名称：　　　　　　　　　　　　　　　　　　　　　　第　页共　页

序号	项目名称	计量单位	金额/元	备注
1	暂列金额			
2	暂估价			
2.1	材料（工程设备）暂估价			
2.2	专业工程暂估价			
3	计日工			
4	总承包服务费			
5	索赔与现场签证			
	合计			

表2.7 暂列金额明细表

工程名称：　　　　　　　　　　　　　　　　　　　　　　　　第　页共　页

序号	项目名称	计量单位	暂列金额/元	备注
1				
2				
3				
4				
5				
	合计			

注：此表由招标人填写，如不能详列，也可只列暂定金额总额，投标人应将上述暂列金额计入投标总价中。

3．规费、税金项目清单计价表编制

规费、税金应按照省级政府和省级有关权力部门发布的规定标准计算，不得作为竞争性费用。

4．综合单价

综合单价是指完成一个规定清单项目所需的人工费、材料费、施工机具使用费和企业管理费、利润以及一定范围内的风险费用。

（1）人工费、材料费、施工机具使用费。

综合单价中的人工费、材料费、施工机具使用费可按投标单位的企业定额计算确定，也可根据省级建设主管部门颁发的定额计算确定。本书例题中的人工费、材料费、施工机具使用费均按《重庆市通用安装工程计价定额》（CQAZDE—2018）计算。

计算中采用的价格应是市场价格，也可以是工程造价管理机构发布的工程造价信息。

（2）企业管理费、利润、一般风险费。

以重庆市为例，按照《重庆市建设工程费用定额》（CQFYDE—2018）的规定：通用安装工程在计算企业管理费、利润、一般风险费时以定额人工费为费用计算基础。

综合单价中应包括招标文件中划分的应由投标人承担的风险范围及其费用，招标文件中没有明确的，应提请招标人明确。

根据《重庆市建设工程费用定额》（CQFYDE—2018）的规定，综合单价中的一般风险费用是指工程施工期间因停水、停电，材料设备供应，材料代用等不可预见的一般风险因素影响正常施工而又不便计算的损失费用，内容包括：

① 一月内停水、停电，在工作时间16 h以内的停工、窝工损失。

② 建设单位供应材料设备不及时，造成的停工、窝工每月在8 h以内的损失。

③ 材料的理论质量与实际质量的差。

④ 材料的代用，但不包括建筑材料中钢材的代用。

其他风险费是指除一般风险费外，招标人根据《建设工程工程量清单计价规范》（GB 50500—2013）、《重庆市建设工程工程量清单计价规则》（CQJJGZ—2013）的有关规定，在招标文件中要求投标人承担的人工、材料、机械价格及工程量变化导致的价格风险。

2.3.3 综合单价计算程序

通用安装工程的综合单价应按表2.8及表2.9所示程序计算。我国目前主要采用经评审的合理最低投标价法进行评标，为表明分部分项工程量综合单价的合理性，投标人应对其进行单价分析，以作为评标时判断综合单价合理性的主要依据。综合单价分析表的编制应反映出综合单价的编制过程，实际分析计算综合单价时，可按表2.10进行。

表2.8 综合单价计算程序表（一般计税法）

序号	费用名称	一般计税法计算式
1	定额综合单价	1.1+…+1.6
1.1	定额人工费	
1.2	定额材料费	
1.3	定额施工机具使用费	
1.4	企业管理费	1.1×费率
1.5	利润	1.1×费率
1.6	一般风险费	1.1×费率
2	未计价材料	不含税合同价（信息价、市场价）
3	人材机价差	3.1+3.2+3.3
3.1	人工费价差	合同价（信息价、市场价）； 一定额人工费
3.2	材料费价差	不含税合同价（信息价、市场价）； 一定额材料费
3.3	施工机具使用费价差	3.3.1+3.3.2
3.3.1	机上人工费价差	合同价（信息价、市场价）； 一定额机上人工费
3.3.2	燃料动力费价差	不含税合同价（信息价、市场价）； 一定额燃料动力费
4	其他风险费	
5	综合单价	1+2+3+4

表2.9 综合单价计算程序表（简易计税法）

序号	费用名称	一般计税法计算式
1	定额综合单价	1.1+…+1.6
1.1	定额人工费	
1.2	定额材料费	
1.2.1	其中：定额其他材料费	
1.3	定额施工机具使用费	
1.4	企业管理费	1.1×费率
1.5	利润	1.1×费率
1.6	一般风险费	1.1×费率
2	未计价材料	含税合同价（信息价、市场价）
3	人材机价差	3.1+3.2+3.3
3.1	人工费价差	合同价（信息价、市场价）；－定额人工费
3.2	材料费价差	3.2.1+3.2.2
3.2.1	计价材料价差	含税合同价（信息价、市场价）；－定额材料费
3.2.2	定额其他材料费进项税	1.2.1×材料进项税税率16%
3.3	施工机具使用费价差	3.3.1+3.3.2+3.3.3
3.3.1	机上人工费价差	合同价（信息价、市场价）；－定额机上人工费
3.3.2	燃料动力费价差	含税合同价（信息价、市场价）；定额燃料动力费
3.3.3	施工机具进项税	3.3.3.1+3.3.3.2+3.3.3.3
3.3.3.1	机械进项税	按施工机械台班定额进项税额计算
3.3.3.2	仪器仪表进项税	按仪器仪表台班定额进项税额计算
3.3.3.3	定额其他施工机具使用费进项税	定额其他施工机具使用费×施工机具进项税税率16%
4	其他风险费	
	综合单价	1+2+3+4

表 2.10 分部分项工程项目清单综合单价分析表

工程名称：　　　　　　　　　　　　　　　　　　　　　　　　　　　　　第　页共　页

项目编码	项目名称					计量单位				综合单价			合价
定额编号	定额项目名称	单位	数量	定额综合单价						未计价材料费	人材机价差	其他风险费	
				定额人工费	定额材料费	定额施工机具使用费	企业管理费	利润	一般风险费用				
				1	2	3	4 费率/%	5 (1)×(4)	6 费率/%	7 (1)×(6)	8 费率/%	9 (1)×(8)	10	11	12	13 1+2+3+5+7+9+10+11+12
合计		元											
人工、材料及机械名称	单位	数量		定额单价			市场单价			价差合计	市场合价	备注	
1.人工 ……													
2.材料													
（1）计价材料 ……													
（2）其他材料 ……													
3.机械													
（1）机上人工 ……													
（2）燃油动力费 ……													

2.4 工程量清单计价表格介绍

工程量清单计价文件宜采用统一的格式要求，各省、自治区、直辖市建设行政主管部门和行业建设主管部门可根据实际情况进行补充完善，结合《重庆市建设工程费用定额》（CQFYDE—2018），安装工程的工程量清单投标计价表格应包含封-3、表-01、表-02、表-03、表-04、表-08、表-09、表-09-2或表-09-4、表-10、表-11、表-11-1~表-11-5、表-12、表-19、表-20或表-21，与本书2.2节相比，封-1更换为封-3，增加表-02、表-03、表-04、表-09-2或表-09-4，具体如下：

封-3

投标总价

招标人:

投标总价(小写):
　　　　(大写):

投标人:

(单位盖章)

法定代表人
或其授权人:

(签字或盖章)

编制人:

(造价人员签字盖专用章)

时间:　年　月　日

表-02

建设项目招标控制价/投标报价汇总表

工程名称： 第 页共 页

序号	单位工程名称	金额/元	其中		
			暂估价/元	安全文明施工费/元	规费/元
	合计				

注：本表适用于建设项目招标控制价或投标报价的汇总。暂估价包括分部分项工程中的暂估价和专业工程暂估价。

表-03

单项工程招标控制价/投标报价汇总表

工程名称： 第 页共 页

序号	单位工程名称	金额/元	其中		
			暂估价/元	安全文明施工费/元	规费/元
	合计				

注：本表适用于单项工程招标控制价或投标报价的汇总。暂估价包括分部分项工程中的暂估价和专业工程暂估价。

表-04

单位工程招标控制价/投标报价汇总表

工程名称：　　　　　　　　　　　　　　　　　　　　　第　页共　页

序号	汇总内容	金额/元	其中：暂估价/元
1	分部分项工程		
1.1			
1.2			
1.3			
1.4			
1.5			
2	措施项目		
2.1	其中：安全文明施工费		
3	其他项目		
4	规费		
5	税金		
	招标控制价合计=1+2+3+4+5		

注：① 本表适用于单位工程招标控制价或投标报价的汇总，如无单位工程划分，单项工程也适用本表汇总。
　　② 分部分项工程，措施项目中暂估价应填写材料、工程设备暂估价；其他项目中暂估价应填写专业工程暂估价。

表-09-2

分部分项工程项目清单综合单价分析表（二）

工程名称：   第　页共　页

项目编码									项目名称			计量单位				
定额编号	定额项目名称	数量	单位	定额综合单价								综合单价				合价
				定额人工费	定额材料费	定额施工机具使用费	企业管理费		利润		一般风险费用		未计价材料费	人材机价差	其他风险费	
							费率/%	(1)×(4)	费率/%	(1)×(6)	费率/%	(1)×(8)				
				1	2	3	4	5	6	7	8	9	10	11	12	13
合计			元													1+2+3+5+7+9+10+11+12
人工、材料及机械名称			单位	数量			定额单价		市场单价		价差合计		市场合价			备注
1.人工																
……																
2.材料																
（1）计价材料																
……																
（2）其他材料																
3.机械																
（1）机上人工																
……																
（2）燃油动力费																
……																

注：① 此表适用于装饰工程、房屋建筑与装饰除工程、通用安装工程、市政安装工程、园林绿化工程、城市轨道交通安装工程、房屋安装修缮工程、市政安装工程或措施项目清单综合单价分析。
② 此表适用于定额分部分项工程人工费为计算基础计算税价一般计税方法计算的工程使用。
③ 投标报价如不使用本市定额工程主管部门发布的依据，可不填写定额项目，编号等。
④ 招标文件提供了暂估单价的材料，按暂估的单价填入表内，并在备注栏中注明为"暂估价"。
⑤ 材料应注明名称、规格、型号。

表-09-4

分部分项工程项目清单综合单价分析表（二）

工程名称：   第　页共　页

项目编码		项目名称				计量单位						
定额编号	定额项目名称	单位	数量	定额综合单价					综合单价			合价
				定额人工费	定额材料费	定额施工机具使用费	企业管理费	利润	一般风险费用	未计价材料费	人材机价差	其他风险费	
				1	2	3	4	5	6	7	8	9		10	11	12	13
							费率/%	(1)×(4)	费率/%	(1)×(6)	费率/%	(1)×(8)					1+2+3+5+7+9+10+11+12
合计																	
人工、材料及机械名称				单位	数量	定额单价	定额合价	市场单价	市场合价		人材机价差			备注
1.人工 ……														
2.材料 ……														
（1）未计价材料 ……														
										进项税系数	价差	进项税	价税合计	
										—	—	—	—	

续表

人工、材料及机械名称	单位	数量	定额单价	定额合价	市场单价	市场合价	人材机价差				备注
							价差	进项税系数	进项税	价税合计	
（2）计价材料											
……											
（3）其他材料	元	—	—		—			—			
……											
3.机械											
（1）机上人工								—			
……											
（2）燃油动力费								—			
……											
（3）施工机具摊销费								—			
……											

注：① 此表适用于装饰工程、通用安装工程、市政安装工程、园林绿化工程、城市轨道交通安装工程、人工土石方工程、房屋安装维修工程、房屋安装拆除工程分部分项工程或技术措施项目清单综合单价分析。
② 此表适用工费为计算人工定额人工基础并按一般计税方法计税的工程的工程使用。
③ 投标报价如不使用本市定额人工费发布的单价的，可不填本定额项目编号等。
④ 招标文件提供了暂估价的材料，按暂估价的单价填入表内，并在备注栏中注明为"暂估价"。
⑤ 材料应注明名称、规格、型号。
⑥ 进项税系数仅为其他材料费和施工机具摊销费的进项税系数。

总结框架图

第2章总结框架图如图2.2所示。

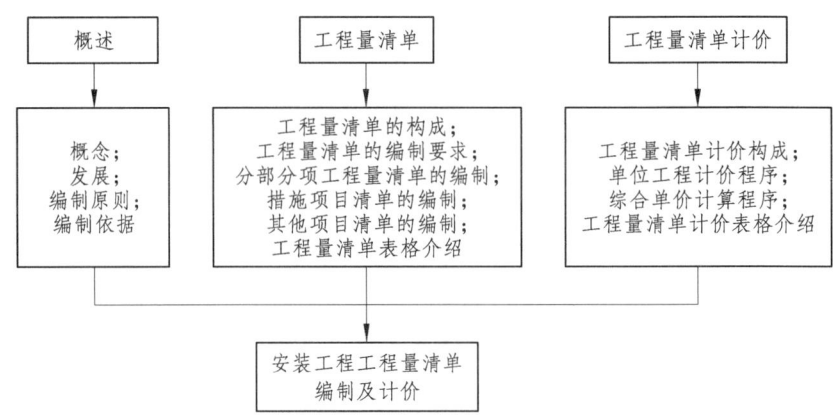

图2.2 第2章总结框架图

课后练习题

1. 简述工程量清单与清单计价的编制原则。
2. 工程量清单与清单计价的编制依据有哪些？
3. 工程量清单的构成有哪些？
4. 简述工程量清单的编制要求。
5. 工程量清单计价构成有哪些？

第3章 给水工程计量与计价

> 本章主要介绍建筑给水系统的计量与计价，学生通过本章的学习可以掌握建筑给水系统的组成、分类、工程量的计算、定额、清单计价方法，以及工程量清单计价的计算程序。

典型工程简介：

重庆工程学院教学科研楼框架结构，高47.71 m，地上12层，地下1层，本工程用于教学及办公，设计使用年限50年。本工程总引入管处设一级总计量水表；各单体建筑引入管处设二级计量水表；消防水池、消防水箱补水管上设置计量水表；重点用水部位设置三级计量水表。本工程采用分区供水，8~12层生活用水由无负压供水设备加压供给给水方式为下行上给式，1~7层由室外生活水管直接供给。各单体引入管处压力过大时采取减压措施，使各用水点处压力不大于0.2 MPa。给水系统主要用于卫生间供水，供水系统形式及设备类型较简单。

3.1 给水工程基础知识

3.1.1 给水系统分类及组成

1. 建筑工程给水系统分类

建筑工程给水一般分室内和室外两部分。室外部分主要由给水干管和阀门井组成；室内部分由建筑物本身的给水管道以及卫生器具和零配件组成。

（1）室外给水工程。

室外给水管道一般为埋地敷设，也有管沟敷设和沿地面敷设。在引入用户之前一般须安装进水阀及水表，以便控制和计量所消耗的水量。阀门和水表需砌井保护，通常采用的砖砌阀门井由基础、井身和井盖三部分组成。

（2）室内给水工程。

室内给水系统一般由进户管、水表、水箱、消火栓、水管、水龙头及各种配水设备组成。水管可分为水平干管、立管和支管。配水设备主要指各种卫生设备，如洗脸盆、浴盆、大（小）便器等。

2. 室内给水系统分类

室内给水系统按其供水对象的不同，基本可分为生活给水系统、生产给水系统、消防给水系统三类。

（1）生活给水系统。

生活给水系统是指供给居住建筑、公共建筑和工业企业建筑内的饮用、盥洗、淋浴、冲洗等用水的系统，需要保证水质和水量。

（2）生产给水系统。

生产给水系统是指供给工业生产用于冷却、洗涤等生产过程所需的给水系统，除需要保证水质、水量外，还需保证水压。

（3）消防给水系统。

消防给水系统是指供给建筑物消火栓及其他消防装置用水的给水系统，需要保证水压和水量。

3.1.2 给水系统组成

室内给水系统的组成如图3.1、图3.2所示。

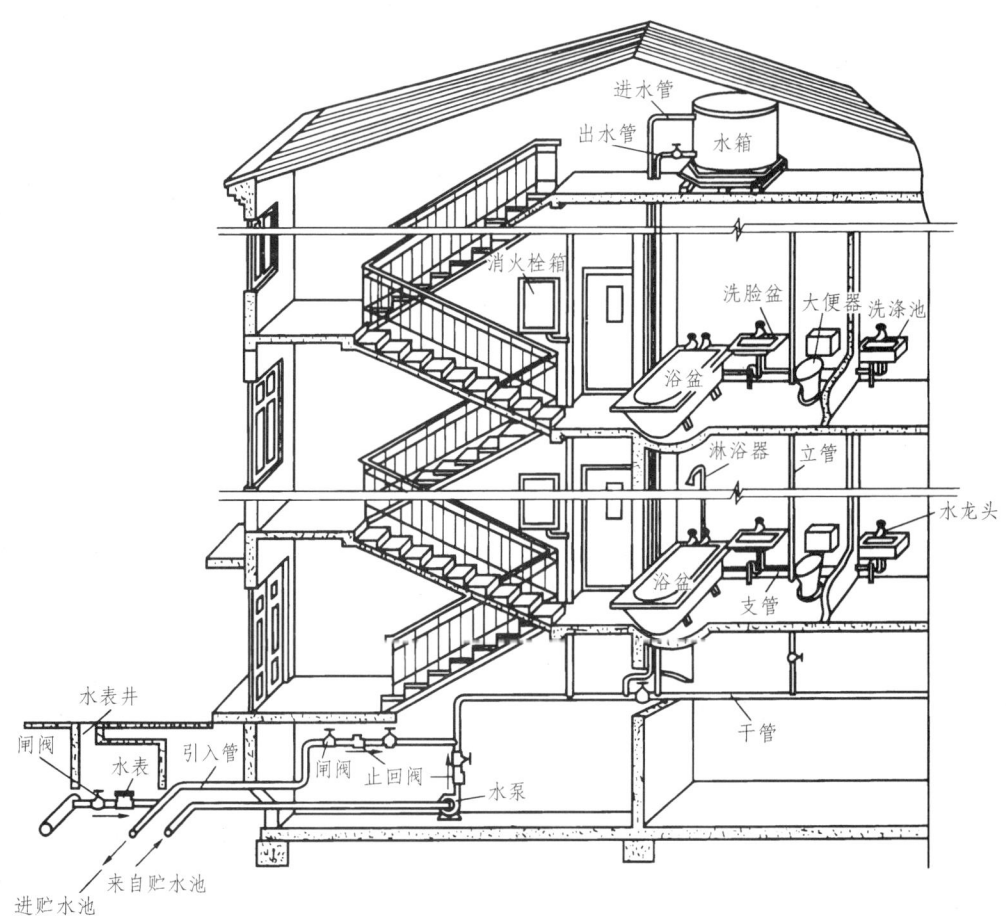

图3.1 建筑给水系统的组成

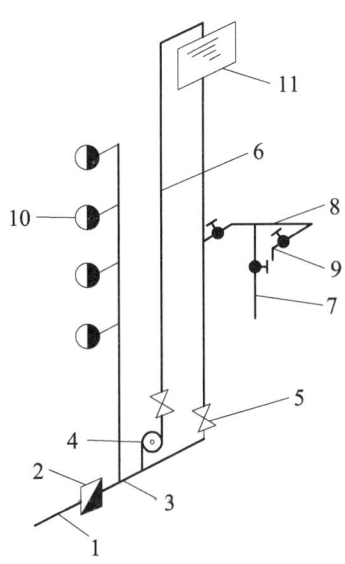

1—引入管；2—水表井；3—干管；4—水泵；5—闸阀；6—立管；
7—分支管；8—支管；9—水龙头；10—消火栓；11—水箱。

图3.2 建筑给水系统

（1）引入管。

引入管是指由建筑物外第一个给水阀门井引至室内给水总阀门或室内进户总水表之间的管段，是室外给水管网与室内给水管网之间的联络管段，也称进户管。它多埋设于室内外地面以下。

（2）水表节点。

水表节点是指引入管上装设的水表及在其前后设置的阀门、泄水装置、旁通管等的总称。水表节点有设有旁通管的水表节点和无旁通管水表节点，如图3.3和图3.4所示。

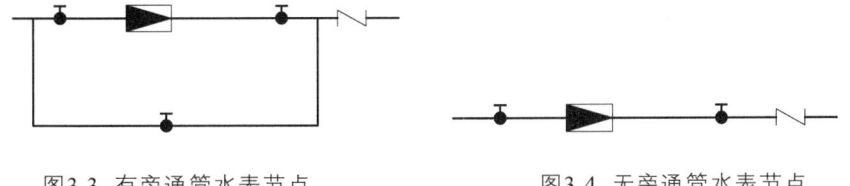

图3.3 有旁通管水表节点　　　　　图3.4 无旁通管水表节点

（3）给水管道系统。

室内给水管道系统由水平的或垂直的干管、立管及横支管等组成。干管是指从室内总阀门或水表将水自引入管沿水平方向或竖直方向输送到各个立管。立管是垂直于建筑物各楼层的管道，它将水自干管沿竖直方向输送到各个用水楼层的横支管。横支管是同层内配水的管道，将立管送来的水送至各配水点的配水龙头或卫生器具的配水阀门。

（4）给水附件。

给水附件是指给水管道系统上装设的阀门、止回阀、消火栓及各式配水龙头等。它主要用于控制管道中的水流，以满足用户的使用要求。

（5）升压和贮水设备。

当用户对水压的稳定性和供水的可靠性要求较高时，室内给水系统中通常还需要设置水池、水泵、水箱、气压给水装置等。

3.1.3 给水方式

常见的建筑室内给水方式包括直接给水方式，设水箱的给水方式，设有贮水池、水箱和水泵的联合给水方式，竖向分区给水方式，具体特征和适用场所见表3.1。

表3.1 室内给水方式

给水方式	具体特征	示意图	适用场所说明
直接给水方式	供水可靠，系统简单，投资较少，可充分利用外网水压。缺点是增加了建筑物的荷载，容易产生二次污染		供水水压、水量周期性不足时采用
设水箱的给水方式	供水可靠，系统简单，投资较少，可充分利用外网水压。缺点是增加了建筑物的荷载，容易产生二次污染		室外给水管网水压低于或经常不能满足建筑内部给水管网所需水压，且室内用水不均匀时采用
设有贮水池、水箱和水泵的联合给水方式	水泵能及时向水箱供水，可缩小水箱的容积。供水可靠，投资较大，安装和维修都比较复杂		室外给水管网水压低于或经常不能满足建筑内部给水管网所需水压，且室内用水不均匀时采用

续表

给水方式	具体特征	示意图	适用场所说明
竖向分区给水方式	可以充分利用外网压力，供水安全，但投资较大，维护复杂	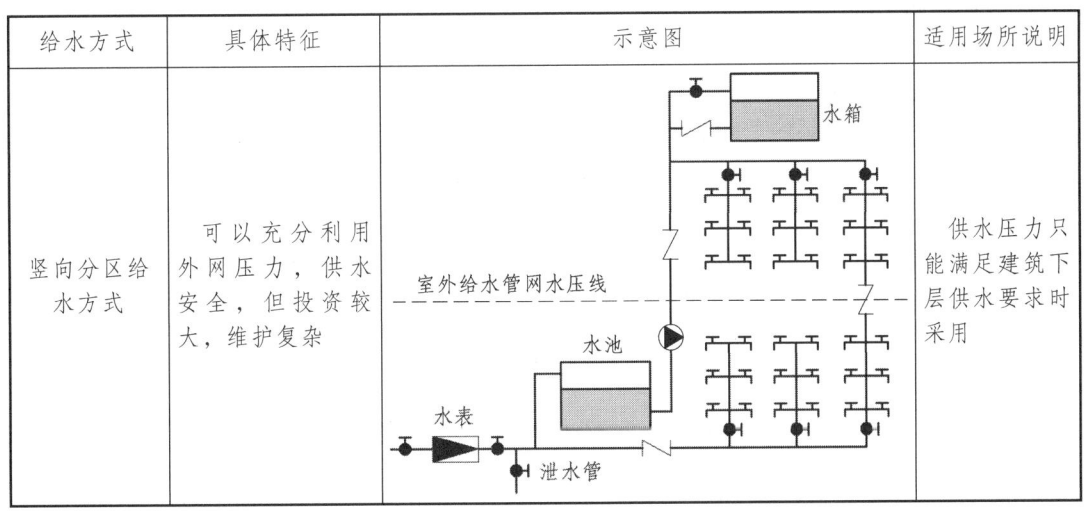	供水压力只能满足建筑下层供水要求时采用

3.1.4 给水管材、附件和水表

1. 给水管材

根据材质的不同，给水管材可分为金属管、塑料管、复合管。金属管包括镀锌钢管、不锈钢管、铜管等；塑料管包括硬聚氯乙烯（UPVC）管、聚乙烯（PE）管、交联聚乙烯（PEX）管、聚丙烯（PP）管、聚丁烯（PB）管、丙烯腈-丁二烯-苯乙烯（ABS）管等；复合管包括铝塑复合管、涂塑钢管、钢塑复合管等。在管道连接、分支、转弯、变径时，需要采用相同材质的管件。

（1）镀锌钢管。

镀锌钢管是焊接钢管的一种。焊接钢管又称有缝钢管，分为水煤气钢管和卷板焊接钢管。

水煤气钢管由扁钢管坯卷成管形并沿缝焊接而成的。水煤气钢管按有无螺纹分为带螺纹（锥形或圆形螺纹）钢管和不带螺纹（光管）钢管两种；按壁厚不同分为普通钢管、加厚钢管和薄壁钢管三种，普通钢管规定的水压试验压力为2 MPa，加厚钢管为3 MPa；按表面处理方式的不同分为普通焊接钢管（黑铁管）和镀锌焊接钢臂（白铁管），其中镀锌焊接钢管又分为电镀锌和热浸锌两种。镀锌钢管比普通焊接钢管重3%~6%，热浸锌焊接钢管广泛用于生活、消防给水管道和煤气管道，故又称为水煤气管。水煤气钢管在排水系统中用作卫生器具排水支管及生产设备的非腐蚀性排水支管上管径小于或等于50 mm的管道。

卷板焊接钢管是通过将钢带或钢板弯曲变形为圆形或其他形状后，再进行焊接制成的钢管。这种钢管具有表面有接缝的特点，其制造工艺主要包括以下几个步骤：首先，将钢带通过卷曲机卷成管形。然后利用高频感应加热设备对接缝处的钢带进行熔化并焊接成一体。再通过冷卷机进行冷卷成型。最后，经过切割和整形等工艺步骤，得到成品钢管。卷板焊接钢管因其独特的制造工艺和多用途性，在多个领域有着广泛的应用：建筑领域：常用于搭建脚手架、支撑结构和钢构件等。工业领域：适用于输送气体、液体和固体物料等。交通领域：常用于制造车辆框架和零部件等。石油和化工领域：主要用于输送油气和化学介质等。随着社会经济的发展，卷板焊接钢管的市场需求不断增加。特别是在环保和能源等领域，卷焊管

的应用前景非常广阔。其快速、高效、经济的制造工艺,使其能够灵活满足不同行业的需求,具有良好的市场前景和发展潜力。

镀锌钢管一度是我国生活饮用水采用的主要管材,长期的使用证明,其内壁易生锈、结垢、滋生细菌、微生物等有害杂质,使自来水在输送途中造成"二次污染"。根据有关规定,新建住宅生活给水系统禁用镀锌钢管。镀锌钢管强度高、抗振性能好,目前主要用于水消防系统。钢管的连接方法有螺纹连接、焊接、法兰连接和卡箍连接。

① 螺纹连接利用套丝工具在待安装的管子端部加工出螺纹,与相应配件进行连接。配件用可锻铸铁制成,抗蚀性及机械强度均较大,分镀锌和不镀锌两种,钢制配件较少。

② 利用电焊机、电焊枪和电焊条对管道进行焊接。焊接后的管道接头紧密、不漏水。焊接施工迅速,不需要配件,但无法像螺纹连接那样拆卸方便。

③ 法兰连接一般在公称直径大于50的管道上,将法兰盘焊接或用螺纹连接在管端,再以螺栓连接。法兰连接一般用于闸阀、止回阀、水泵、水表等连接处,以及需要经常拆卸、检修的管段上。

④ 当较大管径的管道用丝扣连接较困难,且不允许焊接时,一般采用卡箍连接。连接时,两管端口应平整无缝隙,沟槽应均匀,卡紧螺栓后,管道应平直。

(2)铜管。

铜管包括拉制铜管、挤制铜管、拉制黄铜管、挤制黄铜管,是传统的给水管材,具有延展性好、承压能力强、化学性质稳定、线性膨胀系数小等优点。铜管公称压力2.0 MPa,冷、热水均适用,因为一次性投入较高,一般在高档宾馆等建筑中采用。铜管可采用螺纹连接、焊接及法兰连接。

(3)聚丙烯(PP)管。

普通聚丙烯材质耐低温冲击性差,通过共聚合的方式可以使聚丙烯性能得到改善。改性聚丙烯管有三种:均聚聚丙烯(PP-H,一型)管、嵌段共聚聚丙烯(PP-B,二型)管、无规共聚聚丙烯(PP-R,三型)管。PP-R 管强度高、韧性好、无毒、温度适应范围广(5~95 ℃)、耐腐蚀、抗老化、保温效果好、不结垢、沿程阻力小、施工安装方便。国内产品规格为De20~De110,广泛用于冷水、热水、纯净饮用水系统。管道之间采用热熔连接,管道与金属管件之间通过带金属嵌件的聚丙烯管件采用螺纹连接或法兰连接,常用 PP-R 管件如图3.5所示。

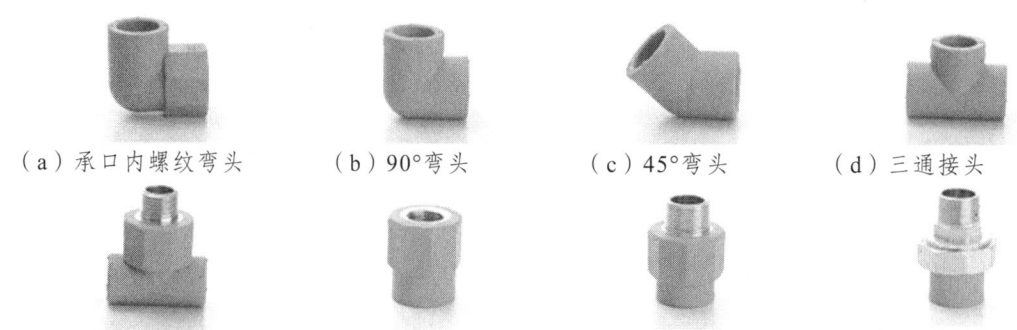

(a)承口内螺纹弯头　　(b)90°弯头　　(c)45°弯头　　(d)三通接头

(e)承口外螺纹三通接头　(f)承口内螺纹接头　(g)承口外螺纹接头　(h)承口外螺纹活接头

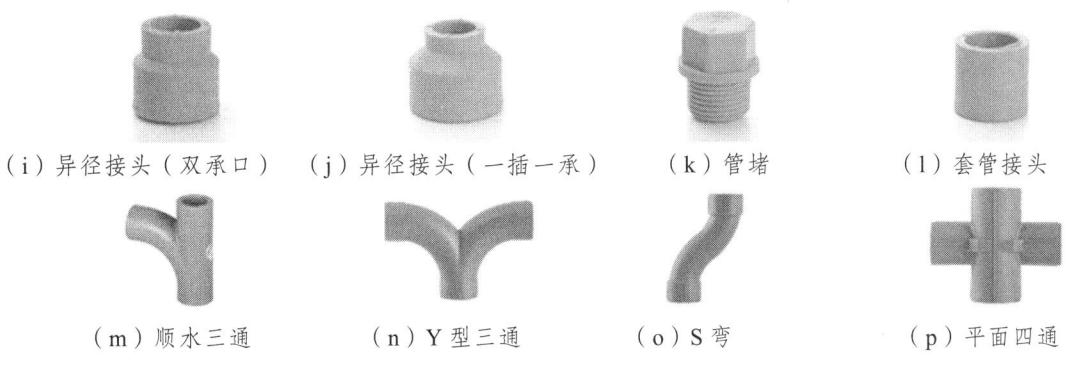

(i)异径接头(双承口)　　(j)异径接头(一插一承)　　(k)管堵　　(l)套管接头

(m)顺水三通　　(n)Y型三通　　(o)S弯　　(p)平面四通

图3.5 常用PPR管件

(4)硬聚氯乙烯(UPVC)管。

UPVC给水管材质为聚氯乙烯,使用温度为5~45 ℃,不适用于热水输送,常见规格为De20~De315,工作压力1.6 MPa。优点是耐腐蚀性好、抗衰老性强、黏接方便、价格低、产品规格全、质地坚硬,符合输送纯净饮用水标准;缺点为维修麻烦、无韧性,环境温度低于5 ℃时脆化,高于45 ℃时软化,长期使用会有UPVC单体和添加剂渗出。该管材为早期替代镀锌钢管的管材,现已不推广使用。硬聚氯乙烯管通常采用承插黏接,也可采用橡胶密封圈柔性连接、螺纹连接或法兰连接。

(5)聚丁烯(PB)管。

聚丁烯管是用高分子树脂制成的高密度塑料管,管材质软、耐磨、耐热、抗冻、无毒无害、耐久性好、质量轻、施工安装简单,冷水管工作压力为1.6~2.5 MPa,热水管工作压力为1.0 MPa,能在-20~95 ℃之间安全使用,适用于冷、热水系统。聚丁烯管与管件的连接方式有三种,即铜接头夹紧式连接、热熔插接、电熔连接。

(6)聚乙烯(PE)管。

聚乙烯管包括高密度聚乙烯(HDPE)管和低密度聚乙烯(LDPE)管。聚乙烯管的特点有质量轻、韧性好、耐腐蚀、可盘绕、耐低温性能好、运输及施工方便、具有良好的柔性和抗蠕变性能等,在建筑给水中得到广泛应用。聚乙烯管道的连接可采用电熔、热熔、橡胶圈柔性连接,工程上主要采用熔接。

(7)交联聚乙烯(PEX)管。

交联聚乙烯是通过化学方法使普通聚乙烯的线性分子结构改性成三维交联网状结构。交联聚乙烯管具有强度高、韧性好、抗老化(使用寿命达50年以上)、温度适应范围广(-70~110 ℃)、无毒、不滋生细菌、安装维修方便、价格适中等优点。目前国内产品常用规格为De16~De63,主要用于建筑室内热水给水系统上。管径小于或等于25 mm的管道与管件采用卡套式连接,管径大于或等于32 mm的管道与管件采用卡箍式连接。

(8)丙烯腈-丁二烯-苯乙烯(ABS)管。

ABS管材是丙烯腈、丁二烯苯乙烯的三元共聚物。丙烯腈提供了良好的耐腐蚀性表面硬度;丁二烯作为一种橡胶体提供了韧性;苯乙烯提供了优良的加工性能。三种组合的共同作用使ABS管强度大、韧性高、能承受冲击。ABS管的工作压力为1.6 MPa,常用规格为

De15~De300，使用温度为-40~60 ℃；热水管规格不全，使用温度为-40~95 ℃。ABS管材连接方式为黏接。

（9）钢塑复合管。

钢塑复合管是在钢管内壁衬（涂）一定厚度的塑料层复合而成。依据复合管基材不同，可分为衬塑复合管和涂塑复合管两种。衬塑复合管是在传统的输水钢管内插入一根薄壁聚氯乙烯（PVC）管，使二者紧密结合，就成了 PVC 衬塑复合管；涂塑复合管是以普通碳素钢管为基材，将高分子 PE 粉末熔融后均匀地涂敷在钢管内壁，经塑化后形成光滑、致密的塑料涂层。

钢塑复合管兼备了金属管材的强度高、耐高压、能承受较强的外来冲击力和塑料管材的耐腐蚀、不结垢、导热系数低、流体阻力小等优点。钢塑复合管可采用沟槽式、法兰式或螺纹式连接方式，同原有的镀锌钢管系统完全相容，应用方便。但钢塑复合管需在工厂预制，不宜在施工现场切割。

无缝钢管、铜管、不锈钢管及其管件的规格通常用符号"D"表示外径，外径数字写于其后，再乘以壁厚，例如，无缝钢管的外径是57 mm，壁厚是4 mm，规格表示为 D57×4。镀锌钢管、铸铁管及其管件的规格通常用符号"DN"表示公称直径，公称直径是一种标准化直径，又叫名义直径，它既不是内径，也不是外径，例如 DN15、DN25等。钢筋混凝土管、陶土管、耐酸陶瓷管、缸瓦管的管径以内径 d 表示。各种新型管材及其管件的规格通常用符号"De"表示公称外径，公称外径数字写于其后，再乘以壁厚，例如 PB 管的公称外径是16 mm，壁厚是3 mm，规格表示为 De16×3。

2. 管道附件

管道附件分为配水附件、控制附件和其他附件三类。在给水系统中起调节水量、水压，控制水流方向和通断水流等作用。

（1）配水附件。

配水附件是指为各类卫生洁具或受水器分配或调节水流的各式水龙头（阀件），是使用最为频繁的管道附件，产品应符合节水、耐用、通断灵活、美观等要求。

① 陶瓷芯片水龙头：采用精密的陶瓷片作为密封材料，由动片和定片组成，通过手柄的水平旋转或上下提压造成动片与定片的相对位移启闭水源，使用方便，但水流阻力较大。

② 旋塞式水龙头：手柄旋转90°即完全开启，可在短时间内获得较大流量。由于启闭迅速容易产生水击，一般设在开水间、浴池、洗衣房等压力不大的给水设备上。

③ 混合水龙头：安装在洗面盆、浴盆等卫生器具上，通过控制冷、热水流量调节水温，相当于两个水龙头，使用时将手柄上下移动控制流量，左右偏转调节水温。

④ 延时自闭水龙头：主要用于酒店及商场等公共场所的洗手间，使用时将按钮下压，每次开启持续一定时间后，靠水压力及弹簧的增压而自动关闭水流。

⑤ 自动控制水龙头：根据光电效应、电容效应、电磁感应等原理自动控制水龙头的启闭，常用于建筑装饰标准较高的盥洗、淋浴、饮水等的水流控制。

（2）控制附件。

控制附件是用于调节水量、水压、关断水流、控制水流方向和水位的各式阀门。控制附件应符合性能稳定、操作方便、便于自动控制、精度高等要求。

① 闸阀：闸阀指关闭件（闸板）由阀杆带动，沿阀座（密封面）做升降运动的阀门，一般用于公称直径≥70 mm 的管路。闸阀具有流体阻力小、开闭所需外力较小、介质的流向不受限制等优点；但外形尺寸和开启高度都较大，安装所需空间较大，水中有杂质落入阀座后阀不能关闭严密，关闭过程中密封面间的相对摩擦容易引起擦伤现象。水流阻力要求较小时采用闸阀。

② 截止阀：截止阀指关闭件（阀瓣）由阀杆带动，沿阀座（密封面）轴线做升降运动的阀门。截止阀具有开启高度小、关闭严密、在开闭过程中密封面的摩擦力比闸阀小、耐磨等优点；但截止阀的水头损失较大，由于开闭力矩较大，结构长度较长，一般用于 DN≤200 mm 的管道中。需调节流量、水压时宜采用截止阀。

③ 蝶阀：蝶阀指启闭件（蝶板）绕固定轴旋转的阀门。蝶阀具有操作力矩小、开闭时间短、安装空间小、质量轻等优点；其主要缺点是蝶板占据一定的过水断面，增大了水头损失，且易挂积杂物和纤维。

④ 球阀：球阀指启闭件（球体）绕垂直于通路的轴线旋转的阀门，在管路中用来做切断、分配和改变介质的流动方向，适用于安装空间小的场所。球阀具有流体阻力小、结构简单、体积小、质量轻、开闭迅速等优点，但容易产生水击。

⑤ 止回阀：止回阀指启闭件（阀瓣或阀芯）借介质作用力自动阻止介质逆流的阀门。一般安装在引入管、密闭的水加热器或用水设备的进水管、水泵出水管、进出水管合用一条管道的水箱（塔、池）的出水管段上。根据启闭件动作方式的不同，可进一步分为旋启式止回阀、升降式止回阀、消声止回阀和缓闭止回阀等。止回阀的开启压力与止回阀关闭状态时的密封性能有关，关闭状态密封性好，开启压力就大，反之就小。开启压力一般大于开启后水流正常流动时的局部水头损失。

⑥ 减压阀：给水管网的压力高于配水点允许的最高使用压力时，应设置减压阀。给水系统中常用的减压阀有比例式减压阀和可调式减压阀两种。供水保证率要求高的给水管道上设置减压阀时宜采用两个减压阀，并联设置，一用一备，不得设置旁通管。

⑦ 安全阀：安全阀可以防止系统内压力超过预定的安全值，它利用介质本身的力量排出额定数量的流体，不需借助任何外力，当压力恢复正常后，阀门再行关闭并阻止介质继续流出。安全阀的泄流量很小，主要用于释放压力容器因超温引起的超压。

⑧ 泄压阀：泄压阀与水泵配套使用，主要安装在供水系统中的泄水旁路上，可保证供水系统的水压不超过主阀上导阀的设定值，确保供水管路、阀门及其他设备的安全。当给水管网存在短时超压工况，且短时超压会引起使用不安全时，应设泄压阀。

⑨ 浮球阀：浮球阀广泛用于水箱、水池、水塔的进水管路中，通过浮球的调节作用来维持水位。当充水到既定水位时，浮球随水位浮起，关闭进水口，防止流溢；当水位下降时，浮球下落，进水口开启。为保障进水的可靠性，一般采用两个浮球阀并联安装，浮球阀前应安装检修用的阀门。

⑩多功能阀：多功能阀兼有电动阀、止回阀和水锤消除器的功能，一般装在口径较大水泵的出水管路的水平管段上。

⑪紧急关闭阀：紧急关闭阀用于生活小区中消防用水与生活用水并联的供水系统。当消防用水时，阀门自动紧急关闭，切断生活用水，保证消防用水；当消防结束时，阀门自动打开，恢复生活供水。

（3）其他附件。

在给水系统中经常要安装一些保障系统正常运行、延长设备使用寿命和改善系统工作性能的附件，如管道过滤器、倒流防止器、水锤消除器、排气阀、可曲挠橡胶接头、伸缩器等。

3. 水表

建筑给水系统中广泛采用的是流速式水表，用于计量建筑物的用水量，通常设置在建筑物的引入管、住宅和公寓建筑的分户配水支管、公用建筑物内需要计量的水管上。这种水表是根据管径一定时，水流通过水表的速度与流量成正比的原理来测量的。它主要由外壳、翼轮和传动指示机构等部分组成。

（1）水表的类型。

流速式水表按翼轮构造不同可分为旋翼式、螺翼式和复式。旋翼式水表的翼轮转轴与水流方向垂直，它的阻力较大，多为小口径水表，宜用于测量较小的流量；螺翼式水表的翼轮转轴与水流方向平行，它的阻力较小，为大口径水表，宜用于测量较大的流量；复式水表是旋翼式和螺翼式的组合形式。旋翼式、螺翼式水表内部构造如图3.6所示。

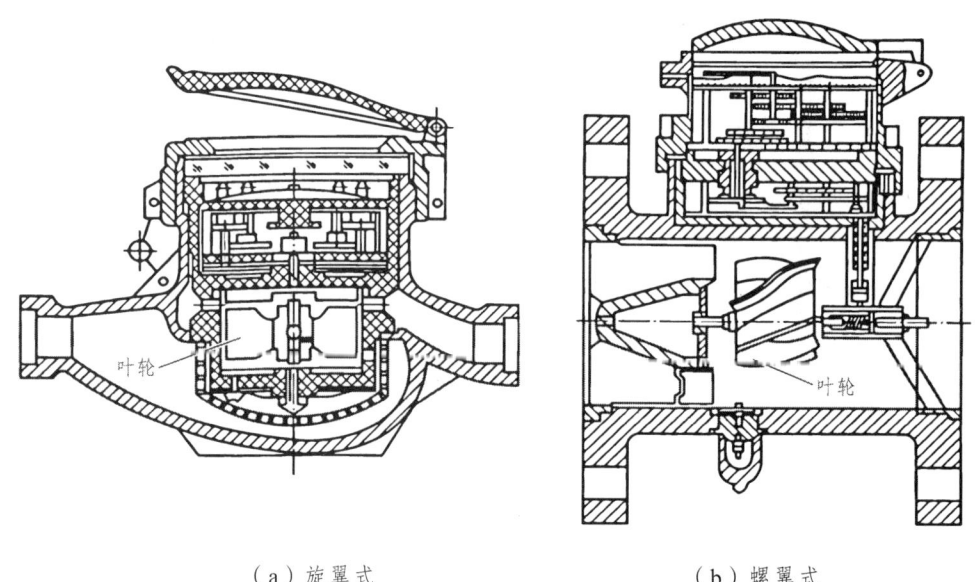

（a）旋翼式　　　　　　（b）螺翼式

图3.6 流速式水表构造

水表按水流方向不同可分为立式和水平式两种；按适用介质温度不同分为冷水表和热水表两种。随着现代技术的发展，远传式水表、IC卡智能水表已经得到广泛应用。常用水表的类型如图3.7所示。

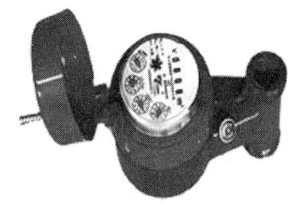
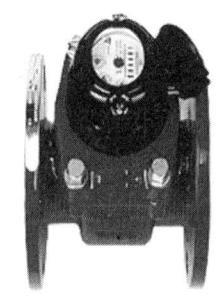
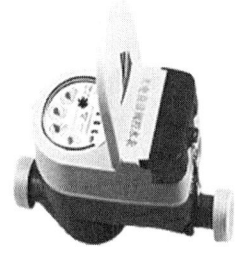

图3.7 常见水表类型

（2）水表的性能参数。

① 流通能力：指水流通过螺翼式水表产生10 kPa水头损失时的流量值。

② 特性流量：指水流通过旋翼式水表产生100 kPa水头损失时的流量值，此值为水表的特性指标，以K_p表示其特性系数。

③ 最大流量：指只允许水表在短时间内承受的上限流量值，也称过载流量。

④ 额定流量：指水表可以长时间正常运转的上限流量值，也称公称流量或常用流量。

⑤ 最小流量：指水表能够开始准确指示的流量值，是水表正常运转的下限值。

⑥ 分界流量：指水表误差限度改变时的流量。

⑦ 灵敏度：指水表开始连续指示的流量值，也称启动流量或始动流量。

（3）水表的选用。

水表类型的确定应综合考虑用水量及其变化幅度、水质、水温、水压、水流方向、管道口径、安装场所等因素，经过比较后确定水表类型。当管径小于或等于50 mm时，应采用旋翼式水表；管径大于50 mm时，应采用螺翼式水表。当流量变化幅度很大时，应采用复式水表。水温低于或等于40 ℃时，选用冷水表；水温高于40 ℃时，选用热水表。一般情况下应优先采用湿式水表。

（4）水表的设置。

住宅的分户水表宜相对集中读数，并设置于户外观察方便、不冻结、不被任何液体及杂质所淹没和不易被损坏的地方。

① 传统方式：在厨房或卫生间用水比较集中处设置给水立管，每户设置水平支管，安装阀门、分户水表，再将水送到各用水点。这种方式的管道系统简单、管道短、耗材少、沿程阻力小，但必须入户抄表，房主的私密性不能得到保证。

② 分层方式：将给水立管设于楼梯平台处，墙体预留500 mm×300 mm×220 mm的分户水表箱安装孔洞。这种方式节省管材，水头损失小，适合于高层住宅。

③ 首层集中方式：将分户水表集中设置在首层管道井或室外水表井，每户有独立的进户管、立管。这种方式适合于多层建筑，便于抄表，减轻抄表人员劳动强度，维修方便，但管材耗量大，立管必须在公共区域布置，不准在户内通过。

④ 远传方式：远传水表为一次水表，由其发出传感信号，该信号通过电缆线被采集到数据采集箱（又称二次表），采集箱上的数码曾显示水表运行状态，记录相关信息。采用这种方式时，给水管道布置灵活，节省管材，管理方便。

⑤ IC 卡计量方式：用户将已充值的 IC 卡插入水表存储器，通过电磁阀来控制水的通断，用水时 IC 卡上的金额会自动被扣除。

3.2 给水工程施工图识读

3.2.1 给水工程识图基础知识

1. 标高

（1）标高应以"m"为单位，一般应注写到小数点后第三位。

（2）室内工程应标注相对标高；室外工程宜标注绝对标高，当无绝对标高资料时，可标注相对标高，但应与各专业标高一致。

（3）压力管道应标注中心线标高，沟渠和重力流管道宜标注沟（管）内底标高，也可标注管中心线标高，但要加以说明。

（4）沟渠和重力流管道的起讫点、转角点、连接点、变坡点、变尺寸（管径）点及交叉点应标注标高；压力管道中的标高控制点、不同水位线处、管道穿外墙和构筑物的壁及底板等处应标注标高。管道标高在平面图和轴测图中的标注如图3.8所示，在剖面图中的标注如图3.9所示。

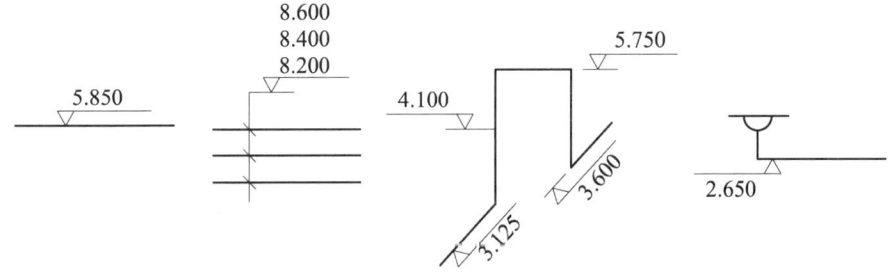

图3.8 平面图和轴测图中管道标高标注法

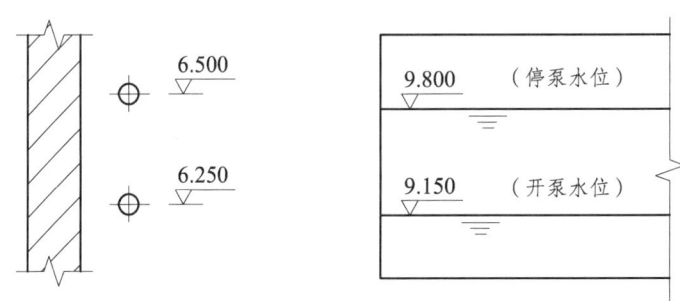

图3.9 剖面图中管道及水位标高标注法

2. 管径

管径应以"mm"为单位。水煤气输送钢管（镀锌或非镀锌）、铸铁管等管材，管径应以公称直径"DN"表示（如 DN25）；无缝钢管、焊接钢管（直缝或螺旋缝）、铜管、不锈钢管等管材，管径以外径 D×壁厚表示（如 D159×4）；塑料管材，管径宜按产品标准的方法表示。管径的标注方法如图3.10所示。

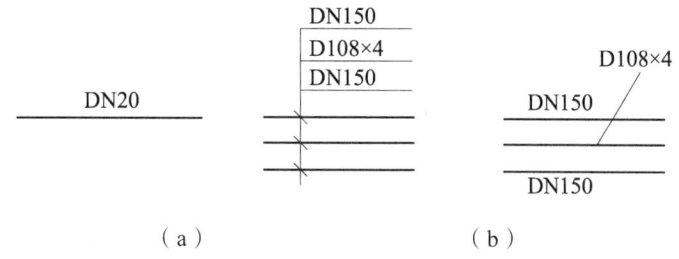

图3.10 管径的标注方法

3. 系统及立管编号

管道应按系统加以标记和编号，给水系统一般以每一条引入管为一个系统，排水管以每一条排出管为一个系统。当建筑物的给水引入管或排水排出管的数量超过1根时，宜进行分类编号。编号方法是在直径12 mm 的圆圈内过圆心画一水平线，水平线上用汉语拼音字母表示管道类别，水平线下用阿拉伯数字编号，如图3.11所示。

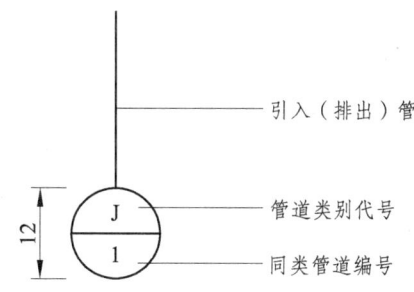

图3.11 给水引入（排出）管编号表示方法

3.2.2 给水工程图纸组成

1. 图纸目录

图纸目录是将全部施工图纸进行分类编号，并填入图纸目录表格中，以便查阅和管理工程技术档案。

2. 设计说明

设计说明是施工图的重要组成部分，用必要的文字来说明工程的概况及设计者的意图。给水设计说明主要包括给水系统管材、管件的种类和材质及连接方法、给水设备的类型及安装方式、管道的防腐及绝热方法、系统的试压要求、供水方式的选用，以及遵照的设计、施工验收规范及标准图集等内容。

3. 设备材料表

设备材料表是将施工过程中用到的主要材料和设备列成明细表，标明其名称、规格、数量等，以供施工备料时参考。

4. 给水系统平面图

平面图一般包括地下室或底层、标准层、顶层及水箱间给水平面图等。平面图阐述的主要内容有给水设备、卫生器具的类型和平面位置、管道附件的平面位置、给水系统的入口位置和编号、地沟位置及尺寸、干管和支管的走向及坡度和位置、立管的编号及位置等。

5. 给水系统图

系统图是三维空间的立体图，用来表达管道及设备的空间位置关系。其主要内容有供水系统的横管、立管、支管及干管的编号、走向、坡度、管径，以及管道附件的标高和空间相对位置等。系统图宜按45°正面斜轴测投影法绘制。管道的编号、布置方向与平面图一致。

6. 给水剖面图

给水工程中管道井、水箱间及泵房等部位有必要绘制剖面图，如表示设备、设备基础、管道、管沟的标高和尺寸等。剖面图可分部位、系统分别按比例绘制。

7. 给水工艺流程图

工艺流程图主要包括设备和管道的相对位置关系，设备、管道的规格、编号及介质流向，管道、阀门和设备的连接方式等。流程图和系统图都可以反映管道系统和设备的全貌及连接方式，但二者是有本质区别的，系统图是根据平面图上管道和设备的平面位置按比例用轴测投影原理绘制的，而工艺流程图是没有比例的。由于水箱间、泵房内管线、设备多而复杂，为保证管道和设备的正确连接，防止运行事故的发生，避免安装上的错误和疏漏，在识读工艺流程图时，必须仔细搞清管道与设备、管道与管道之间的相互关系。

8. 详图

详图是对设计施工说明和上述图纸都无法表示清楚，又无标准设计图可供选用的设备、器具安装图、非标准设备制造图或设计者自己的创新，按放大比例由设计人员绘制的施工图，要求其编号应与其他图纸相对应。标准图集是施工详图的一部分，具有权威性，必须遵照执行。

3.2.3 生活给水工程综合案例施工图识读

在上述理论知识的基础上，结合本书综合案例"重庆市重庆工程学院教学科研楼项目"进行生活给水工程施工图识读，详细的图纸及施工图识读视频请扫描二维码学习。

给水工程施工图　　　　　　给水工程施工图识读视频

3.3 生活给水工程计量与计价案例分析

本节以重庆市重庆工程学院教学科研楼项目为实际案例进行生活给水工程计量与计价案例分析。

1. 水源

室外已有生活给水主管道，管道的水量和水压满足该工程的用水需求。

2. 生活用水量

重庆工程学院教学科研楼项目工程的生活用水量具体见表3.2。

表3.2 重庆工程学院教学科研楼项目生活用水

序号	用水单元	用水量标准		用水数量		用水时间/h	时变化系数 K_h	用水量		
		单位	定额	单位	数量			最大日/(m^3/d)	最大时/(m^3/h)	平均时/(m^3/h)
1	教学科研楼	每学生每日	50	人	4 600	8	1.5	230	43.125	28.75

3. 水质

生活用水生产用水、绿化浇洒用水、消防水池（箱）补水等均以城市自来水为水源，水质符合《生活饮用水卫生标准》（GB 5749—2022）相关要求。

4. 给水系统

（1）室外给水。室外给水管网分为生活给水管网、室内外消火栓管网和自动喷水灭火消防管网，共三套各自独立的管网。

（2）计量方式。该工程总引入管处设一级总计量水表；各单体建筑引入管处设二级计量水表；消防水池、消防水箱补水管上设置计量水表；重点用水部位设置三级计量水表。

（3）给水方式。该工程生活用水由无负压供水设备加压供给，给水方式为下行上给式。各单体引入管处压力过大时采取减压措施，使各用水点处压力不大于0.2 MPa。

（4）调节设施。该项目教学科研楼的生活用水由无负压供水设备加压供给。

（5）防水质污染及防腐措施。该工程总引入管处设置倒流防止器，以防污染市政水源。消防补水管、循环补水管进水口最低点距溢流边缘的空气间隙不小于150 mm；明装钢管刷底漆两道后再刷面漆两道埋地钢管采用沥青绝缘防腐。生活给水管道安装时避开毒物污染区。

3.3.1 给水管道计算规则及相关说明

1. 清单项目及清单计算规则

（1）室内外给水管道以建筑物外墙皮1.5 m为界，建筑物入口处设阀门的以阀门为界。

（2）与市政管道界线以水表井为界，无水表井者，以市政管道碰头点为界。给水管道界限如图3.12所示。

（3）各类管道安装按室内外、材质、连接形式、规格分别列项，以"m"为计量单位。定额中铜管、塑料管、复合管（除钢塑复合管外）按公称外径表示，其他管道均按公称直径表示。

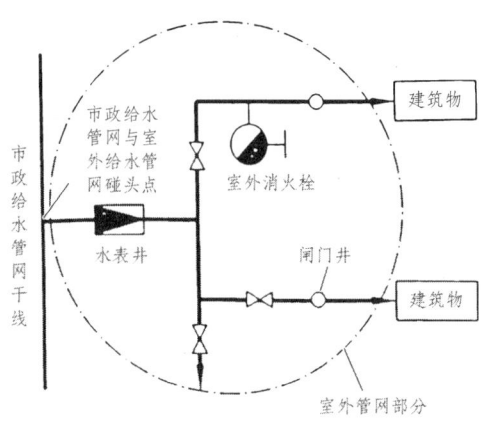

图3.12 给水管道界限

（4）各类管道安装工程量，均按设计管道中心线长度，以"m"为计量单位，不扣除阀门、管件、附件（包括器具组成）及井类所占长度。

给排水管道工程量清单项目设置、项目特征描述的内容、计量单位及工程量计算规则，根据《通用安装工程工程量计算规范》（GB 50856—2013）表 K.1给排水、采暖、燃气管道（编码：031001）的规定执行，分项内容见表3.3。

表3.3 给水管道（编码：031001）

项目编码	项目名称	项目特征	计量单位	工程量计算规则	工作内容
031001001	镀锌钢管	1.安装部位 2.介质 3.规格、压力等级 4.连接形式 5.压力试验及吹、洗设计要求 6.警示带形式	m	按设计图示管道中心线以长度计算	1.管道安装 2.管件制作安装 3.压力试验 4.吹扫、冲洗 5.警示带铺设
031001002	钢管				
031001003	不锈钢管				
031001004	铜管				
031001005	铸铁管	1.安装部位 2.介质 3.材质、规格 4.连接形式 5.接口材料 6.压力试验及吹、洗设计要求 7.警示带形式	m	按设计图示管道中心线以长度计算	1.管道安装 2.管件安装 3.压力试验 4.吹扫、冲洗 5.警示带铺设
031001006	塑料管	1.安装部位 2.介质 3.材质、规格 4.连接形式 5.阻火圈设计要求 6.压力试验及吹、洗设计要求 7.警示带形式			1.管道安装 2.管件安装 3.塑料卡固定 4.阻火圈安装 5.压力试验 6.吹扫、冲洗 7.警示带铺设

续表

项目编码	项目名称	项目特征	计量单位	工程量计算规则	工作内容
031001007	复合管	1.安装部位 2.介质 3.材质、规格 4.连接形式 5.压力试验及吹、洗设计要求 6.警示带形式	m	按设计图示管道中心线以长度计算	1.管道安装 2.管件安装 3.塑料卡固定 4.压力试验 5.吹扫、冲洗 6.警示带铺设
031001008	直埋式预制保温管	1.埋设深度 2.介质 3.管道材质、规格 4.连接形式 5.接口保温材料 6.压力试验及吹、洗设计要求 7.警示带形式	m	按设计图示管道中心线以长度计算	1.管道安装 2.管件安装 3.接口保温 4.压力试验 5.吹扫、冲洗 6.警示带铺设
031001009	承插陶瓷缸瓦管	1.埋设深度 2.规格 3.接口方式及材料 4.压力试验及吹、洗设计要求 5.警示带形式			1.管道安装 2.管件安装 3.压力试验 4.吹扫、冲洗 5.警示带铺设
031001010	承插水泥管				
031001011	室外管道碰头	1.介质 2.碰头形式 3.材质、规格 4.连接形式 5.防腐、绝热设计要求	处	按设计图示计算	1.挖填工作坑或暖气沟拆除及修复 2.碰头 3.接口处防腐 4.接口处绝热及保护层

注：① 安装部位，指管道安装在室内、室外。
② 输送介质包括给水、排水、中水、雨水热媒体、燃气、空调水等。
③ 方形补偿器制作安装应含在管道安装综合单价中。
④ 铸铁管安装适用于承插铸铁管、球墨铸铁管、柔性抗震铸铁管等。
⑤ 塑料管安装适用于 UPVC，PVC，PP-R 管等塑料管材。
⑥ 复合管安装适用于钢塑复合管、铝塑复合管、钢骨架复合管等复合型管道安装。
⑦ 直埋保温管包括直埋保温管件安装及接口保温。
⑧ 排水管道安装包括立管检查口、透气帽。
⑨ 室外管道碰头：
a. 适用于新建或扩建工程热源、水源、气源管道与原（旧）有管道碰头。
b. 室外管道碰头包括挖工作坑、土方回填或吸气沟局部拆除及修复。
c. 带介质管道碰头包括开关闸、临时放水管线铺设等费用。
d. 热源管道碰头每处包括供、回水两个接口。
e. 碰头形式指带介质碰头、不带介质碰头。
f. 管道工程量计算不扣除阀门、管件（包括减压器、疏水器、水表、伸缩器等组成安装）及附属构筑物所占的长度；方形补偿器以其所占长度列入管道安装工程量。
⑩ 压力试验按设计要求描述试验方法，如水压试验、气压试验、泄漏性试验、团水试验、通球试验、真空试验等。
⑪ 吹洗按设计要求描述吹扫、冲洗方法，如水冲洗、消毒冲洗、空气吹扫等。

2. 定额计算规则

（1）计算规则。

① 各类管道安装区分室内外、材质、连接形式、规格，按设计图示管道中心线长度计算，不扣除阀门、管件、附件（包括器具组成）及附属构筑物所占长度。

② 室内给排水管道与卫生器具连接的计算分界。

a. 给水管道工程量计算至卫生器具（含附件）前与管道系统连接的第一个连接件（角阀、三通、弯头、管箍等）止。

b. 排水管道工程量自卫生器具出口处的地面或墙面算起；与地漏连接的排水管道自地面算起，不扣除地漏所占长度。

（2）定额说明。

① "给排水、燃气、采暖管道"章节适用于室内外生活用给水、排水、燃气、空调水等管道的安装，包括镀锌钢管、钢管、不锈钢管、铜管、铸铁管、塑料管、复合管等不同材质的管道安装及室外管道碰头等项目。

② 管道的界限划分。

a. 室内外给水管道以建筑物外墙皮1.5 m为界，建筑物入口处设阀门者以阀门为界。

b. 室内外排水管道以出户第一个排水检查井为界。

c. 给水管道与工业管道界线以与工业管道碰头点为界。

d. 设在建筑物内的水泵房（间）管道以泵房（间）外墙皮为界。

给排水管道项目定额包含工程内容具体见表3.4。

表3.4 给排水管道项目定额包含工程内容

项目内容 （给排水管道）	管件	部件	冲洗消毒	阻火圈	管道支架	试压冲洗	除锈刷漆	孔洞	套管
室外给水镀锌管 （螺纹连接）	有			无	有	有			
室外给水焊接管 （螺纹连接）	有			无	有	有			
室外给水钢管（焊接）	有			无	有	有			
室外给水承插铸铁管	有			无	有	有			
室外给水铝塑复合管、塑料管	有			无	有	有			
室外排水铸铁管	有			无	有	有			
室外排水塑料管、陶土管	有			无	有	有			
室内给水镀锌管 （螺纹连接）	有			无	有	有			

续表

项目内容（给排水管道）	管件	部件	冲洗消毒	阻火圈	管道支架	试压冲洗	除锈刷漆	孔洞	套管
室内给水焊接管（螺纹连接）	有			无		有	有		
室内给水钢管（焊接）	有			无		有	有		
室内给水承插铸铁管	有			无		有	有		
室内给水铝塑复合管、塑料管、铜管	有			无		有			
室内排水塑料管、铸铁雨水管	有		无			有			
室内排水塑料管、塑料雨水管	有		无			有			
室内钢管雨水管	有		无			有	有		

（3）管道的适用范围。

① 给水管道适用于生活饮用水、热水、中水及压力排水等管道的安装。

② 塑料管安装适用于UPVC，PVC，PP-C，PP-R，PE，PB等塑料管道的安装。

③ 镀锌钢管（螺纹连接）项目适用于室内外焊接钢管的螺纹连接。

④ 钢塑复合管安装适用于内涂塑、内外涂塑、内衬塑、外覆塑内衬塑复合管道的安装。

⑤ 钢管沟槽连接适用于镀锌钢管、焊接钢管及无缝钢管等沟槽连接的管道安装。不锈钢管、铜管、复合管的沟槽连接，可参照执行。

（4）有关说明。

① 管道安装项目中，给水管道、空调冷热水管道均包括相应管件安装、水压试验及水冲洗工作内容。燃气管道均包括管道及管件安装、强度试验、严密性试验、空气吹扫等内容。排（雨）水管道包括管道及管件安装、灌水（闭水）及通球试验工作内容。定额中铜管、塑料管、复合管（除钢塑复合管外）按公称外径表示，其他管道均按公称直径表示。

② 定额中各种管件数量系综合确定，执行定额时，成品管件材料数量可参照《重庆市通用安装工程计价定额》（第十册 给排水、采暖、燃气安装工程）附录"管道管件数量取定表"或依据设计文件及施工方案计算，定额中其他消耗量均不作调整。

③《重庆市通用安装工程计价定额》（第十册 给排水、采暖、燃气安装工程）定额管件中不含与螺纹阀门配套的活接、对丝，其用量含在螺纹阀门安装项目中。

④ 管道安装项目中，除室内直埋塑料给水管项目中已包括管卡安装外，均不包括管道支架、管卡、托钩等制作安装，以及管道穿墙、楼板套管制作安装，预留孔洞、堵洞、打洞、凿槽等工作内容发生时，应按《重庆市通用安装工程计价定额》（第九册 消防安装工程）相应定额子目执行。

⑤ 钢管焊接安装项目中均综合考虑了成品管件和现场煨制弯管、摔制大小头（转换接

头）、挖眼三通。

⑥ 室内柔性铸铁排水管（机械接口）按带法兰承口的承插式管材考虑。

⑦ 雨水管道系统中的雨水斗及雨水口安装按《重庆市通用安装工程计价定额》（第十册 给排水、采暖、燃气安装工程）第四章相应定额子目执行。

⑧ 室内直埋塑料管道是指敷设于室内地坪下或墙内的塑料给水管道，包括充压隐蔽、水压试验、水冲洗以及地面画线标示等工作内容。

⑨ 塑料管热熔连接DN25及以上管径按热熔对接连接考虑。

⑩ 管道的消毒冲洗按《重庆市通用安装工程计价定额》（第十册 给排水、采暖、燃气安装工程）"支架及其他"相应定额子目执行；排水管道不包括止水环、透气帽本体材料，发生时按实际数量另计材料费。

3. 计算工程量

（1）清单工程量与定额工程量计算规则对比。

对比分析《通用安装工程工程量计算规范》和《重庆市通用安装工程计价定额》中关于给水系统工程管道的工程量计算规则后可知，两者计算规则一致，均为各类管道安装区分室内外、材质、连接形式、规格，按设计图示管道中心线长度计算，不扣除阀门、管件、附件（包括器具组成）及附属构筑物所占长度。

（2）计算实例。

【例3.1】如图3.13、图3.14所示为重庆工程学院教学科研楼工程首层平面图卫生间6，试计算该房间给水管DN32工程量。

卫生间6
给水平面图

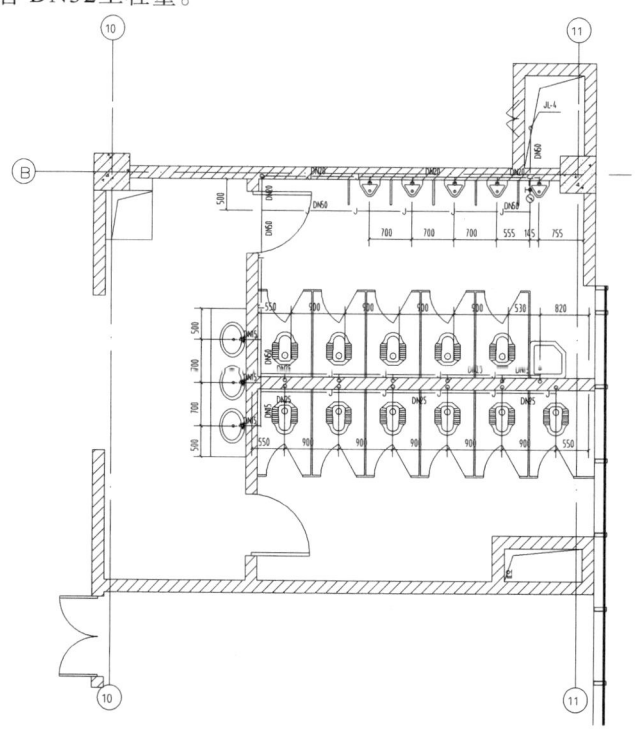

图3.13 卫生间6给水平面图

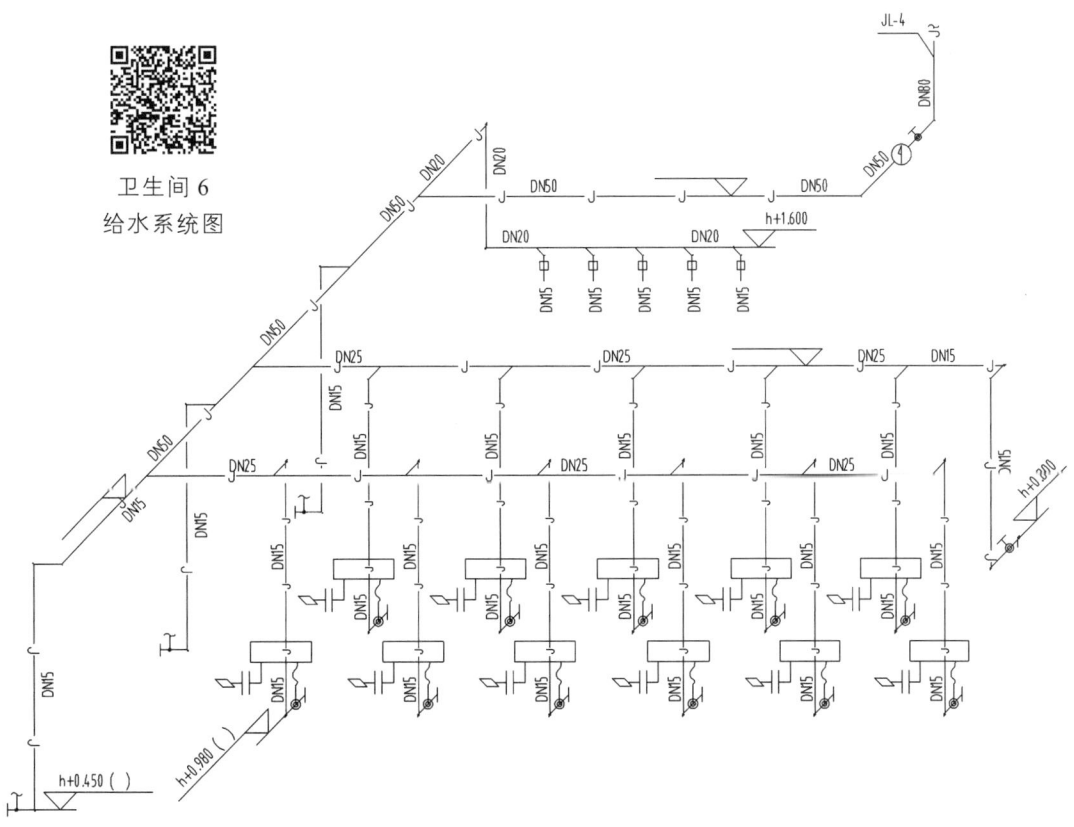

图3.14 卫生间6给水系统图

【解】给水管DN32工程量=水平管长度+垂直管长度
=(0.9×4+2.9+0.14+1.35+0.85+0.4+2.51)+0=11.75 m

4.清单组价

(1)清单项与定额项的组合关系。

给水系统管道清单项与定额项的组合关系列举见表3.5。

表3.5 给水系统管道清单项与定额项的组合关系表

工程量清单项					可组合定额项目	
项目编码	项目名称	项目特征	计量单位	工作内容	主要内容	定额子目
031001001	镀锌钢管	1.安装部位 2.介质 3.规格、压力等级 4.连接形式 5.压力试验及吹、洗设计要求 6.警示带形式	m	1.管道安装 2.管件制作、安装 3.压力试验 4.吹扫、冲洗 5.警示带铺设	室内镀锌钢管	CK0012-CK0022
031001002	钢管				室内钢管	CK0076-CK0098
031001003	不锈钢管				室内不锈钢管	CK0181-CK0201
031001004	铜管				室内铜管	CK0248-CK0274

续表

工程量清单项					可组合定额项目	
项目编码	项目名称	项目特征	计量单位	工作内容	主要内容	定额子目
031001005	铸铁管	1.安装部位 2.介质 3.材质、规格 4.连接形式 5.接口材料 6.压力试验及吹、洗设计要求 7.警示带形式	m	1.管道安装 2.管件安装 3.压力试验 4.吹扫、冲洗 5.警示带铺设	室内铸铁给水管	CK0330-CK0350
031001006	塑料管	1.安装部位 2.介质 3.材质、规格 4.连接形式 5.阻火圈设计要求 6.压力试验及吹、洗设计要求 7.警示带形式	m	1.管道安装 2.管件安装 3.塑料卡固定 4.阻火圈安装 5.压力试验 6.吹扫、冲洗 7.警示带铺设	室内塑料给水管	CK0479-CK0524
031001007	复合管	1.安装部位 2.介质 3.材质、规格 4.连接形式 5.压力试验及吹、洗设计要求 6.警示带形式	m	1.管道安装 2.管件安装 3.塑料卡固定 4.压力试验 5.吹扫、冲洗 6.警示带铺设	室内复合管	CK0621-CK0664

（2）定额项目的工程内容说明。

定额项目的工作内容，是正确选用定额子项的关键因素。《重庆市通用安装工程计价定额》（CQAZDE—2018）给水火系统管道部分定额项目的工作内容列于表3.6中，方便学习使用。

表3.6 定额项目的工程内容

序号	项目名称	定额编号	工作内容说明
1	A.1.2室内镀锌钢（螺纹连接）	CK0012-CK0022	调直、切管、套丝、组对、连接、管道及管件安装、水压试验水冲洗
2	A.2.2室内钢管（焊接）	CK0076-CK0088	切管、坡口、调直、煨弯、挖眼接管、异型管制作、组对、焊接、管道及管件安装、水压试验及水冲洗
3	A.2.3室内钢管（沟槽连接）	CK0089-CK0098	调直、切管、压槽、对口、涂润滑剂、上胶圈、安装卡箍件、管道及管件安装、水压试验及水冲洗

续表

序号	项目名称	定额编号	工作内容说明
4	A.3.1室内低压不锈钢管（螺纹连接）	CK0181-CK0189	切管、调直、套丝、组对、连接、管道及管件安装、水压试验及水冲洗
5	A.3.2室内低压不锈钢管（对接电弧焊）	CK0190-CK0201	切管、调直、坡口、组对、焊接、焊缝酸洗、钝化、管道及管件安装、水压试验及水冲洗
6	A.4.1室内铜管（卡压连接）	CK0248-CK0256	切管、调直、管道及管件安装、水压试验及水冲洗
7	A.4.2室内铜管（氧乙炔焊）	CK0257-CK0265	坡口、调直、切管、焊接、管道及管件安装、水压试验及水冲洗
8	A.4.3.室内铜管（钎焊）	CK0266-CK0274	坡口、调直、切管、焊接、管道及管件安装、水压试验及水冲洗
9	A.5.8室内铸铁给水管（膨胀水泥接口）	CK0330-CK0336	管口除沥青、切管、管道及管件安装、调制接口材料、接口养护、水压试验及水冲洗
10	A.5.9室内铸铁给水管（石棉水泥接口）	CK0337-CK0343	管口除沥青、切管、管道及管件安装、调制接口材料、接口养护、水压试验及水冲洗
11	A.5.10室内铸铁给水管（胶圈接口）	CK0344-CK0350	切管、上胶圈、接口、管道及管件安装、水压试验及水冲洗
12	A.6.10室内塑料给水管（热熔连接）	CK0479-CK0489	切管、组对、预热、熔接、管道及管件安装、水压试验及水冲洗
13	A.6.11室内直埋塑料给水管（热熔连接）	CK0490-CK0492	切管、组对、预热、熔接、管道及管件安装、管卡固定、临时封堵、配合隐蔽、水压试验及冲洗、划线标示
14	A.6.12室内塑料给水管（电熔连接）	CK0493-CK0503	切管、组对、预热、熔接、管道及管件安装、水压试验及水冲洗
15	A.6.13室内塑料给水管（粘接）	CK0504-CK0514	切管、组对、粘接、管道及管件安装、水压试验及水冲洗
16	A.6.14室内塑料给水管（卡套式连接）	CK0515-CK0522	切管、调直、管件连接、管道安装、管夹安装、水压试验及水冲洗
17	A.6.15室内塑料给水管（夹紧式连接）	CK0518-CK0522	切管、调直、管件连接、管道安装、管夹安装、水压试验及水冲洗
18	A.6.16室内塑料给水管（卡箍式连接）	CK0523-CK0524	切管、调直、管件连接、管道安装、管夹安装、水压试验及水冲洗
19	A.7.4室内塑铝稳态管（热熔连接）	CK0621-CK0631	切管、卷削、组对、预热、熔接、管道及管件安装、水压实验及水冲洗
20	A.7.5室内钢骨架塑料复合管（电熔连接）	CK0632-CK0642	切管、打磨、组对、熔接、管道及管件安装、水压实验及水冲洗

续表

序号	项目名称	定额编号	工作内容说明
21	A.7.6室内钢塑复合管（螺纹连接）	CK0643-CK0653	切管、调直、套丝、组对、连接、管道及管件安装、水压实验及水冲洗
22	A.7.7室内铝塑复合管（卡箍式、卡套式连接）	CK0654-CK0659	切管、调直、对口、紧丝口、管道及管件安装、水压实验及水冲洗
23	A.7.8室内超薄不锈钢衬塑复合给水管（热熔连接）	CK0660-CK0664	切管、组对、预热、熔接、管道及管件安装、水压实验及水冲洗
24	B.4.4 管道消毒、冲洗	CK0872-CK0889	溶解漂白粉、灌水、消毒冲洗

（3）给水系统管道清单计价。

结合图纸及卫生间6的给水管DN32工程量，计算其综合单价。计算步骤如下：

① 确定清单项目特征及工程量。

结合案例图纸的设计说明和计算的工程量可编制的分部分项工程项目清单计价表（表3.7）。

表3.7 喷砂铝合金衬塑复合管DN32分部分项工程项目清单计价表

序号	项目编码	项目名称	项目特征	计量单位	工程量	金额/元		
						综合单价	合价	其中：暂估价
			排水工程					
1	031001007001	喷砂铝合金衬塑复合管	1.安装部位：室内明装 2.介质：给水 3.材质、规格：PE-RTII；DN32 4.连接形式：热熔连接 5.压力试验及吹、洗设计要求：生活给水管道在系统运行前须用水冲洗和消毒，要求以不小于 1.5 m/s 的流速进行冲洗 6.强度和严密性水压实验	m	11.75			

② 定额选取。

结合清单项目特征和定额工作内容可知喷砂铝合金衬塑复合管 DN32需套用两个定额 CK0623室内塑铝稳态管（热熔连接）和CK0875管道消毒。

注意：其他给水管结合设计说明中应强调是否做管道消毒来套定额，即"B.4.4 管道消毒、冲洗"。

③ 确定综合单价。

套用定额后,根据综合单价计算公式可确定喷砂铝合金衬塑复合管 DN32(主材)的综合单价,综合单价分析表见表3.8。

表3.8 喷砂铝合金衬塑复合管DN32综合单价分析表

项目编码	031001007001	项目名称	喷砂铝合金衬塑复合管			计量单位			m		综合单价		
定额编号	定额项目名称	单位	数量	定额人工费	定额材料费	定额施工机具使用费	企业管理费		利润		一般风险费用		未计价材料费	人材机价差	其他风险费	合价
							费率/%	(1)×(4)	费率/%	(1)×(6)	费率/%	(1)×(8)				
				1	2	3	4	5	6	7	8	9	10	11	12	13 1+2+3+5+7+9+10+11+12
CK0623	室内塑铝稳态管(热熔连接)≤32 mm	10 m	0.1	11.30	0.18	0.01	29.46	3.35	23.68	2.69	2.8	0.32				
CK0875	管道消毒、冲洗≤32 mm	100 m	0.01	0.38	0.02	0	29.46	0.11	23.68	0.09	2.8	0.01				
合计				11.76	0.2	0.01	—	3.46	—	2.78	—	0.33				

3.3.2 管道支架及其他工程清单计算规则与相关说明

1. 清单项目及清单计算规则

管道支架及其他工程量清单项目设置、项目特征描述的内容、计量单位及工程量计算规则应按《通用安装工程工程量计算规范》(GB 50856—2013)表 K.2支架及其他(编码:031003)3.4的规定执行,具体见表3.9。

表3.9 支架及其他(编码:031003)

项目编码	项目名称	项目特征	计量单位	工程量计算规则	工作内容
031002001	管道支架	1.材质 2.管架形式	1.kg 2.套	1.以千克计量,按设计图示质量计算 2.以套计量,按设计图示数量计算	1.制作 2.安装
031002002	设备支架	1.材质 2.形式			
031002003	套管	1.名称、类型 2.材质 3.规格 4.填料材质	个	按设计图示数量计算	1.制作 2.安装 3.除锈、刷油

管道支架工程量计算思路如下：

（1）根据规范要求管道计算支架个数。

（2）根据管道支架的样式计算型钢的长度。

（3）根据型钢支架的理论重量计算支架的质量。

注意：① 单件支架质量为100 kg以上的管道支吊架执行设备支吊架制作安装。② 成品支架安装执行相应管道支架或设备支架项目，不再计取制作费，支架本身价值含在综合单价中。③ 套管制作安装，适用于穿基础墙、楼板等部位的防水套管、填料套管、无填料套管及防火管等，应分别列项。

2. 定额计算规则

（1）计算规则。

① 管道支架制作安装，按设计图示实际质量以"kg"计算；设备支架制作安装，按设计图示实际单件质量以"kg"计算。

② 成品管卡、阻火圈安装，成品防火套管安装，区分工作介质、管道直径，按设计图示不同规格数量以"个"计算。

（2）定额说明。

① "支架及其他"章节内容包括管道支架、设备支架和各种套管制作安装，阻火圈安装，计量表箱、管道压力试验、通球试验、管道冲洗等项目。

② 管道支架制作安装项目，适用于室内外管道的管架制作与安装。如单件质量大于100 kg时，应按"支架及其他"章节设备支架制作安装相应定额子目执行。

③ 管道支架采用木垫式、弹簧式管架时，均按"支架及其他"章节管道支架安装定额子目执行，支架中的弹簧减震器、滚珠、木垫等成品件质量应计入安装工程量，其材料费数量按实计入。

④ 成品管卡安装项目，适用于与各类管道配套的立、支管成品管卡的安装。

3. 计算工程量

（1）清单工程量与定额工程量计算规则对比。

对比分析《通用安装工程工程量计算规范》（GB 50856—2013）和《重庆市通用安装工程计价定额》（CQAZDE—2018）中关于管道支架的工程量计算规则后可知，清单支架可以"套""kg"计量，按设计图示数量计算，定额中支架均按照"kg"计算。

（2）计算实例。

【例3.2】根据图3.13和图3.14，计算重庆工程学院教学科研楼工程首层平面图卫生间6该房间给水管套管的工程量。

【解】因为管道穿过墙壁和楼板应设置比穿越管大一至二号的钢套管。穿越管直径为80 mm及以下（小管径）时，套管型号比穿管管径大两号；穿越管直径为100 mm及以上时，大一号。卫生间6中给水管DN32需要使用DN50的套管3个。

4. 清单组价

（1）清单项与定额项的组合关系。

排水系统管道清单项与定额项的组合关系见表3.10。

表3.10 排水系统管道清单项与定额项的组合关系表

工程量清单项					可组合定额项目	
项目编码	项目名称	项目特征	计量单位	工作内容	主要内容	定额子目
031002001	管道支架	1.材质 2.管架形式	1.kg 2.套	1.制作 2.安装	管道支架制作安装；成品管卡安装	CK0757-CK0762
031002002	设备支架	1.材质 2.形式	1.kg 2.套	1.制作 2.安装	设备支架制作；设备支架安装	CK0759-CK0772
031002003	套管	1.名称、类型 2.材质 3.规格 4.填料材质	个	1.制作 2.安装 3.除锈、刷油	套管制作；套管安装	CK0773-CK0853

（2）定额项目的工程内容说明。

定额项目的工作内容是正确选用定额子项的关键因素。《重庆市通用安装工程计价定额》（CQAZDE—2018）排水火系统管道部分定额项目的工作内容列于表3.11中。

表3.11 定额项目的工程内容

序号	项目名称	定额编号	工作内容说明
1	B.1.1管道支架制作安装	CK0757-CK0758	切断、调直、煨制、钻孔、组对、焊接。打、堵洞眼、栽（埋）螺栓、安装
2	B.1.2成品管卡安装	CK0759-CK0762	定位、打眼、固定管卡
3	B.2.1设备支架制作	CK0767-CK0769	切断、调直、煨制、钻孔、组对、焊接
4	B.2.2设备支架安装	CK0770-CK0772	就位、固定、安装
5	B.3.1一般套管制作安装（钢管）	CK0773-CK0784	切管、焊接、刷漆除锈、安装、填塞密封材料、堵洞
6	B.3.2一般套管制作安装（塑料管）	CK0785-CK0791	切管、安装、填塞密封材料、堵洞
7	B.3.3柔性防水套管制作	CK0792-CK0804	准备工作、放样、下料、切割、焊接、刷防锈漆
8	B.3.4柔性防水套管安装	CK0805-CK0812	准备工作、找标高、找平、找正、就位、安装、加填料、紧螺栓
9	B.3.5刚性防水套管制作	CK0813-CK0825	准备工作、放样、下断、切割、组对、焊接、车制、刷防锈漆
10	B.3.6刚性防水套管安装	CK0826-CK0833	准备工作、找标高、找平、找正、就位、安装、加填料
11	B.3.7碳钢管道保护管制作安装	CK0834-CK0841	切管连接、除锈刷漆、就位固定、管端处理
12	B.3.8塑料管道保护管制作安装	CK0842-CK0847	切管连接、就位固定、管端处理
13	B.3.9防火套管安装	CK0848-CK0853	就位、固定、堵洞

（3）排水系统管道清单计价。

结合图纸及卫生间6的套管工程量，计算其综合单价。计算步骤如下：

① 确定清单项目特征及工程量。

结合案例图纸的设计说明和计算的工程量可编制分部分项工程项目清单计价表（表3.12）。

表3.12 3S套管DN50分部分项工程项目清单计价表

序号	项目编码	项目名称	项目特征	计量单位	工程量	金额/元		
						综合单价	合价	其中：暂估价
			排水工程					
1	031002003001	套管	1.名称、类型：一般钢套管 2.材质：钢制 3.规格：DN50 4.填料材质：阻燃密实材料和防水油膏	个	3			

② 定额选取。

结合清单项目特征和定额工作内容可知套管DN50需套用一个定额CK0774。

③ 确定综合单价。

套用定额后，根据综合单价计算公式可确定套管 DN50（主材）的综合单价，综合单价分析表见表3.13。

表3.13 套管DN50综合单价分析表

项目编码	0310020030 01	项目名称			DN50钢套管			计量单位		个	综合单价		
定额编号	定额项目名称	单位	数量	定额综合单价						未计价材料费	人材机价差	其他风险费	合价
				定额人工费	定额材料费	定额施工机具使用费	企业管理费	利润	一般风险费用				
				1	2	3	4 费率/%	5 (1)×(4)	6 费率/%	7 (1)×(6)	8 费率/%	9 (1)×(8)	10	11	12	13 1+2+3+5+7+9+10+11+12
CK0074	一般套管制作安装（钢管）≤50 mm	个	1	11.25	6.74	0.68	29.46	3.31	23.68	2.66	2.8	0.32				
	合计															

3.3.3 管道附件工程清单计算规则及相关说明

1. 清单项目及清单计算规则

根据《通用安装工程工程量计算规范》（GB 50856—2013）表 K.3管道附件（编号：

031003），管道附件工程量清单项目设置项目特征描述的内容、计量单位及工程量计算规则，应按表3.14的规定执行。

表3.14 管道附件（编码：031003）

项目编码	项目名称	项目特征	计量单位	工程量计算规则	工作内容
031003001	螺纹阀门	1.类型 2.材质 3.规格、压力等级 4.连接形式 5.焊接方法	个	按设计图示数量计算	1.安装 2.电气接线 3.调试
031003002	螺纹法兰阀门				
031003003	焊接法兰阀门				
031003004	带短管甲乙阀门	1.材质 2.规格、压力等级 3.连接形式 4.接口方式及材质	个		1.安装 2.电气接线 3.调试
031003005	塑料阀门	1.规格 2.连接形式			1.安装 2.电气接线
031003006	减压器	1.材质 2.规格压力等级 3.连接形式 4.附件配置	组		组装
031003007	疏水器				
031003008	除污器（过滤器）	1.材质 2.规格、压力等级 3.连接形式			安装
031003009	补偿器	1.类型 2.材质 3.规格、压力等级 4.连接形式	个		
031003010	软接头（软管）	1.材质 2.规格 3.连接形式	个（组）		安装
031003011	法兰	1.材质 2.规格、压力等级 3.连接形式	副（片）		
031003012	倒流防止器	1.材质 2.型号、规格 3.连接形式	套		安装
031003013	水表	1.安装部位（室内外） 2.型号、规格 3.连接形式 4.附件配置	组（个）		组装
031003014	热量表	1.类型 2.型号规格 3.连接形式	块		安装

续表

项目编码	项目名称	项目特征	计量单位	工程量计算规则	工作内容
031003015	塑料排水管消声器	1.规格 2.连接形式	个	按设计图示数量计算	安装
031003016	浮标液面计		组		
031003017	浮漂水位标尺	1.用途 2.规格	套		

注：① 法兰阀门安装包括法兰连接，不得另计。阀门安装如仅为一侧法兰连接时，应在项目特征中描述。
② 塑料阀门连接形式需注明热熔连接、粘接、热风焊接等方式。
③ 减压器规格按高压侧管道规格描述。
④ 减压器、疏水器、倒流防止器等项目包括组成与安装工作内容，项目特征应根据设计要求描述附件配置的情况，或根据图集或施工图做法描述。

2.定额计算规则

（1）计算规则。

① 各种阀门、补偿器、软接头、普通水表、IC 卡水表、水锤消除器、塑料排水管消声器安装，区分不同连接方式、公称直径，按设计图示数量以"个"计算。

② 减压器、疏水器、水表、倒流防止器热量表成组安装，区分不同组成结构、连接方式、公称直径，按设计图示数量以"组"计算。减压器安装，按高压侧的直径以"个"计算。

③ 卡紧式软管区分不同管径，按设计图示数量以"根"计算。

④ 法兰均区分不同公称直径，按设计图示数量以"副"计算。承插盘法兰短管区分不同连接方式、公称直径，按设计图示数量以"副"计算。

⑤ 浮标液面计、浮标水位标尺区分不同型号，按设计图示数量以"组"计算。

（2）定额说明。

① "管道附件"章节内容包括各类阀门、法兰、低压器具、补偿器、计量表、软接头、倒流防止器、塑料排水管消声器、液面计、水位标尺等安装。

② 阀门安装均综合考虑了标准规范要求的强度及严密性试验工作内容。若采用气压试验时，除定额人工外，其他相关消耗量可进行调整。

③ 安全阀安装后进行压力调整的，其人工乘以系数2.0。螺纹二通阀安装按螺纹阀门安装项目乘以系数1.3。

④ 电磁阀温控阀安装项目均包括了配合调试工作内容，不再重复计算。

⑤ 对夹式蝶阀安装已含双头螺栓用量，在套用与其连接的法兰安装项目时，应将法兰安装项目中的螺栓用量扣除。浮球阀安装已包括了联杆及浮球的安装。

⑥ 与螺纹阀门配套的连接件，如设计与定额中的材质不同时，可按设计进行调整。

⑦ 法兰阀门、法兰式附件安装项目均不包括法兰安装，按《重庆市通用安装工程计价定额》（第十册 给排水、采暖、燃气安装工程）相应定额子目执行。

⑧ 每副法兰和法兰式附件安装项目中均包括一个垫片和一副法兰螺栓的材料用量。各种法兰连接用垫片均按石棉橡胶板考虑，如工程要求采用其他材质可按实调整。

⑨ 减压器、疏水器安装均按成组安装考虑，并分别依据国家建筑标准设计图集01SS105和05R407编制。疏水器成组安装未包括止回阀安装，若安装止回阀，按《重庆市通用安装工程计价定额》（第十册 给排水、采暖、燃气安装工程）相应定额子目执行。单独减压器、疏水器安装，按《重庆市通用安装工程计价定额》（第十册 给排水、采暖、燃气安装工程）相应定额子目执行。

⑩ 除污器成组安装依据国家建筑标准设计图集03R402编制，适用于立式、卧式和旋流式除污器成组安装。单个过滤器安装，按《重庆市通用安装工程计价定额》（第十册 给排水、采暖、燃气安装工程）相应定额子目执行，人工乘以系数1.2。

⑪ 普通水表、IC 卡水表安装不包括水表前的阀门安装。水表安装定额是按与钢管连接编制的，若与塑料管连接时其人工乘以系数0.6，材料、机械消耗量可按实调整。

⑫ 水表组成安装是依据国家建筑标准设计图集05S502编制的。法兰水表（带旁通管）成组安装中三通弯头均按成品管件考虑。

⑬ 热量表成组安装是依据国家建筑标准设计图集10K509 10R504编制的，如实际组成与此不同，可按第十册"法兰、阀门"等附件相应定额子目执行。

⑭ 倒流防止器成组安装是依据国家建筑标准设计图集12S108-I 编制的，按连接方式不同可分为带水表与不带水表安装。

⑮ 器具成组安装项目已包括标准设计图集中的旁通管安装，旁通连接管所占长度不再另计管道工程量。

⑯ 器具组成安装是分别依据现行相关标准图集编制的。其中，连接管、管件均按钢制管道管件及附件考虑，如实际采用其他材质组成安装，则按《重庆市通用安装工程计价定额》（第十册 给排水、采暖、燃气安装工程）相应定额子目执行。器具附件组成如实际与定额不同时，可按《重庆市通用安装工程计价定额》（第十册 给排水、采暖、燃气安装工程）中"法兰、阀门"等附件相应定额子目执行。

⑰ 补偿器项目包括方形补偿器制作安装和焊接式、法兰式成品补偿器安装，成品补偿器包括球形、填料式、波纹式补偿器。补偿器安装项目中包括就位前进行预拉（压）工作。

⑱ 法兰式软接头安装适用于法兰式橡胶及金属挠性接头安装。

⑲ 塑料排水管消声器安装按成品考虑。

⑳ 四浮标液面计、水位标尺分别依据采暖通风国家标准图集 N102-3和全国通用给排水标准图集 S318编制，如设计与标准图集不符，主要材料可作调整，其他不变。

㉑ "管道附件"所有安装项目均不包括固定支架的制作安装，发生时应按《重庆市通用安装工程计价定额》（第十册 给排水、采暖、燃气安装工程）中"支架及其他"相应定额子目执行。

3. 计算工程量

（1）清单工程量与定额工程量计算规则对比。

对比分析《通用安装工程工程量计算规范》（GB 50856—2013）和《重庆市通用安装工程计价定额》（CQAZDE—2018）中关于管道附件的工程量计算规则后可知，定额中卡紧式软管区分不同管径，按设计图示数量以"根"计算，清单以"个（组）"为单位计算；

定额中浮标水位标尺区分不同的型号,按设计图示数量以"组"计算,清单中以"套"为单位计算。

(2)计算实例。

【例3.3】根据图3.13和图3.14计算重庆工程学院教学科研楼工程首层平面图卫生间6房间的管道附件工程量。

【解】DN32水表:1个;DN32截止阀:1个。

4.清单组价

(1)清单项与定额项的组合关系。

排水系统管道清单项与定额项的组合关系列举见表3.15。

表3.15 排水系统管道清单项与定额项的组合关系表

工程量清单项					可组合定额项目	
项目编码	项目名称	项目特征	计量单位	工作内容	主要内容	定额子目
031003001	螺纹阀门	1.类型 2.材质 3.规格、压力等级 4.连接形式 5.焊接方法	个	1.安装 2.电气接线 3.调试	螺纹阀门	CK0911-CK0944
031003002	螺纹法兰阀门				法兰阀门	CK0960-CK0976
031003003	焊接法兰阀门				沟槽阀门	CK0945-CK0959
031003004	带短管甲乙阀门	1.材质 2.规格、压力等级 3.连接形式 4.接口方式及材质	个	1.安装 2.电气接线 3.调试	法兰阀	CK1017-CK1046
031003005	塑料阀门	1.规格 2.连接形式		1.安装 2.电气接线	塑料阀门	CK1047-CK1064
031003006	减压器	1.材质 2.规格、压力等级 3.连接形式 4.附件配置	组	组装	减压器组成安装	CK1065-CK1080
031003007	疏水器				疏水器	CK1081-CK1093
031003008	除污器（过滤器）	1.材质 2.规格、压力等级 3.连接形式		安装	除污器	CK1094-CK1105
031003009	补偿器	1.类型 2.材质 3.规格、压力等级 4.连接形式	个		补偿器制作安装	CK1106-CK1166
031003010	软接头（软管）	1.材质 2.规格 3.连接形式	个（组）	安装	软接头软管安装	CK1167-CK1187
031003011	法兰	1.材质 2.规格、压力等级 3.连接形式	副（片）		法兰阀门	CK0960-CK1016

续表

工程量清单项					可组合定额项目	
项目编码	项目名称	项目特征	计量单位	工作内容	主要内容	定额子目
031003012	倒流防止器	1.材质 2.型号、规格 3.连接形式	套	安装	倒流防止器；倒流防止器组成安装	CK1319-CK1350
031003013	水表	1.安装部位（室内外） 2.型号、规格 3.连接形式 4.附件配置	组（个）	组装	螺纹水表；IC水表安装（螺纹）；水表组安装；法兰水表安装	CK1267-CK1307
031003014	热量表	1.类型 2.型号规格 3.连接形式	块		热量表组成安装	CK1308-CK1318
031003015	塑料排水管消声器	1.规格 2.连接形式	个	安装	塑料排水管消声器	CK1351-CK1356
031003016	浮标液面计		组		浮标液面计	CK1357
031003017	浮标水位标尺	1.用途 2.规格	套		浮标水位标尺	CK1358-CK1362

（2）定额项目的工程内容说明。

定额项目的工作内容，是正确选用定额子项的关键因素。《重庆市通用安装工程计价定额》（CQAZDE—2018）排水火系统管道部分定额项目的工作内容列于表3.16中，方便学习使用。

表3.16 定额项目的工程内容

序号	项目名称	定额编号	工作内容说明
1	C.1.1螺纹阀	CK0911-CK0919	切管、套丝、阀门连接、水压试验
2	C.1.2螺纹电磁阀	CK0920-CK0928	切管、套丝、阀门连接、水压试验、配合调试
3	C.1.3螺纹浮球阀	CK0929-CK0937	切管、套丝、阀门连接、试压检查
4	C.1.4自动排气阀、手动放风阀	CK0938-CK0941	切管、套丝、阀门安装、试压检查
5	C.1.5散热器温控阀	CK0942-CK0944	切管、套丝、阀门安装、试压检查
6	C.2.1沟槽阀门	CK0945-CK0959	切管、沟槽滚压、阀门安装、水压试验
7	C.3.1法兰阀门	CK0960-CK0976	制垫、加垫、阀门连接、紧螺栓、水压试验

续表

序号	项目名称	定额编号	工作内容说明
8	C.3.2法兰电磁阀	CK0977-CK0991	制垫、加垫、阀门连接、紧螺栓、水压试验、配合调试
9	C.3.3法兰浮球阀	CK0992-CK0997	切管、焊接、制垫、加垫、紧螺栓、试压检查
10	C.3.4对夹式蝶阀	CK0998-CK1010	制垫、加垫、阀门连接、紧螺栓、水压试验
11	C.3.5法兰液压式水位控制	CK1011-CK1016	
12	C.4.1法兰阀（带短管甲乙）青铅接口	CK1017-CK1026	管口除沥青、制垫、加垫、化铅、打麻、接口、紧螺栓、水压试验
13	C.4.2法兰阀（带短管甲乙）石棉水泥接口	CK1027-CK1036	管口除沥青、制垫、加垫、调制接口材料、接口养护、紧螺栓、水压试验
14	C.4.3法兰阀（带短管甲乙）膨胀水泥接口	CK1037-CK1046	
15	C.5.1塑料阀门（粘接）	CK1047-CK1055	切管、清理、阀门粘接、试压检查
16	C.5.2塑料阀门（熔接）	CK1056-CK1064	切管、清理、阀门熔接、试压检查
17	C.6.1减压器组成安装（螺纹连接）	CK1065-CK1072	切管、套丝、组对、安装、旁通管安装、水压试验
18	C.6.2减压器组成安装（法兰连接）	CK1073-CK1080	切管、套丝、组对、焊接、制垫、加垫、紧螺栓、安装、旁通管安装、水压试验
19	C.7.1疏水器组成安装（螺纹连接）	CK1081-CK1085	切管、套丝、组对、安装、旁通管安装、水压试验
20	C.7.2疏水器组成安装（法兰连接）	CK1086-CK1093	切管、组对、焊接、制垫、加垫、安装、紧螺栓、旁通管安装、水压试验
21	C.8.1除污器	CK1094-CK1105	切管、组对、焊接、制垫、加垫、安装、紧螺栓、旁通管安装、水压试验
22	C.9.1方形补偿器制作（弯头组成）	CK1106-CK1118	切口、坡口、组成、焊接
23	C.9.2方形补偿器制作（机械煨制）	CK1119-CK1124	下料、胎具拆按、弯管成型、焊接、检查
24	C.9.3方形补偿器安装	CK1125-CK1137	组成、焊接、张拉、安装

续表

序号	项目名称	定额编号	工作内容说明
25	C.9.4焊接式补偿器安装	CK1138-CK1150	切口、坡口、焊接、试压试验
26	C.9.5法兰式补偿器安装	CK1151-CK1166	制垫、加垫、安装、紧螺栓、试压检查
27	C.10.1法兰式软接头安装	CK1167-CK1177	制垫、加垫、安装、紧螺栓、试压检查
28	C.10.2螺纹式软接头安装	CK1178-CK1183	切管、套丝、加垫、安装、紧螺栓、试压检查
29	C.10.3卡紧式软管安装	CK1184-CK1187	切管、连接、紧固
30	C.11.1螺纹法兰安装	CK188-CK1197	切管、套丝、制垫、加垫、组对、上法兰、紧螺栓、试压检查
31	C.11.2碳钢平焊法兰安装	CK1198-CK1214	切管、焊接、制垫、加垫、组对、紧螺栓、试压检查
32	C.11.3不锈钢平焊法兰安装	CK1215-CK1231	切管、焊接、焊缝处理、制垫、加垫、组对、紧螺栓、试压检查
33	C.11.4承（插）盘法兰短管安装（青铅接口）	CK1232-CK1241	管口除沥青、切管、调制接口材料、制垫、加垫、安装组对、接口养护、紧螺栓、试压检查
34	C.11.5承（插）盘法兰短管安装（石棉水泥接口）	CK1242-CK1251	
35	C.11.6承（插）盘法兰短管安装（膨胀水泥接口）	CK1252-CK1261	
36	C.11.7沟槽法兰安装	CK1262-CK1276	切管、滚槽、制垫、加垫、组对、紧螺栓、试压检查
37	C.12.1螺纹水表	CK1267-CK1282	切管、套丝、加垫、水表安装、试压检查
38	C.12.2 IC卡水表安装（螺纹连接）	CK1283-CK1288	切管、套丝、加垫、水表安装、配合调试、试压检查
39	C.12.3螺纹水表组安装	CK1289-CK1293	切管、套丝、制垫、加垫、水表安装、挠性接头、止回阀、阀门安装、水压试验
40	C.12.4法兰水表安装	CK1294-CK1307	切管、法兰焊接、制垫、加垫、水表、挠性接头、止回阀、阀门及管件安装、上螺栓、水压试验

续表

序号	项目名称	定额编号	工作内容说明
41	C.13.1户用热量表组成安装（螺纹连接）	CK1308-CK1312	切管、套丝、制垫、加垫、阀门、成套热量表安装、配合调试、水压试验
42	C.13.2热水采暖入口热量表组成安装（螺纹连接）	CK1313-CK1314	切管、套丝、组对、制垫、加垫、成套热量表、过滤器、阀门、压力表、温度计等附件安装、循环管安装及其压力试验、水冲洗
43	C.13.3热水采暖入口热量表组成安装（法兰连接）	CK1315-CK1318	切管、焊接、制垫、加垫、组对、成套热量表安装、过滤器、阀门、压力表、温度计等附件安装，循环管安装及其压力试验、水冲洗
44	C.14.1倒流防止器（螺纹连接不带水表）	CK1319-CK1324	切管、套丝、制垫、加垫、倒流防止器及阀门安装、水压试验
45	C.14.2倒流防止器（螺纹连接带水表）	CK1325-CK1330	切管、套丝、制垫、加垫、倒流防止器及水表安装、水压试验
46	C.14.3倒流防止器（法兰连接不带水表）	CK1331-CK1340	切管、套丝、制垫、加垫、倒流防止器及阀门安装、紧螺栓、水压试验
47	C.14.4倒流防止器组成安装（法兰连接带水表）	CK1341-CK1350	切管、套丝、制垫、加垫、倒流防止器、水表及阀门安装、紧螺栓、水压试验
48	C.15.1塑料排水管消声器	CK1351-CK1356	切管、安装、灌水试验
49	C.16.1浮标液面计FQ-Ⅱ型	CK1357	支架制作安装、液面计安装、除锈刷漆
50	C.17.1浮标水位标尺	CK1358-CK1362	支架制作安装、液面计安装
51	C.18.1水锤消除器（螺纹连接）	CK1363 CK1368	安装、水压试验
52	C.18.2水锤消除器（法兰连接）	CK1369-CK1372	制垫、加垫、就位、紧螺栓、水压试验

（3）排水系统管道清单计价。

结合图纸及卫生间6管道附件工程量，计算其综合单价。计算步骤如下：

① 确定清单项目特征及工程量。

结合案例图纸的设计说明和计算的工程量可编制分部分项工程项目清单计价表（表3.17）。

表3.17 管道附件分部分项工程项目清单计价表

序号	项目编码	项目名称	项目特征	计量单位	工程量	金额/元		
						综合单价	合价	其中：暂估价
			排水工程					
1	031003013001	水表	1.安装部位（室内） 2.型号、规格 DN32	个	1			
2	031003001001	DN32截止阀	1.类型：截止阀 2.材质：铜质 3.规格、压力等级：DN32 4.连接形式：螺纹连接	个	1			

② 定额选取。

结合清单项目特征和定额工作内容可知DN32截止阀需套用一个定额CK0914，DN32的水表需要套用定额CK1280。

③ 确定综合单价。

套用定额后根据综合单价计算公式可确定DN32截止阀（主材）综合单价（表3.18）。

表3.18 DN32螺纹阀门综合单价分析表

项目编码	031003001001	项目名称			螺纹阀门：截止阀DN32			计量单位		个		综合单价	
定额编号	定额项目名称	单位	数量	定额综合单价							未计价材料费	人材机价差	其他风险费	合价
				定额人工费	定额材料费	定额施工机具使用费	企业管理费		利润		一般风险费用					
				1	2	3	4 费率/%	5 (1)×(4)	6 费率/%	7 (1)×(6)	8 费率/%	9 (1)×(8)	10	11	12	13 1+2+3+5+7+9+10+11+12
CK0914	螺纹阀公称直径≤50 mm	个	1	11.38	10.69	1.47	29.46	3.35	23.68	2.69	2.8	0.32				
合计																
人工、材料及机械名称		单位	数量	定额单价		市场单价		价差合计		市场合价		备注	
1.人工													
人工费调整		元	1.138	1		1		0		1.14			
管工综合工		工日	0.091	125		100		−2.28		9.1			
截止阀DN32		个	1.01	0		0		0		0			

总结框架图

第3章总结框架图如图3.15所示。

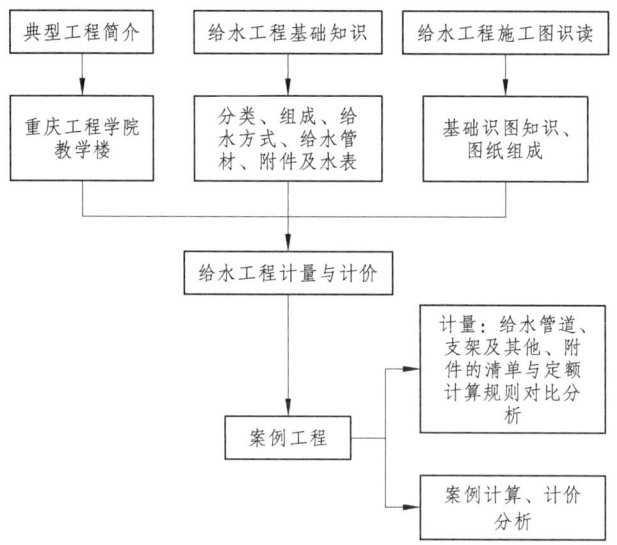

图3.15 第3章总结框架图

课后练习题

结合所提供的案例图纸和资料,完成给水系统的工程量计算。

第4章 排水工程计量与计价

本章主要介绍建筑排水系统的计量与计价,学生通过本章的学习可掌握建筑给排水系统的组成、分类、工程量的计算以及定额、清单计价方法,掌握工程量清单计价的计算程序。

典型工程简介:

重庆工程学院教学科研楼框架结构,高47.71 m,地上12层,地下1层,该工程用于教学及办公,设计使用年限50年。该工程的生活污水排水量按生活给水水量的100%考虑。该工程最高日生活污水量230 m^3/d 最大时排水量为3.125 m^3/h,平均时排水量为28.75 m^3/h。该工程排水采用雨、污分流制。室外排水管网由雨水管网和生活污水管网组成;生活污水均为有组织重力流排放,采用伸顶通气、单立管排水方式排入该工程校区污水管网后进入已有的污水处理装置进行处理,达标后排入市政污水管网。建筑屋面雨水为有组织排放,雨水最终排入河道。

4.1 排水工程基础知识

4.1.1 排水系统分类

1. 建筑工程排水系统分类

建筑工程排水一般分室内和室外两部分。室外部分主要由排水干管排水检查井组成;室内部分由建筑物本身的排水管道以及卫生器具和零配件组成。

(1)室外排水工程。

室外排水管道大多采用承插连接。出户管与室外排水管道连接处应设排水检查井。检查井由井底、井身和井盖三部分组成。

(2)室内排水工程。

室内排水系统主要是指室内各种卫生设备的下水排出口排出室内的排水管道。室内排水管道可分为横支管、竖管、出户管和透气管。出户管通向室外的排水检查井。

2. 室内排水系统分类

室内排水系统按其所排除污废水的类型不同可分为以下几种。

(1)生活排水系统。

生活排水系统是排除人们在日常生活中所产生的洗涤污水、冲洗粪便污水的排水系统。

生活排水系统可分为生活污水排水系统和生活废水排水系统。污染程度较轻的水被称为废水，污染程度较重的水被称为污水。

（2）生产排水系统。

生产排水系统是排除工矿企业在生产过程中所产生的污（废）水的排水系统。

（3）雨（雪）水排水系统。

雨（雪）水排水系统是用于收集并排除建筑物屋面上的雨水、雪融化水的排水系统。

3. 排水体制与选择

（1）排水体制。

① 分流制排水。

室内产生的污、废水按不同性质分别设置管道排出室外，称为分流制排水。

② 合流制排水。

将室内产生的不同性质污水共用一根管道排出，如将其中两类或三类污（废）水合流排出，则称为合流制排水。

（2）排水体制的选择。

建筑内部排水体制的确定，应根据污水性质、污染程度，结合建筑外部排水系统体制、有利于综合利用、污水系统的开发和污水的处理要求等方面因素考虑。

下列情况宜采用分流制排水：

① 两种污水合流后会产生有毒有害气体或其他有害物质时。

② 污染物质同类，但浓度差异大时。

③ 医院污水中含有大量致病菌或含有放射性元素超过排放标准规定的浓度时。

④ 不经处理和稍经处理后可重复利用的水量较大时。

⑤ 建筑中水系统需要收集原水时。

⑥ 餐饮业和厨房洗涤水中含有大量油脂时。

⑦ 工业废水中含有贵重工业原料需回收利用，或含有大量矿物质或有毒和有害物质需要单独处理时。

⑧ 锅炉、水加热器等加热设备排水水温超过40 ℃等。

下列情况，宜采用合流制排水：

① 城市有污水处理厂，生活废水不需回收利用时。

② 生产污水与生活污水性质相似时。

4.1.2 排水系统组成

室内排水系统（图4.1）由以下几部分组成：

1. 卫生器具

卫生器具又称卫生洁具、卫生设备，是供水并接受、排出污废水或污物的容器或装置。卫生器具是建筑内部排水系统的起点，是用来满足日常生活和生产过程中各种卫生要求，收集和排除污废水的设备。

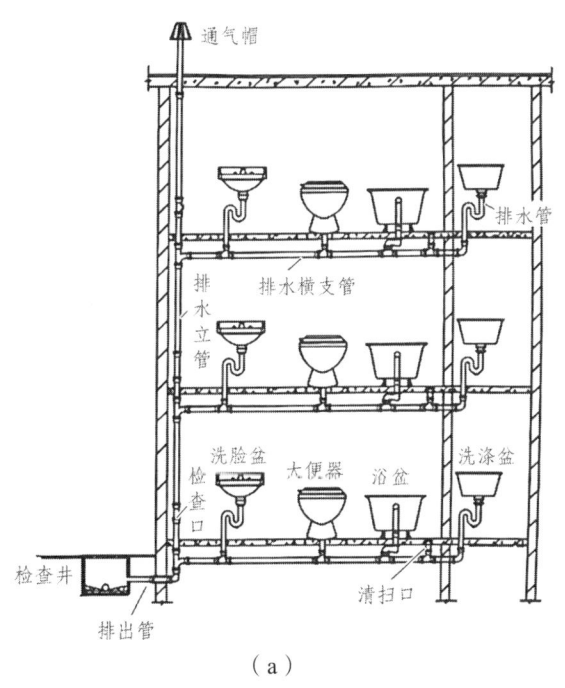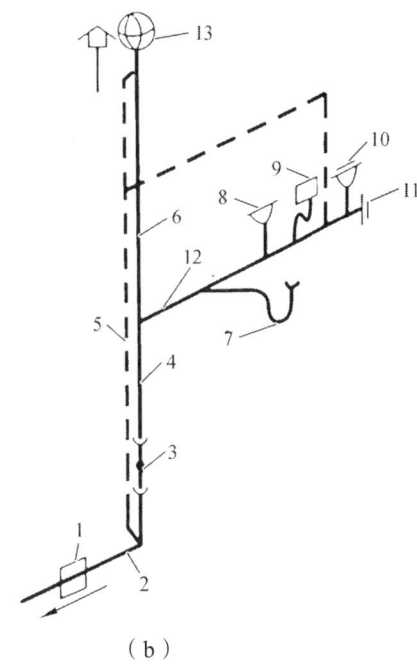

1—检查井；2—排出管；3—检查口；4—排水立管；5—通气管；6—立管；7—存水弯；8—地漏；
9—洗涤盆；10—地面式清扫口；11—侧排式清扫口；12—排水横支管；13—通气帽。

图4.1 室内排水系统组成

2．排水管道系统

排水管道系统由器具排水管、排水横支管、排水立管和排出管等组成。

（1）器具排水管：指连接卫生洁具与排水横支管之间的短管。除了坐便器外，其他的器具排水管均应设水封装置。

（2）排水横支管：其作用是将器具排水管送来的污水转输到立管中去，应有一定的坡度，坡向立管。

（3）排水立管：用来收集其上所接的各横支管排来的污水，然后再排至排出管。

（4）排出管：用来收集一根或几根立管排出的污水，并将其排至室外排水管网中去。排出管是室内排水立管与室外排水检查井之间的连接管段，其管径不得小于其连接的最大立管管径。

3．通气管

通气管的作用是把管道内产生的有害气体排至大气中，以免影响室内的环境卫生，减轻废水、废气对管道的腐蚀，并在排水时向管内补给空气，减轻立管内的气压变化幅度，防止洁具的水封受到破坏，保证水流通畅。

4．清通设备

为了疏通排水管道，在室内排水系统中，一般均需设置清扫口、检查口、检查井等清通设备。检查口的安装高度一般为1 m，并高于该卫生器具上边缘0.15 m。在连接2个及2个以上的大便器或3个及3个以上的卫生器具的污水横支管上，宜设1个清扫口。室外管的清通设备是检查井。

5. 排水管附件

排水管附件主要有排水栓、存水弯等。排水栓一般设在盥洗槽、污水盆的下水口处，防止大颗粒的污染物堵塞管道。存水弯一般设在排水支立管上，防止管道内的污浊空气进入室内。

4.1.3 排水管道系统

排水管道系统由器具排水管（连接卫生器具和横支管之间的一段短管，除坐式大便器、地漏外，其间包括存水弯），以及有一定坡度的横支管、立管、横干管和排出到室外的排出管等组成。

排水支管是连接卫生器具和排水横管之间的短管；排水横管是连接各卫生器具排水支管的横向排水管；排水立管汇集各排水横管的污水，并输送至排出管；排出管是从建筑物内至室外检查井等的排水横管段；通气管是为了使排水系统内空气流通、压力稳定以及防止水封破坏而设置的与大气相通的管道。

建筑物内排水管道应采用建筑排水塑料管及管件或柔性接口机制排水铸铁管及相应管件。工业废水排水管道则应根据污、废水的性质，管材的机械强度及管道敷设方法，并结合就地取材原则选用管材。

1. 管材

（1）塑料管。

塑料管包括UPVC（硬聚氯乙烯）管、UPVC隔音空壁管、UPVC心层发泡管、ABS管等多种管道，适用于建筑高度不大于100 m，连续排放温度不大于40 ℃、瞬时排放温度不大于80 ℃的生活污水系统及雨水系统，也可用作生产排水管，常用胶粘剂承插连接或弹性密封圈承插连接。其优点是耐腐蚀、质量轻、施工简单、水力条件好、不易堵塞，但有强度低、易老化、耐温性差、普通UPVC管噪声大等缺点。

目前最常用的是UPVC（硬聚氯乙烯）管。在使用UPVC（硬聚氯乙烯）排水管时，应注意几个问题：UPVC（硬聚氯乙烯）管的水力条件比铸铁管好，泄流能力大，确定管径时，应使用塑料排水管的参数进行水力计算或查看相应的水力计算表。消除UPVC（硬聚氯乙烯）管道受温度影响引起的伸缩量，通常采用设置伸缩节的办法予以解决。排水立管、通气立管应每层设一个伸缩节；横支管上汇流配件至立管的直线管段大于2 m时应设置伸缩节，但伸缩节之间最大间距不得超过4 m；伸缩节应设置在汇合配件处，横干管伸缩节应设置在汇合配件上游端；横管伸缩节应采用承压橡胶密封圈或横管专用伸缩节。

（2）排水铸铁管。

排水铸铁管的管壁较给水铸铁管薄，不能承受高压，常用作生产建筑生活污水管、雨水管等，也可用作生产排水管。排水铸铁管的优点是耐腐蚀、具有一定的强度、使用寿命长和价格便宜等；缺点是性脆、自重大、每根管的长度短、管的接口多、施工复杂。

排水铸铁管连接方式多为承插式，常用的接口材料有普通水泥接口、石棉水泥接口和膨胀水泥接口等。

柔性抗震排水铸铁管广泛应用于高层和超高层建筑室内排水。它采用橡胶圈密封，螺栓紧固，具有较好的挠曲性、伸缩性、密封性及抗震性能，且便于施工。

(3）钢管。

钢管用作卫生器具排水支管及生产设备振动较大的地点、非腐蚀性排水支管上，以及管径小于或等于50 mm的管道，可采用焊接或配件连接。

2．管件

室内排水管道是通过各种管件来连接的。管件种类很多，常用的有以下几种：

（1）弯头用在管道转弯处，使管道改变方向。常用弯头的角度有90°和45°两种。

（2）乙字管排水立管在室内距墙比较近，但基础比墙要宽，为了到下部绕过基础需设乙字管，或高层排水系统为消能而在立管上设置乙字管。

（3）三通或四通用在两条管道或三条管道的汇合处。三通有正三通、顺水三通和斜三通。四通有正四通和斜四通。

（4）管箍也叫套袖，它的作用是将两段排水铸铁直管连在一起。

（5）存水弯也叫水封，设在卫生器具下面的排水支管上。使用时，由于存水弯中经常存有水，可防止排水管道中的有毒有害气体或虫类进入室内，保证室内的环境卫生。水封高度通常为50~100 mm，各种铸铁排水管件如图4.2所示，连接如图4.3所示，各种塑料排水管件如图4.4所示。

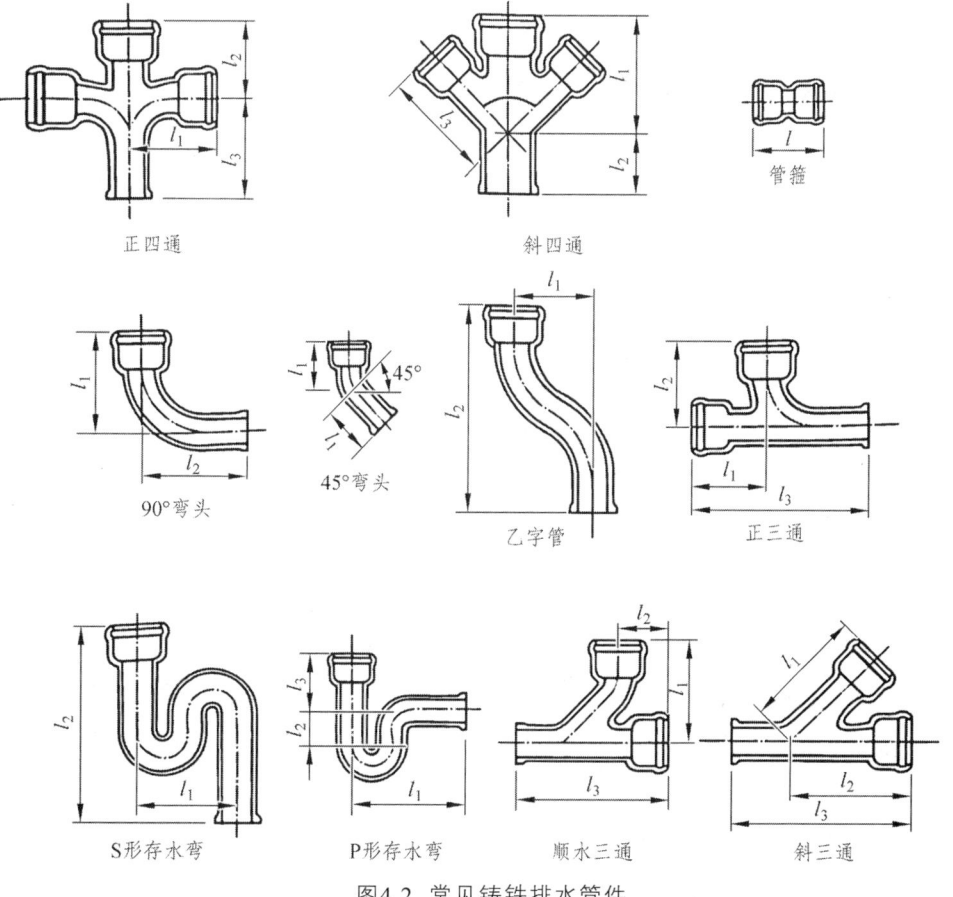

图4.2 常见铸铁排水管件

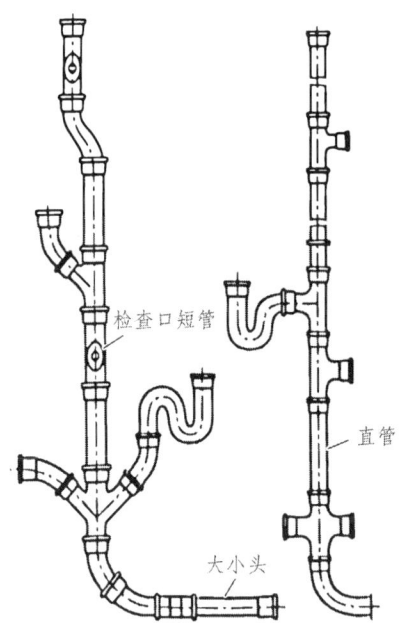

图4.3 常见铸铁排水管件连接示意图

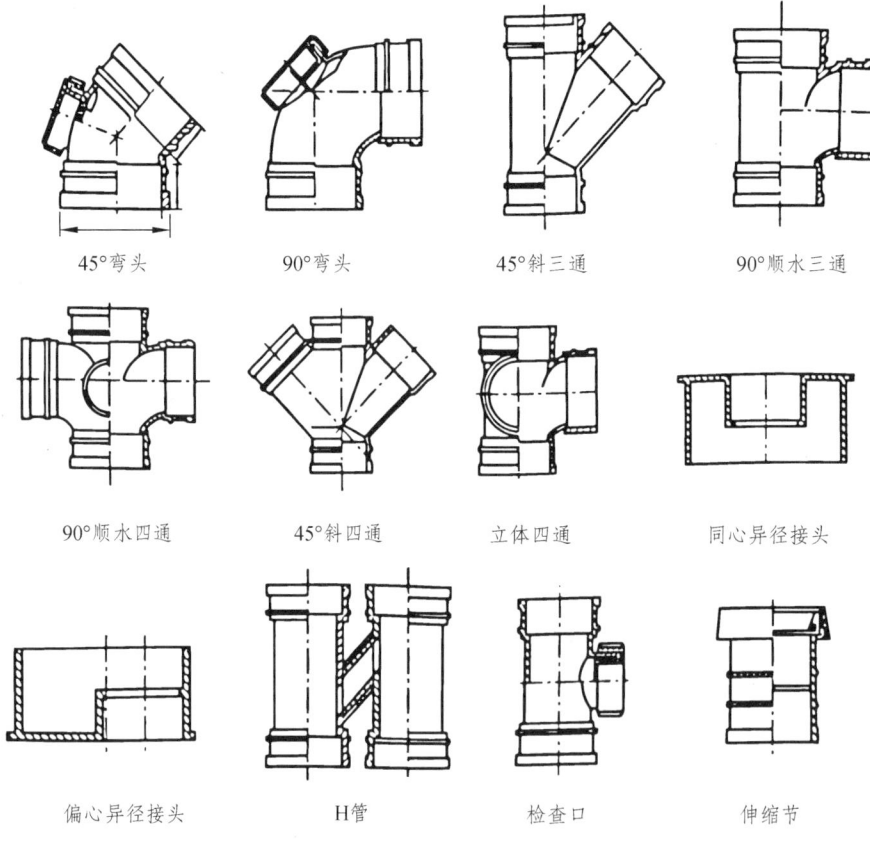

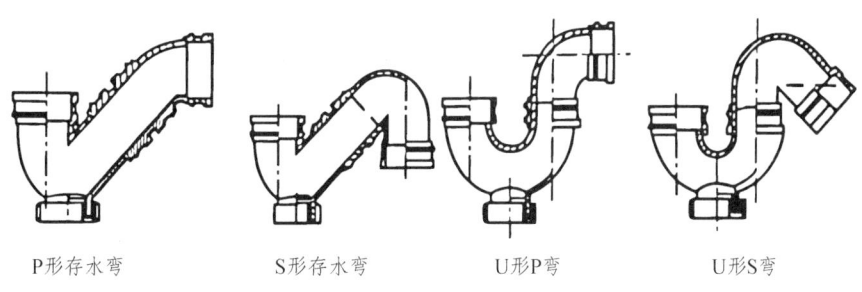

| P形存水弯 | S形存水弯 | U形P弯 | U形S弯 |

图4.4 常见塑料排水管件

4.1.4 排水系统组合类型

按排水立管和通气立管的设置情况,建筑内部排水管道系统分为单立管排水系统,双立管排水系统和三立管排水系统,如图4.5所示。

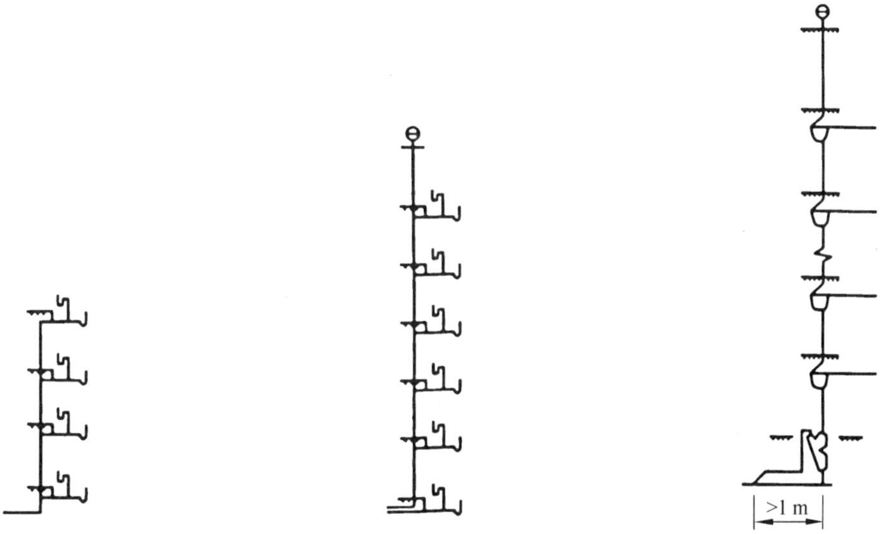

(a)无通气管的单立管排水系统　　(b)有通气管的普通单立管排水系统　　(c)特制配件单立管排水系统

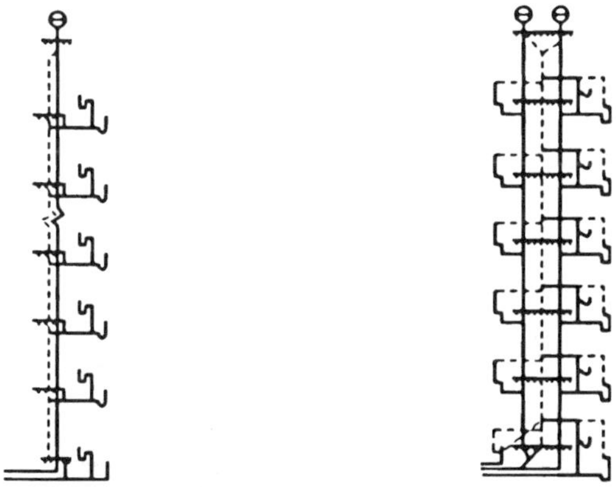

(d)双立管排水系统　　(e)三立管排水系统

图4.5 排水系统的组合类型

1. 单立管排水系统

单立管排水系统也称内通气系统，这种系统只设一根排气立管，不设专用通气立管，利用排水立管本身与其相连接的横支管进行气流交换。通常根据建筑层数和卫生器具的多少，单立管排水系统又分为三种：

（1）无通气管的单立管排水系统这种形式的立管顶部不与大气相通，当排水系统中的立管短、卫生器具少、排水量少、立管顶端不便伸出屋面时，采用这种形式。

（2）有通气管的普通单立管排水系统（也称诱导式内通气）排水立管向上延伸至屋面一定高度与大气相通。其适用于一般多层建筑。

（3）特制配件单立管排水系统这种内通气系统是利用特殊结构改变水流方向和状态，即在横支管与立管连接处、立管底部与横干管或排出管连接处设置特制配件；在排水立管管径不变的情况下，改善管内水流与通气状态，增大排水流量。其适用于各类多层、高层建筑。

2. 双立管排水系统

双立管排水系统，也叫外通气系统，由一根排水立管和一根通气立管组成，是利用排水立管进行气流交换，改善管内水流状态。其适用于污、废水合流的各类多层和高层建筑。

3. 三立管排水系统

三立管排水系统也叫外通气系统，由一根生活污水立管、一根生活废水立管和一根通气立管组成，两根排水立管共用一根通气立管。其适用于生活污水和生活废水分别排出室外的各类多层和高层建筑。

4.2 排水工程施工图识读

4.2.1 排水工程识图基础知识

1. 常见图例

排水系统常见图例具体见表4.1。

表 4.1 排水系统常见图例

序号	名称	图例	说明
1	管道	—J—	给水管道
		—P—	排水管道
		—x—	消防管道
		—洪水— ---回水---	采暖管道
		JL 平面　JL 系统	J为给水管道，L为立管
2	截止阀		
3	止回阀		
4	闸阀		

续表

序号	名称	图例	说明
5	蝶阀		
6	延时自闭冲洗阀		
7	角阀		
8	地漏	平面 系统	
9	清扫口	平面 系统	装于横管末端
10	存水弯		P型和S型
11	立式检查口		装于立管上
12	水表		
13	消火栓	平面 系统	
14	水泵接合器		
15	消防喷头	平面 系统	
16	消防报警阀		
17	自动排水阀		
18	散热器	平面 系统	
19	方形伸缩器		
20	压力表		
21	温度计		
22	Y型过滤器		
23	固定支架		

2. 常见管道标注

排水系统常见管道标注如图4.6所示。

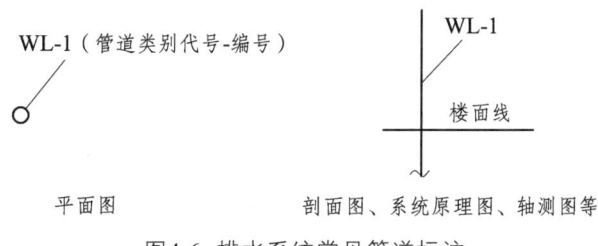

平面图　　　　　　剖面图、系统原理图、轴测图等

图4.6 排水系统常见管道标注

4.2.2 排水工程图纸

1. 排水工程图纸组成

排水工程图一般由设计说明、排水平面图、排水系统图和排水施工详图组成。

（1）设计说明是用文字形式表达工程必须交代的技术内容，特别是说明管道所用的材质类型、管道的连接方式、阀门的选用要求、卫生器具的安装标准等。设计说明与我们是否能够准确进行工程计价有着密切的关系。

（2）排水平面图包括底层平面图、标准层平面图、顶层平面图。室内排水平面图反映排水管道和设备在平面上的布置情况。

（3）排水系统图表达整个排水系统管道和设备的三维空间关系，并且系统图可反映出各个管道系统的编号、管道管径、标高、管道坡度、管道、设备与建筑的关系等。

（4）排水施工详图是将平面图或系统图中一部分放大得到的图样，比如卫生间平面详图可以进一步帮助我们理解管道的平面布置位置，卫生间局部系统图，可以非常清楚地了解每一个给水点的安装标高，从而提高了工程计量的准确性。

2. 排水系统识读顺序

室内排水系统的一般识读顺序为：卫生设备→水平支管→立管→水平干管→出户管→室外检查井（窨井）→化粪池。

4.2.3 排水工程综合案例施工图识读

在上述理论知识的基础上，结合"重庆市重庆工程学院教学科研楼"进行排水工程施工图识读，详细的图纸及施工图识读视频请扫描二维码学习。

排水工程施工图　　　　排水工程施工图识读视频

4.3 排水工程计量与计价案例分析

1. 排水体制

重庆市重庆工程学院教学科研楼工程排水采用雨、污分流制，室外排水管网由雨水管网和生活污水管网组成。

2. 生活污水管网

生活污水均为有组织重力流排放采用伸顶通气、单立管排水方式排入该工程污水管网，然后进入已有的污水处理装置进行处理，达标后排入市政污水管网。

3. 雨水管网

建筑屋面雨水为有组织排放采用87斗重力流排水方式；雨水排入该工程雨水管网；雨水管为De300~De800，排水坡度 $i \geqslant 0.003$，雨水最终排入河道。

4. 管材

（1）建筑雨水立管室内生活污水采用3S 聚乙烯静音排水管，采用胶圈承插连接，并符合《建筑排水用高密度聚乙烯（HDPE）管材及管件》（CJ/T 250—2018）。埋地雨、污水管采用聚乙烯-聚氯乙烯共混（MPVE）螺旋缠绕管8 kN/m^2，符合《农田排水用塑料单壁波纹管》（GB/T 19647—2005）中热塑性塑料管材环刚度的测定，管材采用热缩套连接。

（2）阀门井见国家建筑标准设计图集05S502。室外消火栓采用 SS100/65-1.0型，安装图详见国家建筑标准设计图集13S201。消防水泵接合器采用 SQS150-A 型地上式水泵接合器（顶面可过汽车，详见国家建筑标准设计图集99S203），公称工作压力为1.6 MPa。

（3）室外各种管道管顶覆土厚度不应小于0.7 m，覆土厚度不足处应采用360°混凝土满包处理，做法详见国家建筑标准设计图集04S516，并可根据现场情况适当增加覆土厚。

（4）室外阀门井内的管道均采用手动闸阀，P=1.6 MPa。

5. 卫生器具选用

卫生器具均采用节水节能产品并符合《节水型生活用水器具》（CJ/T 164—2014）及《节水型产品通用技术条件》（GB/T 18870—2011）的要求。大便器采用低水箱蹲式大便器，单次用水量为5 L；小便器采用感应式壁挂式小便器，直接接电型，单次用水量为0.2 L；洗手盆采用感应式水嘴，并应有防烫伤的技术措施，单次用水量为0.9 L；污水盆配壁面式龙头（感应式）。

4.3.1 排水管道计算规则及相关说明

1. 清单项目及清单计算规则

（1）室内外界线划分以出户第一个排水检查井为界。

（2）室外排水管道与市政排水界线以与市政排水管道碰头井为界。

排水管道界限如图4.7所示。

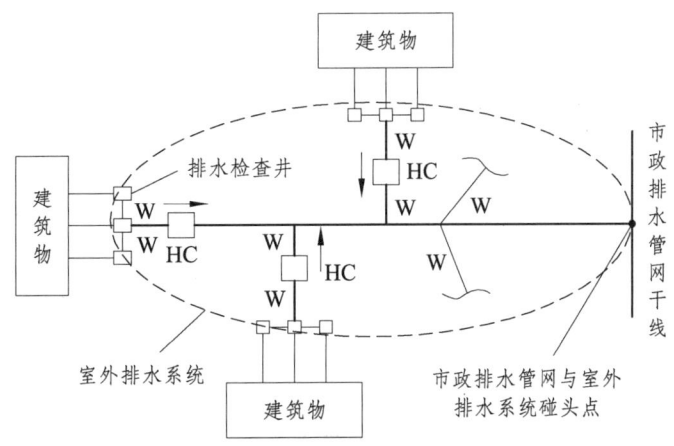

图4.7 排水管道界限

2.定额计算规则

该部分计算规则同给水系统,在此不再赘述。

3.计算工程量

(1)清单工程量与定额工程量计算规则对比。

对比分析《通用安装工程工程量计算规范》(GB 50856—2013)和《重庆市通用安装工程计价定额》(CQAZDE—2018)中关于排水系统工程管道的工程量计算规则后可知,两者计算规则一致,均为各类管道安装区分室内外、材质、连接形式、规格,按设计图示管道中心线长度计算,不扣除阀门、管件、附件(包括器具组成)及附属构筑物所占长度。

(2)计算实例。

【例4.1】图4.8、图4.9所示为重庆工程学院教学科研楼工程首层平面图卫生间6排水系统图,试计算该房间排水管道De110工程量。

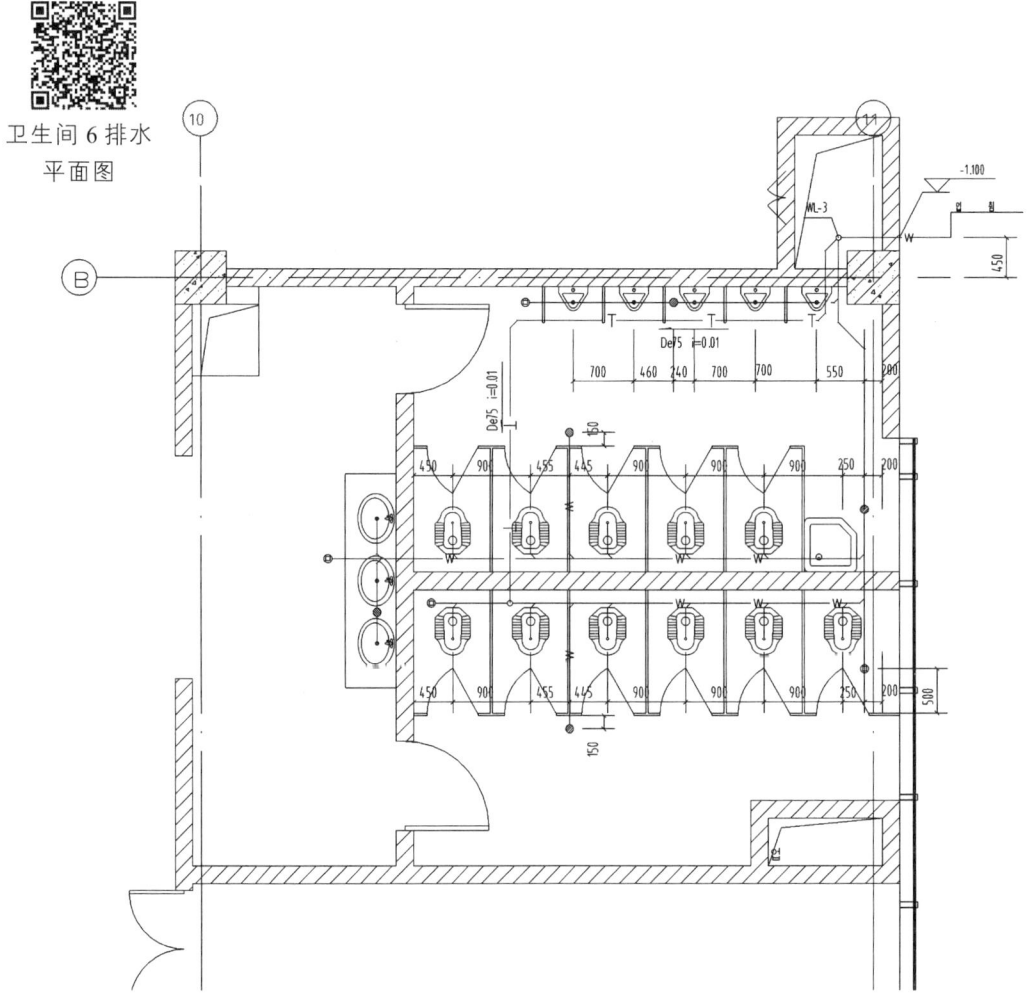

图4.8 卫生间6排水平面图

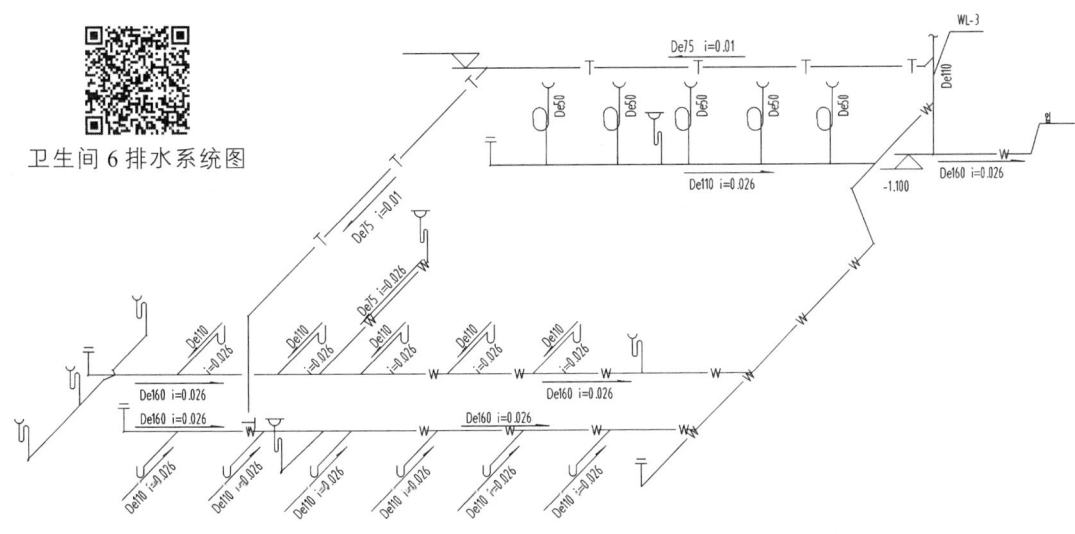

卫生间6排水系统图

图4.9 卫生间6排水系统图

【解】排水管道De110长度=水平长度+垂直长度=0.05+0.3×6+0.33×6+0.08×6+2.37+0.8=7.48 m

4. 清单组价

（1）清单项与定额项的组合关系。

排水系统管道清单项与定额项的组合关系列举见表4.2。

表4.2 排水系统管道清单项与定额项的组合关系表

工程量清单项					可组合定额项目	
项目编码	项目名称	项目特征	计量单位	工作内容	主要内容	定额子目
031001005	铸铁管	1.安装部位 2.介质 3.材质、规格 4.连接形式 5.接口材料 6.压力试验及吹、洗设计要求 7.警示带形式	m	1.管道安装 2.管件安装 3.压力试验 4.吹扫、冲洗 5.警示带铺设	室内铸铁排水管	CK0351-CK0374
031001006	塑料管	1.安装部位 2.介质 3.材质、规格 4.连接形式 5.阻火圈设计要求 6.压力试验及吹、洗设计要求 7.警示带形式	m	1.管道安装 2.管件安装 3.塑料卡固定 4.阻火圈安装 5.压力试验 6.吹扫、冲洗 7.警示带铺设	室内排水塑料管	CK0525-CK0536

续表

工程量清单项					可组合定额项目	
项目编码	项目名称	项目特征	计量单位	工作内容	主要内容	定额子目
031001007	复合管	1.安装部位 2.介质 3.材质、规格 4.连接形式 5.压力试验及吹、洗设计要求 6.警示带形式	m	1.管道安装 2.管件安装 3.塑料卡固定 4.压力试验 5.吹扫、冲洗 6.警示带铺设	室内复合管	CK0621-CK0664

（2）定额项目的工程内容说明。

定额项目的工作内容是正确选用定额子项的关键因素。《重庆市通用安装工程计价定额》（CQAZDE—2018）排水火系统管道部分定额项目的工作内容详见表4.3。

表4.3 定额项目的工程内容

序号	项目名称	定额编号	工作内容说明
1	A.5.11室内铸铁排水管（石棉水泥接口）	CK0351-CK0356	切管、管道及管件安装、调制接口材料、接口养护、灌水实验
2	A.5.12室内铸铁排水管（水泥接口）	CK0357-CK0362	切管、管道及管件安装、调制接口材料、接口养护、灌水实验
3	A.5.13室内柔性抗震铸铁排水管（机械接口）	CK0363-CK0368	切管、上胶圈、管道及管件安装、紧固螺栓、灌水实验
4	A.5.14室内柔性抗震铸铁排水管（卡箍式连接）	CK0369-CK0374	切管、管道及管件安装、紧卡箍、灌水实验
5	A.6.17室内塑料排水管（热熔连接）	CK0525-CK0530	切管、组对、预热、熔接、管道及管件安装、灌水试验
6	A.6.18室内承插塑料排水管（零件粘接）	CK0534-CK0536	切管、组对、粘接、管道及管件安装、灌水试验
7	A.6.19室内承插塑料排水管（螺母密封圈连接）	CK0537-CK0542	切管、组对、紧密封圈、管道及管件安装、灌水试验
8	A.7.4室内塑铝稳态管（热熔连接）	CK0621-CK0631	切管、卷削、组对、预热、熔接、管道及管件安装、水压实验及水冲洗
9	A.7.5室内钢骨架塑料复合管（电熔连接）	CK0632-CK0642	切管、打磨、组对、熔接、管道及管件安装、水压实验及水冲洗
10	A.7.6室内钢塑复合管（螺纹连接）	CK0643-CK0653	切管、调直、套丝、组对、连接、管道及管件安装、水压实验及水冲洗
11	A.7.7室内钢塑复合管（卡箍式、卡套式连接）	CK0654-CK0659	切管、调直、对口、紧丝口、管道及管件安装、水压实验及水冲洗
12	A.7.8室内超薄不锈钢衬塑复合给水管（热熔连接）	CK0660-CK0664	切管、组对、预热、熔接、管道及管件安装、水压实验及水冲洗
13	B.4.1排水管阻火圈	CK0854-CK0858	就位、固定

（3）排水系统管道清单计价。

结合图纸及首层排水管道De110工程量，计算其综合单价。计算步骤如下：

① 确定清单项目特征及工程量。

结合案例图纸的设计说明和计算的工程量可编制分部分项工程项目清单计价表（表4.4）。

表4.4 3S聚乙烯静音排水管De75分部分项工程项目清单计价表

序号	项目编码	项目名称	项目特征	计量单位	工程量	综合单价	合价	其中：暂估价
			给排水、采暖、燃气工程					
1	031001006001	3S聚乙烯静音排水管De75	[项目特征] 1.安装部位：室内明装 2.介质：污水 3.材质、规格：3S聚乙烯静音排水管、De75 4.连接形式：胶圈承插连接 5.阻火圈设计要求：无	m	7.48			

② 定额选取。

结合清单项目特征和定额工作内容可知3S聚乙烯静音排水管De75需套用一个定额CK0538。注意：其他排水管设计说明中强调要设置阻火圈的位置需要套两项定额，即管道相应定额和B.4.1排水管阻火圈。

③ 确定综合单价。

套用定额后，需将定额CK0538的主材修改为3S聚乙烯静音排水管De75，根据综合单价计算公式可确定3S聚乙烯静音排水管De75的综合单价，综合单价分析表见表4.5。

表4.5 3S聚乙烯静音排水管De75综合单价分析表

工程名称：给排水、燃气工程

项目编码	031001006001		项目名称		3S聚乙烯静音排水管De75		计量单位		m		综合单价			
					定额综合单价						未计价材料费	人材机价差	其他风险费	合价
定额编号	定额项目名称	单位	数量	定额人工费	定额材料费	定额施工机具使用费	企业管理费		利润		一般风险费用			
							费率/%	(1)×(4)	费率/%	(1)×(6)	费率/%	(1)×(8)			
				1	2	3	4	5	6	7	8	9	10	11	12	13 1+2+3+5+7+9+10+11+12
CK0538	室内承插塑料排水管（螺母密封圈连接）≤75 mm	10 m	0.1	12.99	0.73	0	29.46	3.82	23.68	3.08	2.8	0.36				
合计																

4.3.2 卫生器具工程清单计算规则及相关说明

1. 清单项目及清单计算规则

卫生器具工程量清单项目设置、项目特征描述的内容、计量单位及工程量计算规则,按《通用安装工程工程量计算规范》(GB 50856—2013)表 K.4 卫生器具(编码:031004)的规定执行,具体见表4.6。

表4.6 卫生器具(编码:031004)

项目编码	项目名称	项目特征	计量单位	工程量计算规则	工作内容
031004001	浴缸	1.材质 2.规格、类型 3.组装形式 4.附件名称数量	组	按设计图示数量计算	1.器具安装 2.附件安装
031004002	净身盆				
031004003	洗脸盆				
031004004	洗涤盆				
031004005	化验盆				
031004006	大便器				
031004007	小便器				
031004008	其他成品卫生器具				
031004009	烘手器	1.材质 2.型号、规格	个		安装
031004010	淋浴器	1.材质、规格 2.组装形式 3.附件名称数量			1.器具安装 2.附件安装
031004011	淋浴间				
031004012	桑拿浴房				
031004013	大、小便槽自动冲洗水箱	1.材质、类型 2.规格 3.水箱配件 4.支架形式及做法 5.器具及支架除锈、刷油设计要求	套		1.制作 2.安装 3.支架制作、安装 4.除锈、刷油
031004014	给、排水附(配)件	1.材质 2.型号、规格 3.安装方式	个		安装

续表

项目编码	项目名称	项目特征	计量单位	工程量计算规则	工作内容
031004015	小便槽冲洗管	1.材质 2.规格	m	按设计图示长度计算	1.制作 2.安装
031004016	蒸汽-水加热器	1.类型 2.型号、规格 3.安装方式	套	按设计图示数量计算	
031004017	冷热水混合器				
031004018	饮水器				
031004019	隔油器	1.类型 2.型号、规格 3.安装部位			安装

注：① 成品卫生器具项目中的附件安装，主要指给水附件，包括水嘴、阀门、喷头等，排水配件包括存水弯、排水栓、下水口等以及配备的连接管。

② 浴缸支座和浴缸周边的砌砖、瓷砖粘贴应按国家标准《房屋建筑与装饰工程工程量计算规范》（GB 50854—2013）相关项目编码列项；功能性浴缸不含电机接线和调试，应按《通用安装工程工程量计算规范》（GB 50856—2013）附录 D 电气设备安装工程相关项目编码列项。

③ 洗脸盆适用于洗脸盆、洗发盆、洗手盆安装。

④ 器具安装中若采用混凝土或砖基础，应按国家标准《房屋建筑与装饰工程工程量计算规范》（GB 50854—2013）相关项目编码列项。

⑤ 给排水附（配）件是指独立安装的水嘴、地漏、地面扫除口等。

2．定额计算规则

（1）计算规则。

① 各种卫生器具安装，按设计图示数量以"组"或"套"计算。

② 大便槽、小便槽自动冲洗水箱安装，区分容积按设计图示数量以"套"计算。大便槽、小便槽自动冲洗水箱制作不分规格，按实际质量以"kg"计算。

③ 小便槽冲洗管制作与安装，按设计图示长度计算，不扣除管件所占的长度。

④ 湿蒸房依据使用人数，按设计图示数量以"座"计算。

⑤ 隔油器安装，区分安装方式、进水管径，按设计图示数量以"套"计算。

（2）定额说明。

① 本章卫生器具是参照国家建筑标准设计图集《排水设备及卫生器具安装（2010年合订本）》中的有关标准图编制，包括浴盆、净身盆、洗脸盆、洗涤盆、化验盆、大便器、小便器、淋浴器、淋浴室、桑拿浴房、烘手器、拖布池、水龙头、排水栓、地漏、地面扫除口、雨水斗、蒸汽-水加热器、冷热水混合器、饮水器、隔油器等器具安装项目，以及大便器、小便器自动冲洗水箱和小便槽冲洗管制作安装。

② 各类卫生器具安装项目除另有标注外，均适用于各种材质。

③ 各类卫生器具安装项目包括卫生器具本体、配套附件、成品支托架安装。各类卫生器具配套附件是指给水附件（水嘴、金属软管、阀门、冲洗管、喷头等）和排水附件（下水

口、排水栓存水弯、与地面或墙面排水口间的排水连接管等）。卫生间配件是指卫生间内的置物架、纸筒等。

④ 各类卫生器具所用附件已列出消耗量，如随设备或器具本体供应时，其消耗量不得重复计算。各类卫生器具支托架如现场制作时，按《重庆市通用安装工程计价定额》（第十册 给排水、采暖、燃气安装工程）中"支架及其他"相应定额子目执行。

⑤ 浴盆冷热水带喷头若采用埋入式安装时，混合水管及管件消耗量应另行计算。按摩浴盆包括配套小型循环设备（过滤罐、水泵、按摩泵、气泵等）安装，其循环管路材料、配件等均按成套供货考虑。浴盆底部所需填充的干砂消耗量另行计算。

⑥ 液压脚踏卫生器具安装按卫生器具相应定额子目执行，人工乘以系数1.3，液压脚踏装置材料消耗量另行计算。如水嘴喷头等配件随液压阀及控制器成套供应时，应扣除定额中的相应材料，不得重复计取。卫生器具所用液压脚踏装置包括配套的控制器、液压脚踏开关及液压连接软管等配套附件。

⑦ 大便器、小便器冲洗（弯）管均按成品考虑。大便器安装已包括柔性连接头或胶皮碗。

⑧ 大便槽、小便槽自动冲洗水箱安装已包括水箱和冲洗管的成品支托架、管卡安装。水箱支托架和管卡的制作及刷漆按相应定额子目执行。

⑨ 与卫生器具配套的电气安装按《重庆市通用安装工程计价定额》（第四册 电气设备安装工程）相应定额子目执行。

⑩ 各类卫生器具的混凝土或砖基础、周边砌砖、瓷砖粘贴、蹲式大便器蹲台砌筑、台式洗脸盆的台面安装，按《重庆市房屋建筑与装饰工程计价定额》（CQZSDE—2018）相应定额子目执行。

⑪ 本章卫生器具所有项目安装不包括预留、堵孔洞，按《重庆市通用安装工程计价定额》（第九册 消防安装工程）相应定额子目执行。

3. 计算工程量

（1）清单工程量与定额工程量计算规则对比。

对比分析《通用安装工程工程量计算规范》（GB 50856—2013）和《重庆市通用安装工程计价定额》（CQAZDE—2018）中关于排水系统卫生器具的工程量计算规则后可知，两者计算规则差异在于：大、小便槽自动冲洗水箱清单计量单位是套，包括制作和安装，而定额大便槽、小便槽自动冲洗水箱安装，区分容积按设计图示数量以"套"计算。大、小便槽自动冲洗水箱制作不分规格，按实际质量以"kg"计算。

（2）计算实例。

【例4.2】图4.8所示为重庆工程学院教学科研楼工程首层卫生间6平面图，试计算该房间卫生器具工程量。

【解】卫生间6有以下器具：

圆形地漏De50：2个；

蹲式大便器：6组；

洗脸盆：2组；

小便器：1组。

4. 清单组价

（1）清单项与定额项的组合关系。

排水系统管道清单项与定额项的组合关系列举见表4.7。

表4.7 排水系统卫生器具清单项与定额项的组合关系表

工程量清单项					可组合定额项目	
项目编码	项目名称	项目特征	计量单位	工作内容	主要内容	定额子目
031004001	浴缸	1.材质 2.规格、类型 3.组装形式 4.附件名称数量	组	1.器具安装 2.附件安装	搪瓷浴盆、玻璃钢浴盆、塑料浴盆等	CK1378-CK1386
031004002	净身盆				净身盆	CK1387-CK1388
031004003	洗脸盆				洗脸盆、洗手盆、洗发盆	CK1389-CK1399
031004004	洗涤盆				洗涤盆	CK1400-CK1404
031004005	化验盆				化验盆	CK1405-CK1409
031004006	大便器				大便器	CK1410-CK1421
031004007	小便器				小便器	CK1422-CK1427
031004008	其他成品卫生器具				成品拖布池、卫生间配件安装	CK1428-CK1431
031004009	烘手器	1.材质 2.型号、规格	个	安装	烘手器	CK1432
031004010	淋浴器	1.材质、规格 2.组装形式 3.附件名称数量	套	1.器具安装 2.附件安装	淋浴器安装	CK1433-CK1436
031004011	淋浴间				整体淋浴房	CK1437
031004012	桑拿浴房				桑拿浴房安装	CK1438-CK1442
031004013	大、小便槽自动冲洗水箱	1.材质、类型 2.规格 3.水箱配件 4.支架形式及做法 5.器具及支架除锈、刷油设计要求		1.制作 2.安装 3.支架制作、安装 4.除锈、刷油	大、小便槽自动冲洗水箱安装	CK1443-CK1454

续表

工程量清单项					可组合定额项目	
项目编码	项目名称	项目特征	计量单位	工作内容	主要内容	定额子目
031004014	给、排水附（配）件	1.材质 2.型号、规格 3.安装方式	个	安装	排水栓、存水弯安装；地漏安装；水龙头；感应式冲水器安装；地面扫除口安装虹吸式雨水斗；普通雨水斗	CK1455-CK1480
031004015	小便槽冲洗管	1.材质 2.规格	m		镀锌钢管（螺纹连接）；塑料管（粘接）	CK1481-CK1484
031004016	蒸汽-水加热器	1.类型 2.型号、规格 3.安装方式	套	1.制作 2.安装	蒸汽-水加热器	CK1485
031004017	冷热水混合器				冷热水混合器	CK1486-CK1487
031004018	饮水器				饮水器	CK1488
031004019	隔油器	1.类型 2.型号、规格 3.安装部位		安装	隔油器安装	CK1489-CK1494

（2）定额项目的工程内容说明。

定额项目的工作内容是正确选用定额子项的关键因素。《重庆市通用安装工程计价定额》（CQAZDE—2018）排水火系统管道部分定额项目的工作内容详见表4.8。

表4.8 定额项目的工程内容

序号	项目名称	定额编号	工作内容说明
1	D.1.1搪瓷浴盆、玻璃钢浴盆、塑料浴盆等	CK1378-CK1386	浴盆及附件安装、与上下水管连接、试水
2	D.2.1净身盆	CK1387-CK1388	金属框架安装、净身盆及附件安装、与上下水管连接、试水
3	D.3.1洗脸盆	CK1389-CK1394	托架安装、洗脸盆及附件安装、上下水管连接、试水
4	D.3.2洗手盆、洗发盆	CK1395-CK1399	托架安装、洗脸盆及附件安装、与上下水管连接、试水
5	D.4.1洗涤盆	CK1400-CK1404	托架安装、洗脸盆及附件安装、与上下水管连接、试水

续表

序号	项目名称	定额编号	工作内容说明
6	D.5.1化验盆	CK1405-CK1409	支架安装、化验盆及附件安装、与上下水管连接、试水
7	D.6.1蹲式大便器安装	CK1410-CK1416	大便器、水箱及附件安装、与上下水管连接、试水
8	D.6.2坐式大便器安装	CK1417-CK1421	大便器、水箱及附件安装、与上下水管连接、试水
9	D.7.1挂式小便器安装	CK1422-CK1424	小便器及附件安装、与上下水管连接、试水
10	D.7.2立式小便器安装	CK1425-CK1427	小便器及附件安装、与上下水管连接、试水
11	D.8.1成品拖布池、卫生间配件安装	CK1428-CK1431	成品拖布池安装、与上下水管连接、试水
12	D.9.1烘手器安装	CK1432	烘手器安装
13	D.10.1淋浴器安装	CK1433-CK1436	淋浴器组成与安装、接管、试水
14	D.11.1整体淋浴房	CK1437	开箱检查、本体及附件安装、与上下水管连接、找平找正、试水
15	D.12.1桑拿浴房安装	CK1438-CK1442	膨胀螺栓固定木方、组装湿蒸房、与上下水管连接、配合电气安装
16	D.13.1大便槽自动冲水箱安装	CK1443-CK1449	留堵洞眼、栽托架、切管、套丝、水箱安装、试水
17	D.13.2小便槽自动冲洗水箱安装	CK1450-CK1454	留堵洞眼、栽托架、切管、套丝、水箱安装、试水
18	D.14.1排水栓、存水弯安装	CK1455-CK1460	上零件、安装、与下水管连接、试水。上零件、安装、与下水管连接、试水
19	D.14.2地漏安装	CK1461-CK1464	安装、与下水管道连接、试水
20	D.14.3水龙头	CK1465-CK1467	上水嘴、试水
21	D.14.4感应式冲水器安装	CK1468-CK1469	上水嘴、试水
22	D.14.5地面扫除口安装	CK1470-CK1474	安装、与下水管道连接、试水
23	D.14.6普通雨水斗	CK1475-CK1477	安装、与雨水管道连接、试水
24	D.14.7虹吸式雨水斗	CK1478-CK1480	安装、与雨水管道连接、试水
25	D.15.1镀锌钢管（螺纹连接）	CK1481-CK1482	切管、套丝、钻眼、连接、管卡固定、试水
26	D.15.2塑料管（粘接）	CK1483-CK1484	切管、钻眼、连接、管卡固定、试水

续表

序号	项目名称	定额编号	工作内容说明
27	D.16.1蒸汽-水加热器安装	CK1485	加热器安装、接水管、试水
28	D.17.1冷热水混合器	CK1486-CK1487	切管、套丝、冷热水混合器安装、接管、试水
29	D.18.1饮水器	CK1488	饮水器和附件安装、接管、试水
30	D.19.1隔油器安装	CK1489-CK1494	隔油器和附件安装、接管、试水

（3）排水系统管道清单计价。

结合图纸及卫生间6的工程量，计算其综合单价。计算步骤如下：

① 确定清单项目特征及工程量。

结合案例图纸的设计说明和计算的工程量可编制分部分项工程项目清单计价表（表4.9）。

表4.9 卫生器具分部分项工程项目清单计价表

序号	项目编码	项目名称	项目特征	计量单位	工程量	金额/元		
						综合单价	合价	其中：暂估价
			排水工程					
1	031004003001	洗脸盆	感应式水嘴洗手盆	组	2			
2	031004006001	蹲式大便器	低水箱蹲式大便器，单次用水量4.5 L	组	6			
3	031004007001	小便器	感应式冲洗阀壁挂式小便器，直接按电型单次用水	组	1			
4	031004014001	地漏	1.材质：不锈钢 2.型号、规：De50，圆形	个	2			

② 定额选取。

结合清单项目特征和定额工作内容可知卫生器具需套用一个相对应定额，即洗脸盆CK1393、蹲式大便器CK1411、小便器CK1424、地漏CK1461。

③ 确定综合单价。

套用定额后，下面以地漏为例，根据综合单价计算公式可确定地漏 De50（主材）的综合单价，综合单价分析见表4.10。

表4.10 地漏分部分项工程项目清单计价表

项目编码	031004014001	项目名称		地漏		计量单位		个		综合单价			
定额编号	定额项目名称	单位	数量	定额综合单价						未计价材料费	人材机价差	其他风险费	合价
				定额人工费	定额材料费	定额施工机具使用费	企业管理费		利润		一般风险费用				
				1	2	3	4 费率/%	5 (1)×(4)	6 费率/%	7 (1)×(6)	8 费率/%	9 (1)×(8)	10	11	12	13 1+2+3+5+7+9+10+11+12
CK1461	地漏安装	10个	0.1	12.325	141	0	29.46	3.63	23.68	2.92	2.8	0.345				
合计																

总结框架图

第4章总结框架图如图4.10所示。

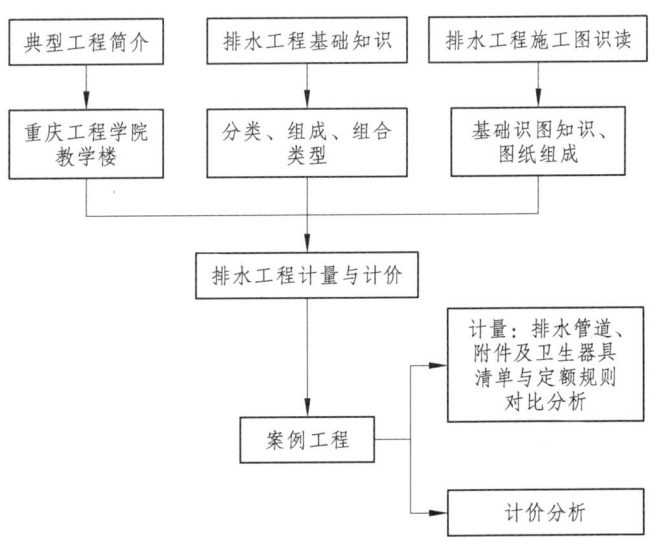

图4.10 第4章总结框架图

课后练习题

结合所提供的案例图纸和资料，完成排水系统的工程量计算。

第5章 建筑消防工程水灭火系统计量与计价

本章介绍了消防工程基础知识、消防工程施工工艺、图纸构成，并对消防工程的案例进行了详细分析。

典型工程简介：

重庆工程学院教学科研楼消防工程设有水灭火系统和气体灭火系统。

消防水源：工程北侧附近有生活给水主管道，管径为 DN150，供水压力为0.45 MPa，已有主水管的水量和水压满足该工程的用水需求。故从该工程北侧附近引入一根 DN150的进水管，其后设室内外消火栓环状管网。

消防工程给水方式：该工程采用水泵、水箱联合给水方式。消防水池有效容积为558 m^3，采用钢筋混凝土结构，位于负一层水泵房。消防水池分为2格，并在道路附近设置消防车取水井。高位消防水箱有效容积为18 m^3，采用不锈钢组合式，置于教学科研楼屋面，并从工程生活水管网中引出2根补水管，分别送入消防水池和消防水箱进行补水。

室外消火栓系统：室外消火栓为临时高压制系统，并与室内消火栓系统合用一套管网。平时管网压力由高位消防水箱增压稳压装置保证，当管网压力不足时由消火栓泵从消防水池抽水，加压供给。室外消火栓管网管径为 DN200，消火栓干管布置沿主干道呈环状并在沿线管道上敷设室外地上式消火栓，其间距不大于120 m，保护半径为150 m，管道埋深约1.4 m；干管交叉处或干支管交接处设置阀门及阀门井，检修阀门的设置以每次检修关闭的室外消火栓不超过5个为原则。

室内消火栓系统：室内消火栓系统为临时高压制，平时管网压力由高位消防水箱增压稳压装置保证，当管网压力不足时由室内外消火栓泵从消防水池抽水，加压供给。在各建筑室内设置室内消火栓，其供水由该工程内的室内外消火栓管网就近分两路接入供给，室内消火栓管网成环状。该工程中，建筑内的室内消火栓栓口动压不小于0.35 MPa，消防水枪充实水柱按10 m 计算。出水压力超过0.50 MPa 的消火栓为减压稳压消火栓，各室内消火栓系统在屋顶或水力最不利处设有带压力表的试验消火栓。

自动喷水灭火系统：自动喷水灭火系统采用临时高压给水系统，配水管道的工作压力不超过1.0 MPa，平时管网压力由高位消防水箱增压稳压装置保证，火灾时由喷淋泵从水池抽水，加压后向各区供水，系统结合室外消火栓和景观设水泵接合器，水泵接合器不少于3套，每套流量为15 L/S，置于室外消防车道附近。自喷管径为 DN150，干管布置呈环状。教学科研楼采用闭式自动喷水灭火系统，中危险级Ⅰ级，喷水强度6 L/（min·m^2），保护面积为160 m^2。

5.1 消防工程基础知识

5.1.1 建筑消防工程概述

建筑消防工程主要由建筑消防灭火系统、消防电梯、消防防排烟系统、消防应急照明系统和火灾自动报警系统组成。其中消防灭火系统根据灭火介质种类可以分为：水灭火系统（消火栓灭火系统、自动喷水灭火系统）、气体灭火系统（二氧化碳灭火系统、IG541混合气体灭火系统、七氟丙烷灭火系统、热气溶胶预制灭火系统）、泡沫灭火系统和干粉灭火系统。水灭火系统是使用最广泛的灭火系统。本章主要针对水灭火系统进行讲解。非水灭火系统的仅做简要介绍。

1. 水灭火系统

（1）消火栓灭火系统。

消火栓灭火系统可分为室外消火栓灭火系统和室内消火栓灭火系统。消火栓灭火系统一般由消火栓设备、消防管道、消防水池、消防水箱、水泵接合器等组成，如图5.1所示。

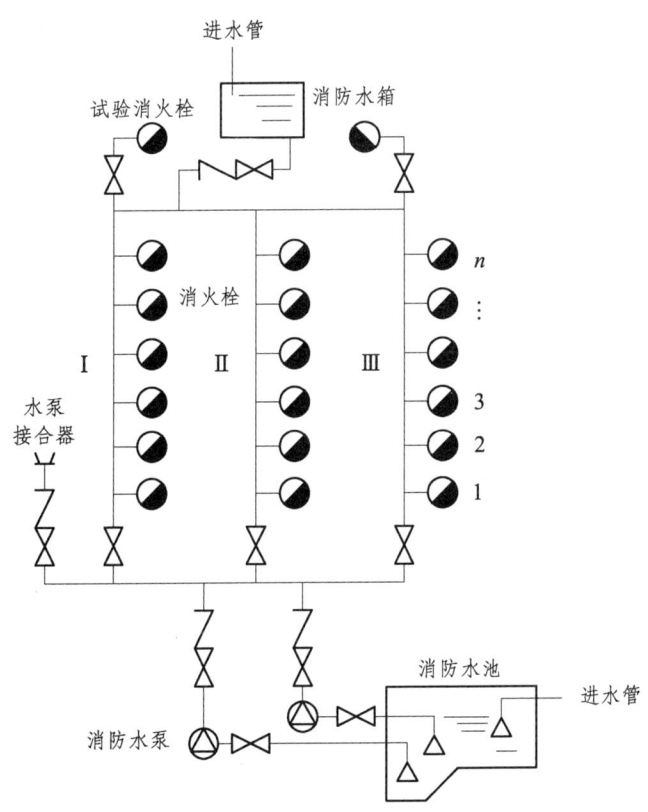

图5.1 消火栓灭火系统的组成

① 消火栓箱：消火栓箱是集室内消火栓、水龙带、水枪及电气设备集装于一体，并明装、暗装或半暗装于建筑物内的具有给水、灭火、控制、报警等功能的箱状固定式消防装置，如图5.2所示。消火栓箱按水龙带的安置方式有挂置式、盘卷式、卷置式和托架式4种。一般采用 DN65的室内消火栓，其布置应满足同一平面有2支消防水枪的2股充实水柱同时到

达任何部位的要求，根据《消防给水及消火栓系统技术规范》（GB 50974—2014）的要求，消火栓栓口中心距地面应为1.1 m，且消火栓栓口出水方向宜向下或与设置消火栓的墙面成90°，栓口不应安装在门轴侧。

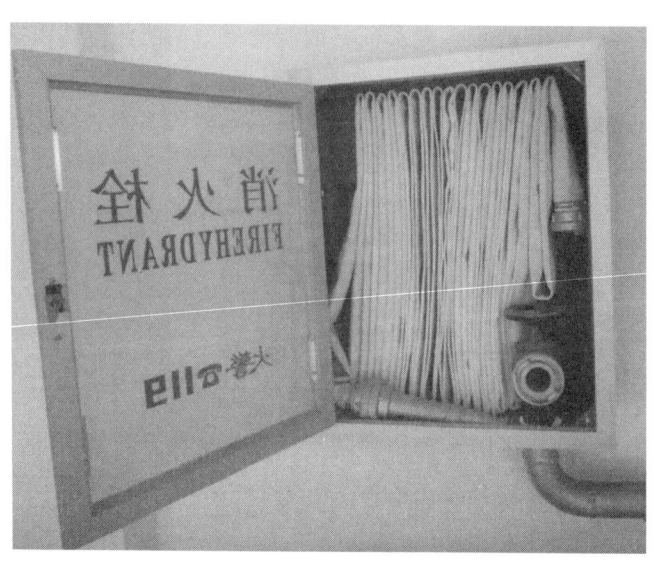

图5.2 消火栓箱

② 消防管道：消防管道一般包括引入管、消防干管、消防立管以及相应阀门等的管道配件。其消防用水通过引入管与建筑室外给水管连接，将水引至室内的消防系统。为保证消防供水的安全性，室内消防给水管道宜布置成环状，其引入管不应少于两根，当其中一根发生故障时，其余的引入管应能保证消防用水量和水压的要求。

③ 消防水池：消防水池用于储存消防用水量。建筑物周围市政给水管网或室外水源无法满足室内消防用水量的需求时，需设置消防水池，以备不时之需。当室外给水管网能保证室外消防用水量时，消防水池有效容积应满足火灾持续时间内的室内消防用水量。当室外给水管网不能保证室外消防用水量时，消防水池有效容积应满足火灾持续时间内的室内消防用水量与室外消防用水量不足部分之和。消防水池可单独设置，也可和生活或生产储水池共用。例如，室内设有游泳池或水景水池时也可将其兼作消防水池用。若消防水池与生活水箱合用，则应采取消防用水不被动用的措施。

④ 消防水箱：消防水箱应满足初期火灾扑灭所需的用水量和水压要求，一般储存10 min 的消防用水量。消防水箱一般宜设置在建筑物的顶部，使其采用重力自流的供水方式。消防水箱宜与生活（生产）高位水箱合用，以保证水箱内水的流动，防止水质的变化。

⑤ 增压、稳压设备：增压设备用于提供消防给水所需的水量和水压。消火栓给水系统采用水泵作为增压设备，又称消防泵。民用建筑中的消火栓泵一般采用单级立式离心水泵，一备一用或二备一用。消防水泵采用自灌式吸水，吸水管不少于两条，出水管上设置 DN65 的试水管，与泵相连的管道应安装减振器（橡胶接头）。吸水管及出水管穿越水池和外墙时，应采用防水性套管。如图5.3所示。稳压设备通常由离心泵和气压罐（也称稳压泵）及配套阀门组成。气压罐容积不小于消防给水管网的正常泄漏量和系统自动启动流量，且应防止稳压泵频繁启停。

图5.3 消火栓泵

⑥ 水泵接合器：水泵接合器是连接消防车向室内消防给水系统加压供水的装置，是应急备用设备。水泵接合器有三种布置方式，即地上式接合器、地下式接合器以及墙壁式接合器，如图5.4所示。水泵接合器一端由消防给水管网水平干管引出，另一端设于消防车易于接近的地方，供消防车加压向室内管网供水使用。其中，地上式接合器适用于南方温暖地区；地下式接合器适用于北方寒冷地区；墙壁式接合器一般安装在建筑物的墙角处，不占用地面位置，方便使用。

图 5.4 地上式水泵接合器、地下式水泵接合器和墙壁式水泵接合器

⑦ 屋顶试验消火栓：屋顶试验消火栓供消火栓给水系统检查和试验之用，以确保室内消火栓系统随时能正常运行，一般没有配套消防箱箱内的水枪、水带。与之一起安装的还有自动排气阀。屋顶试验消火栓如图5.5所示。

图5.5 屋顶试验消火栓

（2）自动喷水灭火系统。

自动喷水灭火系统是一种在发生火灾时，能自动打开喷头喷水灭火并同时出火警信号的消防灭火设施。自动喷水灭火系统由水源、加压贮水设备、喷头、管网、报警阀及火灾探测器等控制装置组成，如图5.6所示。

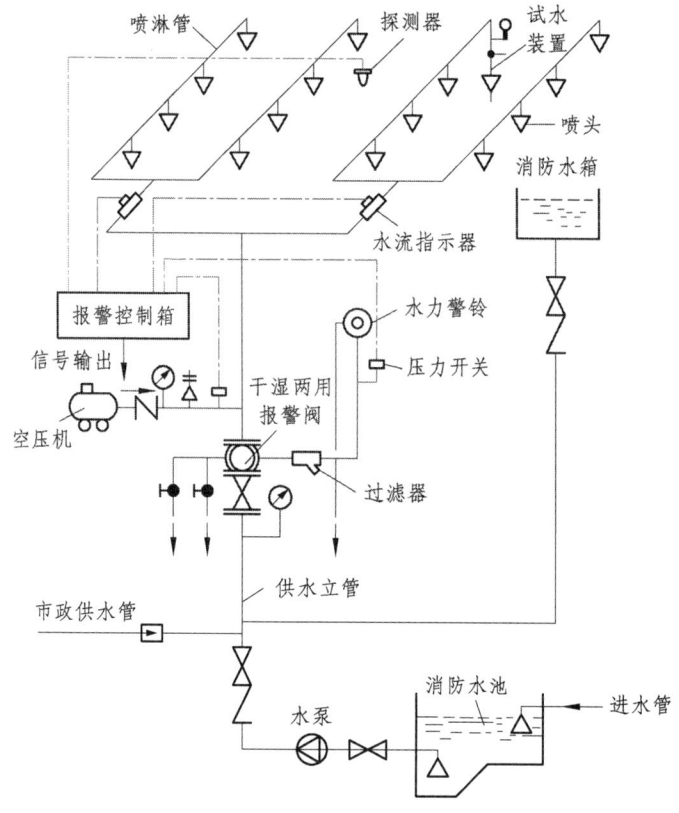

图5.6 自动喷水灭火系统的组成

① 水源：室内消防给水的供水水源包括市政给水管网，消防水池，江、河、湖、海、等天然水源。当采用市政给水管网作为消防水源时，消防给水管道宜与生产、生活给水管道合用。当城市自来水管网水量与水压不足时应设置消防水池。采用天然水源作为消防用水时，应确保天然水源在枯水期的取水率达到97%，以保证持续灭火时间内的用水量，且水源水质能满足消防用水要求并具有可靠的取水措施。

② 加压贮水设备：加压贮水设备是自动喷水灭火系统中用于贮存水量、调节水量且满足给水系统加压用水水量、水压的设备。

③ 喷头：喷头是自动喷水系统的关键部件，担负着探测火灾、启动系统和喷水灭火的任务。根据喷头的常开、常闭形式和管网是否充水，自动喷水灭火系统又可分为湿式自动喷水灭火系统、干式自动喷水灭火系统、预作用自动喷水灭火系统、雨淋喷水灭火系统、水幕系统和水喷雾灭火系统等。

④ 管网：自动喷水灭火系统一般设计成独立的系统，其管道系统包括引入管、供水干管、配水立管、配水干管、配水管、配水支管以及报警阀、阀门、水泵接合器等。自动喷水灭火系统的给水管网应布置成环状，且引入管不宜少于1条。当其中一条引入管发生故障

时，其余的引入管应能保证消防用水量和水压的要求。环状供水干管应在便于维修、操作方便的位置设置分隔阀门，使其形成若干独立段，且阀门应经常处于开启状态，并应该有明显的启闭标志。

⑤ 报警阀：报警阀的主要作用是开启和关闭管网水流、传递控制信号并启动水力警铃报警。报警阀常见形式有湿式报警阀，干式报警阀，干、湿式两用阀，雨淋阀等。

⑥ 火灾探测器：火灾探测器是消防火灾自动报警系统中对现场进行探查，发现火灾的设备。

2. 非水灭火系统

（1）气体灭火系统。

气体灭火系统是指平时灭火剂以液体、液化气体或气体状态贮存于压力容器内，灭火时以气体（包括蒸气、气雾）状态喷射作为灭火介质的灭火系统。一般由贮存容器、容器阀、选择阀、液体单向阀、喷嘴和驱动装置组成。目前常用的气体灭火系统主要有二氧化碳灭火系统、IG541混合气体灭火系统、七氟丙烷灭火系统和热气溶胶预制灭火系统。气体灭火系统相比传统的水喷淋灭火系统、消火栓灭火系统的优点是灭火后不留任何痕迹，无二次污染，但由于气体灭火系统大都采用高压贮存、高压输送，危险系数大于水喷淋灭火系统。适用于扑灭电气火灾、固体表面火灾、液体火灾、灭火前能切断气源的气体火灾且不适于设置水灭火系统等其他灭火系统的环境中，如高低压配电室、计算机房、重要的图书（档案）馆、移动通信基站（房）、UPS室、电池室、一般柴油发电机房等。

（2）泡沫灭火系统。

泡沫灭火系统是指通过泡沫比例混合器将泡沫灭火剂与水按比例混合成泡沫混合液，经过泡沫产生装置形成空气泡沫后实施灭火的灭火系统。它由消防水泵、消防水源、泡沫灭火储存装置、泡沫比例混合装置、泡沫产生装置及管道组成。现行泡沫灭火系统均采用空气泡沫灭火系统。系统按泡沫发泡倍数分类有低、中、高倍数泡沫灭火系统；按泡沫灭火剂的使用特点可分为A类泡沫灭火剂、B类泡沫灭火剂、非水溶性泡沫灭火剂、抗溶性泡沫灭火剂等；按设备安装使用方式分类有固定式、半固定式和移动式泡沫灭火系统；按泡沫喷射位置分类有液上喷射和液下喷射泡沫灭火系统。泡沫灭火系统主要用于甲、乙、丙类液体储罐区及其液体流淌区、飞机库、停车场、化工厂、燃油锅炉房、船舶等场所的灭火。

（3）干粉灭火系统。

干粉灭火系统是由干粉供应源通过输送管网连接到固定的喷嘴上，通过喷嘴喷放干粉的灭火系统。以氮气为动力，推动干粉罐内的干粉灭火剂，通过管路输送到干粉炮、干粉枪或固定喷嘴喷出，以达到扑救易燃、可燃液体、可燃气体和电气设备火灾的目的。干粉灭火系统由干粉灭火设备和自动控制两大部分组成。其中，干粉灭火设备由干粉储存容器、驱动气体瓶组、启动气体瓶组、减压阀、管道及喷嘴组成；自动控制由火灾探测器、信号反馈装置、报警控制器等组成。一些易燃及可燃液体火灾、可燃气体火灾使用干粉（有碳酸氢钠、碳酸氢钾和氨基干粉灭火剂）灭火系统。常见的ABC干粉（磷酸铵盐干粉）灭火器则属于无管网干粉灭火。干粉灭火系统适用于灭火前可切断气源的气体火灾，易燃、可燃液体和可熔化固体火灾，可燃固体表面火灾。

5.1.2 消防工程常用管材、管道防腐、管道附件

1. 消防工程常用管材

消防给水管常用的管材有球墨铸铁管、钢丝网骨架塑料复合管、热浸镀锌钢管等金属管材。不同管材的安装场所和安装形式有不同的适用范围。

（1）埋地管道：当系统工作压力不大于1.20 MPa 时，宜采用球墨铸铁管或钢丝网骨架塑料复合管；当系统工作压力大于1.20 MPa 且小于1.60 MPa 时，宜采用钢丝网骨架塑料复合管、加厚钢管和无缝钢管；当系统工作压力大于1.60 MPa 时，宜采用无缝钢管。

钢管连接宜采用沟槽连接件（卡箍）和法兰，当采用沟槽连接件连接时，公称直径小于等于 DN250 的沟槽式管接头系统工作压力不应大于2.50 MPa，公称直径大于或等于 DN300 的沟槽式管接头系统工作压力不应大于1.60 MPa。

（2）架空管道：当系统工作压力小于等于1.20 MPa 时，可采用热浸镀锌钢管；当系统工作压力大于1.20 MPa 时，应采用热浸镀锌加厚钢管或热浸镀锌无缝钢管；当系统工作压力大于1.60 MPa 时，应采用热浸镀锌无缝钢管。

架空管道的连接宜采用沟槽连接件（卡箍）、螺纹、法兰、卡压等方式，不宜采用焊接连接。当管径小于或等于 DN50 时，应采用螺纹和卡压连接，当管径大于 DN50 时，应采用沟槽连接件连接、法兰连接，当安装空间较小时应采用沟槽连接件连接。沟槽式连接结构包括卡箍、密封圈和螺栓紧固件。常用的沟槽管件如图5.7所示。

消防给水管道不宜穿越建筑基础，当必须穿越时，应采取防护套管等保护措施。

图5.7 常用的沟槽管件

2. 消火栓管道防腐

消火栓管道防腐通常采用刷樟丹漆两道、红色调和漆两道的工艺方案。樟丹漆也称为红丹漆，樟丹是油漆中重要的添加剂，对油漆的着色、体系稳定起着非常重要的作用，还能在一定程度上防止微生物的生长。樟丹加入油漆中可增强油漆的遮盖力、感官效果，对帮助染料分散等都有较好的作用。

3. 管道附件

消防给水系统的阀门选择应符合下列规定：埋地管道的阀门宜采用带启闭刻度的暗杆闸阀，当设置在阀门井内时采用耐腐蚀的明杆闸阀。室内架空管道的阀门宜采用蝶阀、明杆闸

阀或带启闭刻度的暗杆闸阀等。室外架空管道宜采用带启闭刻度的暗杆闸阀或耐腐的明杆闸阀。消防给水系统管道的最高点处宜设置自动排气阀；消防水泵出水管上的止回阀宜采用水锤消除止回阀，当消防水泵供水高度超过24 m时，应采用水锤消除器；当消防水泵出水管上设有囊式气压水罐时，可不设水锤消除设施；在寒冷严寒地区，室外阀门井应采取防冻措施；消防给水系统的室内外消火栓、阀门等位置应设置永久性固定标志。

（1）闸阀：闸阀是一种能够启动和关闭的阀门，它只能够全开或者全关，不能够用于调节。如果将闸门开启到与水流相垂直的状态，说明已经关闭了。闸阀的规格一般在DN65及以上，常常采用法兰盘的连接方式。闸阀如图5.8所示。

图5.8 闸阀

（2）蝶阀：蝶阀在管道上主要起切断和调节流量的作用。蝶阀启闭件是一个圆盘形的蝶板，在阀体内绕其自身的轴线旋转，从而达到启闭或调节的目的。按照操作方式的不同，分为手柄式、手轮式、电动式。按照连接方式的不同，分为对夹式、法兰式。它还可以做成信号蝶阀。蝶阀如图5.9所示。

图5.9 蝶阀

（3）自动排气阀：自动排气阀工作原理是，当系统充满水的时候，水中的气体因为温度和压力变化不断逸出向最高处聚集，当气体压力大于系统压力的时候，浮筒便会下落带动阀杆向下运动，阀口打开，气体不断排出，当气体压力低于系统压力时，浮筒上升带动阀杆向上运动，阀口关闭。自动排气阀就是这样不断循环运作的。它一般是安装于整个系统管路的最高处。自动排气阀如图5.10所示。

图5.10 自动排气阀

（4）水锤消除止回阀：水锤消除止回阀也叫作防水锤止回阀，其作用是让管道中的水流或者其他介质单向流动，只允许介质向一个方向流动。水锤消除止回阀通常指缓闭式止回阀，具有缓开、速闭、缓闭功能，防止开泵水锤和停泵水锤的产生。水锤消除止回阀如图5.11所示。

图5.11 水锤消除止回阀

5.1.3 自动喷水灭火系统常用设备

1. 湿式报警阀

湿式报警阀应用于自动喷水湿式灭火系统，如图5.12所示，能开启和关闭管网的水流，将报警信号传送至消防控制中心并启动水力警铃直接报警。湿式报警阀由压力开关、水力警铃、压力表、报警阀、信号阀、延迟器、试水阀等组成。

图5.12 湿式报警阀

2. 干式报警阀

干式报警阀应用于自动喷水干式灭火系统，如图5.13所示，阀体阀瓣的系统侧充满一定压力的有压气体，供水侧充满水。当系统侧气压低于供水侧水压一定值时，阀瓣向系统侧打开并开启系统，是一种单向阀。

图5.13 干式报警阀

3. 预作用报警阀

预作用报警阀应用于预作用自动喷水灭火系统，如图5.14所示，可以视为由雨淋阀和湿式报警阀配气压维持装置组成。

图5.14 预作用报警阀

4. 雨淋报警阀

雨淋报警阀应用于雨淋系统，如图5.15所示。雨淋报警阀由传动管远程开启，报警阀通常自带压力开关和水力警铃，开启时压力开关向报警系统传递火灾信号，水力警铃发出报警铃声。雨淋报警阀含有压力开关、水铃、压力表。

图5.15 雨淋报警阀

5. 末端试水装置

末端试水装置安装在系统管网或分区管网的末端，具有检测系统启动、报警及联动等功能，其组成如图5.16所示。末端试水装置的作用，是检查湿式系统的可靠性，测试系统能否在开放一只喷头的最不利条件下可靠报警并正常启动。末端试水装置还可以检查干式系统和预作用系统充水时间，测试水流指示器、报警阀、压力开关、水力警铃的动作是否正常，配水管道是否畅通，测试最不利点处的喷头工作压力。

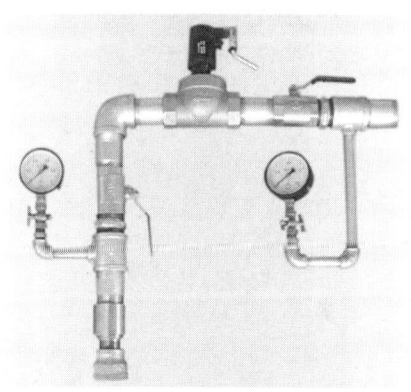

图5.16 末端试水装置

6. 减压及节流装置

在高层消防系统中，低层管道和设备承受的压力较大，通常采用减压阀、减压孔板或截流管等装置来均衡，其原理是减小水流的截面尺寸。

减压阀安装在报警阀入口前，减压孔板在法兰内的安装应设置在直径不小50 mm的水平管段上，孔口直径不应小于安装管段直径的50%，孔板应安装在水流转弯处下游一侧的直管上，与弯管的距离不应小于设置管段直径的2倍。采用节流管时，其长度不宜小于1 m。

7. 水流指示器

水流指示器一般安装在每层的水平分支干管或消防分区的分支干管，如图5.17所示。当管内水流动时，桨片转动使机械开关动作，通过导线向火灾自动报警系统传回信号。水流指示器应水平立装，倾斜度不宜过大，保证桨片活动灵敏。

 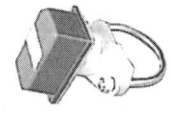 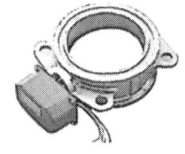

（a）法兰式水流指示器　　　（b）马鞍式水流指示器　　　（c）对夹式水流指示器

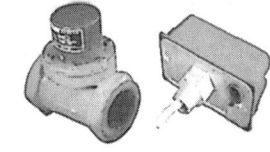  

（d）螺纹式水流指示器　　　（e）沟槽式水流指示器　　　（f）焊接式水流指示器

图5.17 水流指示器

5.2 消防工程水灭火系统施工图识读

5.2.1 建筑消防给水系统施工图组成

建筑消防给水系统施工图采用图形符号、文字标注、文字说明相结合的形式，将建筑中消防给水管道的规格、型号、安装位置、管道的走向布置等相互间的联系，以及灭火器、消火栓等设备的布置标示出来。一般情况下，消防供水和生活给水会绘制于对应的一张图纸上；而自动喷水灭火系统由于工程量大，常单独绘于一张图纸。常见的建筑消防给水系统施工图主要包括说明性文件、系统图、平面图、详图。

（1）说明性文件：说明性文件包括消防给水系统的设计说明、图纸目录、图例等。设计说明主要阐述整个消防给水系统设计的依据、系统概况、管道材料和消防器材的选型、安装标准和方法、施工原则和要求、工艺要求及有关设计的补充说明等。

（2）系统图：消防给水工程系统图是用符号和线段简略表示消防供水管道的竖向布置、管道的走向以及楼层标高的一种简图。它是表现系统中各管道和消火栓的空间位置及其相互连接关系的图样。通过系统图，可以清楚地了解整个建筑物内消防供水管道的竖向布置情况以及管道规格、管道在每层的敷设高度、消火栓在每层的布置等情况，可以了解消防给水工程的供水全貌和管路走向关系。

（3）平面图：平面图是表示消防给水工程管道平面走向布置及与消火栓连接情况等的平面布置图，是进行消防给水工程管道安装的依据。消防给水平面图以建筑平面图为依据，可表达消防给水管道的平面走向、立管、消火栓、灭火器等的相对安装位置，并且详细表示出管道的型号、规格等。

（4）详图：详图也叫大样图。平面图中看不清楚或者需要专门表达的地方需要画详图。

5.2.2 建筑消防给水系统工程图的识读步骤

识读建筑消防给水系统工程图，必须熟悉消防给水系统工程图的基本知识（表达形式、通用画法、图形符号、文字符号）和建筑消防给水系统工程图的特点。根据经验总结，识读该类图样通常可按下面的方法进行阅读。

（1）浏览标题栏和图样目录。了解工程名称、项目内容、图样数量和内容。

（2）仔细阅读总说明。了解工程总体概况、设计依据和选用的标准图集，熟悉图中提供的图例符号。说明中会对工程中消防给水部分的总体情况进行概述，如该工程的供水型式、供水管道选用的材质、管道的敷设方式、管道防腐的要求、选用的消火栓设备、灭火器的规格、型号等。说明中还会列出设计所选用的标准图集，以便计量计价或施工过程中参照。

（3）看系统图。了解消防给水系统工程的规模、形式、基本组成，整个消防供水系统在建筑物中的整体空间布局，干管和支管的连接关系，主要消防供水管道的敷设等，把握工程的总体脉络。

（4）看平面图。了解消火栓设备、灭火器的安装位置、管道敷设路径、敷设方法以及所用管道及附件的型号、规格、数量、管道的管径大小等。阅读平面图的目的是结合系统图，熟悉消防供水管道在每层的具体敷设位置，了解支干管的具体走向，了解消火栓设备、灭火器等的具体安装位置及数量，阅读消防给水详图及计算工程量时使用。

（5）看详图。了解消防水泵房中供水管道的具体敷设方式与布设走向，其供水干管、支管与其他连接附件所选用的型号、规格、数量和管径的大小，消防水池、消防水箱的型号、数量、规格以及安装方式、安装位置等。详图是消防给水系统工程施工及计算工程量中最重要的一部分，它直接关系到工程的质量。

（6）查阅图集。消防给水系统工程图是对具体工程的指导性文件，但不会把全部的安装方法都列在施工图中，具体的施工做法需查阅设计选用的规范和施工图集、图册以指导实际工程的实施。

5.2.3 常用图例符号

消防设施常用图例见表5.1。

表5.1 消防设施图例

名称	图例	名称	图例
消火栓给水管	——XH——	自动喷水灭火给水管	——ZP——
室外消火栓		室内消火栓（单口）	平面 系统
室内消火栓（双口）	平面 系统	水泵接合器	

续表

名称	图例	名称	图例
自动喷洒头（开式）（下喷）	平面　系统	自动喷洒头（闭式）（上喷）	平面　系统
自动喷洒头（闭式）（上下喷）	平面　系统	侧墙式自动喷洒头	平面　系统
干式报警阀	平面　系统	湿式报警阀	平面　系统
预作用报警阀	平面　系统	信号闸阀	
信号蝶阀		水流指示器	
水力警铃		末端试水装置	平面　系统
手提式灭火器		推车式灭火器	

5.2.4 消防工程水灭火系统综合案例施工图识读

在上述理论知识的基础上，结合综合案例"重庆市重庆工程学院教学科研楼项目"进行消防工程水灭火系统施工图识读，详细的图纸及施工图识读视频请扫描二维码学习。

消防工程水灭火系统施工图　　　消防工程水灭火系统施工图识读视频

5.3 水灭火系统工程计量与计价案例分析

重庆工程学院教学科研楼工程的室内消火栓系统为临时高压制，平时管网压力由高位消防水箱增压稳压装置保证，当管网压力不足时由室内外消火栓泵从消防水池抽水，加压供给。在各建筑室内设置室内消火栓，其供水由该工程内的室内外消火栓管网就近分两路接入供给，室内消火栓管网成环状。消防管网沿本工程主干道埋地敷设，平均埋设深度约 1.2 m。室内消防管道沿立柱设支架架空敷设。

自动喷水灭火系统：湿式报警阀前及各层水流指示器前应设安全信号阀。在系统配水干管顶部，配水管的末端应设自动排气阀。在系统管网末端及分区管网末端设末端试水装置。自动喷水灭火系统管道横向安装宜设0.002~0.005的坡度，且应坡向排水管。

室外埋地消防给水管道：采用钢丝网骨架塑料（聚乙烯）复合管，电熔套筒连接。室内消防管道采用双面热镀锌低压流体输送焊接普通钢管，管径>DN50时，采用沟槽连接件连接、法兰连接，当安装空间较小时采用沟槽连接件连接。管径≤DN50时，应采用螺纹和卡压连接。消防给水管穿过伸缩缝及沉降缝时，应采用波纹管和补偿器等技术措施。暗设的金属管道除锈后，刷红丹防锈漆两道，再刷沥青漆三道；埋地的金属管道除锈后，刷红丹防锈漆两道后，按《给水排水管道工程施工及验收规范》（GB 50268—2008）第5.4.4条采用石油沥青涂料按"三油两布"作加强防腐处理；明装热浸镀锌钢管刷银粉漆两道。

消防系统阀门：均采用软密封明杆式闸阀，球墨铸铁材质，法兰连接。水泵、稳压泵的吸水管的手动阀门均为明杆闸阀，$P=1.6$ MPa。其他区域的阀门均为带自锁装置的手动蝶阀，$P=1.6$ MPa。其中消防蝶阀采用双向受压带锁定装置的消防专用蝶阀。

消火栓：所有区域均采用带消防软管卷盘的组合式消防柜，厚180 mm，参考国家建筑标准设计图集15S202。室内消火栓系统在交付使用前，必须冲洗干净，其冲洗强度应达到消防时的最大设计流量。

喷头：有吊顶的区域采用吊顶型喷头，其他区域采用直立性喷头，各种喷头详见国家建筑标准设计图集04S206。

根据重庆工程学院教学科研楼工程的图纸，选取该工程首层进行分析，将此项目分为水灭火系统管道计量与计价、管道支架计量与计价、管道及支架刷油计量与计价、消火栓计量与计价、阀门计量与计价、喷头计量与计价、报警装置计量与计价、水流指示器计量与计价、末端试水装置计量与计价九个部分来介绍。

5.3.1 水灭火系统管道计量与计价分析

1. 清单项目及清单计算规则

根据《通用安装工程工程量计算规范》（GB 50856—2013）表J.1水灭火系统（编码：030901），管道共分2个项目，分项内容见表5.2。

表5.2 水灭火系统管道清单项目

项目编码	项目名称	项目特征	计量单位	工程量计算规则	工程内容
030901001	水喷淋钢管	1.安装部位 2.材质、规格 3.连接形式 4.钢管镀锌设计要求 5.压力试验及冲洗设计要求 6.管道标识设计要求	m	按设计图示管道中心线以长度计算	1.管道及管件安装 2.钢管镀锌 3.压力试验 4.冲洗 5.管道标识
030901002	消火栓钢管				

注：水灭火管道工程量计算，不扣除阀门、管件及各种组件所占长度以延长米计算

2. 定额计算规则

《重庆市通用安装工程计价定额》（CQAZDE—2018）规定如下：管道安装，按设计图示管道中心线长度计算。不扣除阀门。管件及各种组件所占长度。管件连接，区分规格按设计图示数量以"个"计算。沟槽管件主材费包括卡箍及密封圈。

3. 计算工程量

（1）清单工程量与定额工程量计算规则对比。

对比分析《通用安装工程工程量计算规范》（GB 50856—2013）和《重庆市通用安装工程计价定额》（CQAZDE—2018）中关于水灭火系统工程管道的工程量计算规则后可知，两者计算规则一致。

（2）计算实例。

【例5.1】图5.18所示为重庆工程学院教学科研楼工程首层平面图，试计算该层消火栓管道 DN150 的工程量。

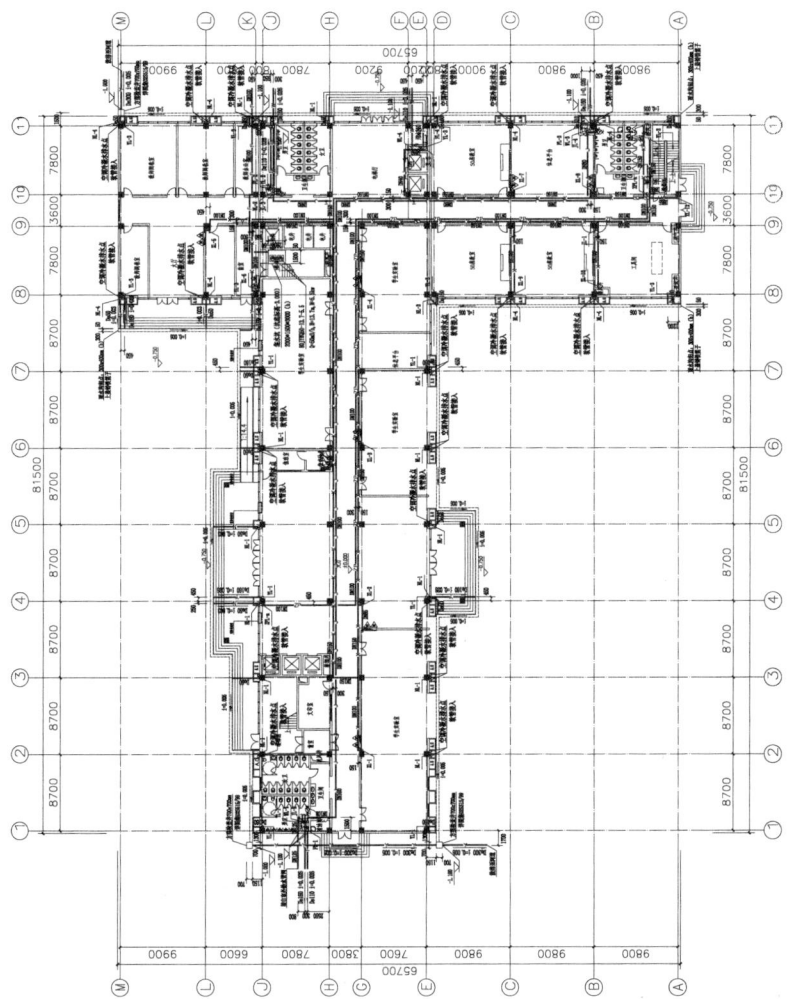

重庆工程学院教学
科研楼工程首层平面图

图5.18 重庆工程学院教学科研楼工程首层平面图

首先应确定首层水平安装管道中心标高，确定方式如图5.19所示。

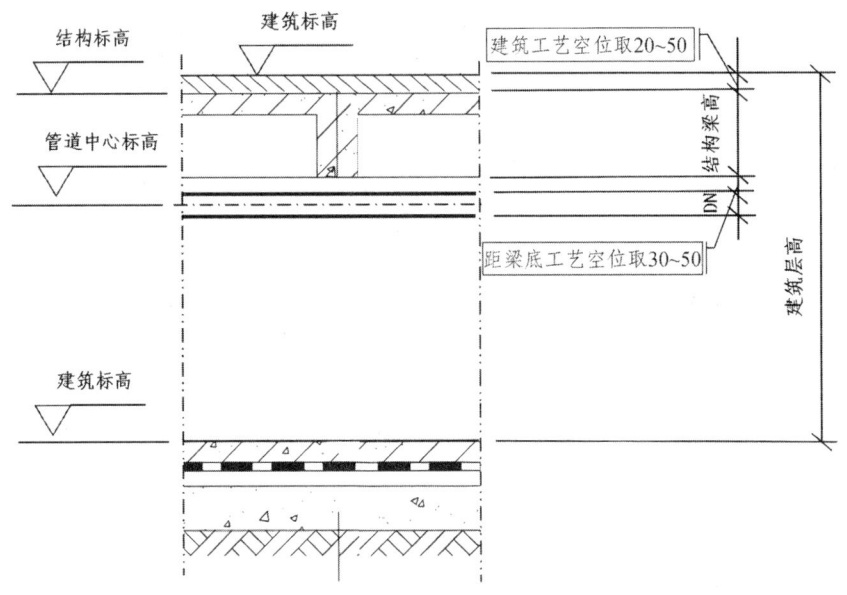

图5.19 水平安装管道中心标高

【解】根据《通用安装工程工程量计算规范》（GB 50856—2013）和《重庆市通用安装工程计价定额》（CQAZDE—2018）中关于水灭火系统工程管道的工程量计算规则，从平面图5.18中量取的管道水平长度和图5.19计算的管道中心标高可知：

DN150管道长度=水平长度+垂直长度=(9.4+34.1+51.75+2.9+54.45+36+8.2+0.734)+
(3.9-0.8梁-0.05工艺空位-公称外径0.165/2)×2=196.8+5.94=203.47 m

管件：

DN150×DN150弯头：6个；

DN150×DN150×DN150三通：1个；

DN150×DN150×DN65三通：2个；

DN150×DN150×DN100三通：10个；

DN150卡箍：6×2+3+2×2+10×2+30=69个。

4. 清单组价

（1）清单项与定额项的组合关系。

水灭火系统管道清单项与定额项的组合关系见表5.3。

（2）水灭火系统管道定额说明。

① 钢管（法兰连接）定额中包括管件及法兰安装，但管件、法兰数量应按设计图纸用量另行计算，螺栓按设计用量加3%损耗计算。

② 若设计或规范要求钢管需要镀锌，其镀锌及场外运输费用另行计算。

③ 消火栓管道采用钢管焊接时，定额中包括管件安装，管件依据设计图纸数量及施工方案或者参照《重庆市通用安装工程计价定额》（第九册 消防安装工程）（CQAZDE—

2018）附录"管道管件数量取定表"另计本身价值，具体见表5.4。

④ 消火栓管道采用钢管（沟槽连接）时，按水喷淋钢管（沟槽连接）相应定额子目执行。

表5.3 水灭火系统管道清单项与定额项的组合关系

工程量清单项					可组合定额项目	
项目编码	项目名称	项目特征	计量单位	工程内容	主要内容	定额子目
030901001	水喷淋钢管	1.安装部位 2.材质、规格 3.连接形式 4.钢管镀锌设计要求 5.压力试验及冲洗设计要求 6.管道标识设计要求	m	1.管道及管件安装 2.钢管镀锌 3.压力试验 4.冲洗 5.管道标识	水喷淋钢管（螺纹连接、法兰连接、沟槽连接）	CJ0001-CJ0033
030901002	消火栓钢管	1.安装部位 2.材质、规格 3.连接形式 4.钢管镀锌设计要求 5.压力试验及冲洗设计要求 6.管道标识设计要求	m	1.管道及管件安装 2.钢管镀锌 3.压力试验 4.冲洗 5.管道标识	消火栓钢管（螺纹连接）	CJ0034-CJ0037
					消火栓钢管（沟槽连接）	CJ0038-CJ0043

表5.4 消火栓钢管焊接管件   单位：m

公称直径/mm	70	80	100	125	150	200
压制弯头	0.088	0.085	0.122	0.083	0.096	0.088
小计	0.088	0.085	0.122	0.083	0.096	0.088

（3）定额项目的工程内容说明。

定额项目的工作内容，是正确选用定额子项的关键因素。《重庆市通用安装工程计价定额》（CQAZDE—2018）水灭火系统管道部分定额项目的工作内容见表5.5。

（4）水灭火系统管道清单计价。

结合图纸及首层DN150消火栓管道工程量，计算其综合单价。计算步骤如下：

① 确定清单项目特征及工程量。

结合案例图纸的设计说明和计算的工程量可编制分部分项工程项目清单计价表（表5.6）。

表5.5 定额项目的工程内容

序号	项目名称	定额编号	工作内容说明
1	A1.1镀锌钢管（螺纹连接）	CJ0001-CJ0007	检查及清扫管材、切管、套丝、调直、管道及管件安装、丝扣刷漆、水压试验、水冲洗
2	A1.2镀锌钢管（法兰连接）	CJ0008-CJ0015	检查及清扫管材、切管、坡口、调直、对口、焊接法兰、紧螺栓、加垫、管道及管件预安装、拆卸、二次安装、水压试验、水冲洗
3	A1.3镀锌钢管（沟槽连接）	CJ0016-CJ0024	管道安装：检查及清扫管材、切管、压槽、对口、调直、涂抹润滑剂、上胶圈、安装卡箍件、紧螺栓、水压试验、水冲洗
		CJ0025-CJ0033	管件安装：外观检查、切管、压槽、对口、涂抹润滑剂、上胶圈、安装卡箍件、紧螺栓
4	A2.1镀锌钢管（螺纹连接）	CJ0034-CJ0037	检查及清扫管材、切管、套丝、调直、管道及管件安装、水压试验、水冲洗
5	A2.2钢管（焊接）	CJ0038-CJ0043	检查及清扫管材、坡口、对口、调直、管道及管件安装、水压试验、水冲洗

表5.6 热浸镀锌钢管DN150（沟槽连接）分部分项工程项目清单计价表

序号	项目编码	项目名称	项目特征	计量单位	工程量	金额/元		
						综合单价	合价	其中：暂估价
1	030901002001	消火栓钢管：热浸镀锌钢管DN150	1.安装部位：室内 2.材质、规格：热浸镀锌钢管DN150 3.连接形式：沟槽连接 4.钢管镀锌设计要求：热浸镀锌 5.压力试验及冲洗设计要求：水压试验，水冲洗	m	203.47			

② 定额选取。

结合清单项目特征和定额工作内容可知 DN150镀锌钢管（沟槽连接）需套用两个定额CJ0020和CJ0029。

③ 确定综合单价。

套用定额后，需将定额CJ0020的主材修改为热浸镀锌钢管DN150，CJ0029的主材修改为热浸镀锌钢管卡箍DN150，同时添加未计价管件：热浸镀锌钢管沟槽管件三通 DN150×150×150、热浸镀锌钢管沟槽管件三通 DN150×150×100、热浸镀锌钢管沟槽管件三通 DN150×150×65、热浸镀锌钢管沟槽管件90°弯头DN150×150。确认以上未计价材料价格信息后，根据综合单价计算公式可确定 DN150镀锌钢管（沟槽连接）的综合单价，综合单价分析表见表5.7。

表5.7 热浸镀锌钢管DN150（沟槽连接）综合单价分析表

项目编码	030901002001	项目名称	热浸镀锌钢管：消火栓管 热浸镀锌钢管DN150							计量单位	m					
定额编号	定额项目名称	单位	数量	定额人工费	定额材料费	定额施工机具使用费	定额综合单价						综合单价			
							企业管理费		利润		一般风险费用		未计价材料费	人材机价差	其他风险费	合价
				1	2	3	费率/%	(1)×(4)	费率/%	(1)×(6)	费率/%	(1)×(8)				
							4	5	6	7	8	9	10	11	12	13
CJ0020换	镀锌钢管（沟槽连接）公称直径≤150 mm [材料调整]	10 m	0.1	17.49	70.38	0.34	26.13	4.57	22.69	3.97	2.8	0.49				1+2+3+5+7+9+10+11+12
CJ0029	沟槽管件安装公称直径≤150 mm [材料调整]	10个	0.034	9.33	0.13	2.94	26.13	2.44	22.69	2.12	2.8	0.26				
CJ0029	沟槽管件安装公称直径≤150 mm [材料调整]	10个	0	0.14	0	0.04	26.13	0.04	22.69	0.03	2.8	0				
CJ0029	沟槽管件安装公称直径≤150 mm [材料调整]	10个	0.005	1.35	0.02	0.43	26.13	0.35	22.69	0.31	2.8	0.04				
CJ0029	沟槽管件安装公称直径≤150 mm [材料调整]	10个	0.001	0.27	0	0.09	26.13	0.07	22.69	0.06	2.8	0.01				
CJ0029	沟槽管件安装公称直径≤150 mm [材料调整]	10个	0.003	0.81	0.01	0.26	26.13	0.21	22.69	0.18	2.8	0.02				
合计				29.39	70.55	4.09		7.68		6.67		0.82				

续表

人工、材料及机械名称	单位	数量	定额单价	市场单价	价差合计	市场合价	备注
1.人工							
管工综合工	工日	0.235 09	125	125		29.39	
2.材料							
（1）未计价材料							
热浸镀锌钢管卡箍 DN150	个	0.339 12					
热浸镀锌钢管沟槽管件三通 DN150×150×150	个	0.004 91					
热浸镀锌钢管沟槽管件三通 DN150×150×100	个	0.491 5					
热浸镀锌钢管沟槽管件三通 DN150×150×65	个	0.098 3					
热浸镀锌钢管沟槽管件90°弯头 DN150×150	个	0.029 49					
（2）计价材料							
热轧厚钢板12~20	kg	0.132 8	3.08	3.08		0.41	
尼龙砂轮片 Φ400	片	0.017 3	8.72	8.72		0.15	
尼龙砂轮片中 Φ500×25×4	片	0.019 4	10.81	10.81		0.21	
润滑剂	kg	0.007 09	2.8	2.8		0.02	

续表

人工、材料及机械名称	单位	数量	定额单价	市场单价	价差合计	市场合价	备注
热浸镀锌钢管 DN150	m	1.01	67.88	67.88		68.56	
压力表0~1.6 MPA	块	0.003	29.91	29.91		0.09	
水	m³	0.2524	4.42	4.42		1.12	
（3）其他材料	元		—		—		
3.机械							
（1）机上人工							
机上人工	工日	0.02879	120	120		3.45	
（2）燃油动力费							
电（机械用）	kW·h	0.33486	0.7	0.7		0.23	
（3）施工机具摊销费							
折旧费	元	0.33241	1	1		0.33	
检修费-中、小	元	0.02249	1	1		0.02	
维护费-中、小	元	0.02729	1	1		0.03	
安拆费及场外运费	元	0.02083	1	1		0.02	

5.3.2 水灭火系统管道支架计量与计价分析

1. 清单项目及清单计算规则

根据《通用安装工程工程量计算规范》(GB 50856—2013)表 K.2 支架及其他(编码：031002)管道共分2个项目，分项内容见表5.8。

表5.8 支架清单项目

项目编码	项目名称	项目特征	计量单位	工程量计算规则	工程内容
031002001	管道支架	1.材质 2.管架形式	1.kg 2.套	1.以千克计量，按设计图示质量计算 2.以套计量，按设计图示数量计算	1.制作 2.安装
031002002	设备支架	1.材质 2.形式			

注：1.单件支架质量100 kg以上的管道支吊架执行设备支吊架制作安装。
  2.成品支架安装执行相应管道支架或设备支架项目，不再计取制作费，支架本身价值含在综合单价中。

2. 定额计算规则

《重庆市通用安装工程计价定额》(CQAZDE—2018)规定如下：管道支吊架按设计或规范要求质量以"kg"计算。

3. 计算工程量

(1)清单工程量与定额工程量计算规则对比。

对比分析《通用安装工程工程量计算规范》(GB 50856—2013)和《重庆市通用安装工程计价定额》(CQAZDE—2018)中关于管道支架的工程量计算规则后可知，两者计算规则一致。

(2)计算实例。

【例5.2】图5.18所示为重庆工程学院教学科研楼工程首层平面图，试计算该层消火栓水平管道 DN150管道支架的工程量。

【解】根据设计说明，可参考国家建筑标准设计图集03S402第33页和第106页。

由国家建筑标准设计图集03S402可知：

单个支架质量=10.46+0.86+0.4+1.37+0.49=13.58 kg

查阅《消防给水及消火栓系统技术规范》(GB 50974—2014)第93页表12.3.20-2管道支架或吊架的设置间距，管径为DN150的架空管道支架或吊架的设置间距不应大于8 m，可计算出水平管道支架个数≈196.8÷8≈25个

支架工程量=13.58×25=339.5 kg

4. 清单组价

(1)清单项与定额项的组合关系。

管道支架清单项与定额项的组合关系见表5.9。

表5.9 管道支架清单项与定额项的组合关系表

工程量清单项					可组合定额项目	
项目编码	项目名称	项目特征	计量单位	工程内容	主要内容	定额子目
031002001	管道支架	1.材质 2.管架形式	1.kg 2.套	1.制作 2.安装	管道支架制作安装	CJ0282-CJ0283

（2）管道支架定额说明。

管道支吊架制作安装定额中包括了支架、吊架及防晃支架。

（3）定额项目的工程内容说明。

定额项目的工作内容是正确选用定额子项的关键因素。《重庆市通用安装工程计价定额》（CQAZDE—2018）管道支架定额项目的工作内容见表5.10。

表5.10 定额项目的工程内容

序号	项目名称	定额编号	工作内容说明
1	F1.1管道支架制作安装	CJ0282-CJ0283	切断、调直、煨制、钻孔、组对、焊接、安装

（4）水灭火系统管道清单计价。

结合图纸及首层DN150消火栓水平管道支架工程量，计算其综合单价。计算步骤如下：

① 确定清单项目特征及工程量。

结合案例图纸的设计说明和计算的工程量可编制分部分项工程项目清单计价表（表5.11）。

表5.11 管道支架分部分项工程项目清单计价表

序号	项目编码	项目名称	项目特征	计量单位	工程量	金额/元		
						综合单价	合价	其中：暂估价
1	030906001001	管道支架制作安装：型钢支架制作安装	1.材质：型钢 2.管架形式：支架	kg	339.5			

② 定额选取。

结合清单项目特征和定额工作内容可知管道支架需套用两个定额CJ0282和CJ0283。

③ 确定综合单价。

套用定额后，需确认未计价材料型钢价格信息后，根据综合单价计算公式可确定管道支架的综合单价，综合单价分析见表5.12。

5.3.3 水灭火系统管道及支架刷油计量与计价分析

1. 清单项目及清单计算规则

根据《通用安装工程工程量计算规范》（GB 50856—2013），本章管道及设备除锈、刷油、保温除注明者外，均应按本规范附录 M 刷油、防腐蚀、绝热工程相关项目编码列项。其中，表M.1刷油工程（编码：031201）的分项内容见表5.13。

表5.12 型钢支架制作安装综合单价分析

项目编码	031002001001	项目名称	管道支架制作安装；型钢支架制作安装		计量单位	kg						
定额编号	定额项目名称	单位	数量	定额综合单价						综合单价		合价
				定额人工费	定额材料费	定额施工机具使用费	企业管理费	利润	一般风险费用	未计价材料费	人材机价差	其他风险费	
				1	2	3	4 费率 (%)	5 (1)× (4)	6 费率 (%)	7 (1)× (6)	8 费率 (%)	9 (1)× (8)	10	11	12	13 1+2+3+5+7+9+ 10+11+12
CK0757	管道支架制作	100 kg	0.01	3.88	0.35	1.47	29.46	1.14	23.68	0.92	2.8	0.11				
CK0758	管道支架安装	100 kg	0.01	2.09	0.82	1.1	29.46	0.62	23.68	0.49	2.8	0.06				
合计				5.96	1.18	0.56		1.76		1.41		0.17				
人工、材料及机械名称		单位	数量	定额单价				市场单价		市场合价	价差合计		备注
1.人工													
管工综合工		工日	0.047 7	125				125		596			
2.材料													
(1) 未计价材料													
型钢综合		kg	1.05										
(2) 计价材料													
精制六角螺栓		kg	0.033 89	6.79				6.79		0.23			
膨胀螺栓 M12		kg	0.028 23	4.27				4.27		0.12			

续表

人工、材料及机械名称	单位	数量	定额单价	市场单价	价差合计	市场合价	备注
尼龙砂轮片Φ100	片	0.000 64	1.93	1.93		0	
尼龙砂轮片Φ400	片	0.011 52	8.72	8.72		0.1	
低碳钢焊条J422 Φ3.2	kg	0.052 75	4.19	4.19		0.22	
冲击钻头Φ10~20	个	0.010 81	14.44	14.44		0.16	
氧气	m³	0.028 2	3.26	3.26		0.09	
乙炔气	kg	0.009 4	12.01	12.01		0.11	
电	kW·h	0.026 84	0.7	0.7		0.02	
水泥32.5R	kg	0.253 87	0.31	0.31		0.08	
特细砂	t	0.000 69	63.11	63.11		0.04	
水	m³	0.000 19	4.42	4.42		0	
(3) 其他材料	元	—	—		—	0.01	
3.机械							
(1) 机上人工							
(2) 燃油动力费							
电 (机械用)	kW·h	2.691 8	0.7	0.7		1.88	
(3) 施工机具摊销费							
折旧费	元	0.138 02	1	1		0.14	
检修费-中、小	元	0.295 3	1	1		0.03	
维护费-中、小	元	0.092 07	1	1		0.09	
安折费及场外运费	元	0.420 11	1	1		0.42	

表5.13 管道刷油清单项目

项目编码	项目名称	项目特征	计量单位	工程量计算规则	工程内容
031201001	管道刷油	1.除锈级别 2.油漆品种 3.涂刷遍数、漆膜厚度 4.标志色方式、品种	1.m² 2.m	1.以平方米计量，按设计图示表面积尺寸以面积计算 2.以米计量，按设计图示尺寸以长度计算	1.除锈 2.调配、涂刷
031201003	金属结构刷油	1.除锈级别 2.油漆品种 3.涂刷遍数、漆膜厚度 4.标志色方式、品种	1.m² 2.kg	1.以平方米计量，按设计图示表面积尺寸以面积计算 2.以千克计量，按金属结构的理论质量计算	

注：1.管道刷油以米计算，按图示中心线以延长米计算，不扣除附属构筑物、管件及阀门等所占长度。
2.涂刷部位：指涂刷表面的部位，如设备、管道等部位。
3.结构类型：指涂刷金属结构的类型，如一般钢结构、管廊钢结构，H型钢钢结构等类型。
4.设备筒体、管道表面积：$S=\pi \cdot D \cdot L$，π—圆周率，D—直径，L—设备筒体高或管道延长米。
5.设备筒体、管道表面积包括管件、阀门、法兰、人孔、管口凹凸部分。
6.带封头的设备面积：$S=L \cdot \pi \cdot D+(D/2) \cdot \pi \cdot K \cdot N$，$K=1.05$，$N$—封头个数

2.定额计算规则

（1）《重庆市通用安装工程计价定额》（CQAZDE—2018）除锈工程规定。

① 计算公式。

设备筒体、管道表面积计算公式为

$$S=\pi \times D \times L$$

式中：π——圆周率；

D——设备或管道直径；

L——设备筒体高或管道延长米。

② 计量规则。

a.管道，设备及矩形管道、大型型钢结构、灰面、布面、气柜、玛蹄脂面刷油工程，设计表面积尺寸以"10 m²"计算。计算设备筒体、管道表面积时已包括各种管件、阀门、人孔、管口凹凸部分，不再另外计算。

b.一般钢结构、管廊钢结构的除锈工程，按设计图示质量以"100 kg"计算。

（2）《重庆市通用安装工程计价定额》（CQAZDE—2018）刷油工程规定。

① 计算公式。

设备筒体、管道表面积计算公式为

$$S=\pi \times D \times L$$

式中：π——圆周率；

D——设备或管道直径；

L——设备筒体高或管道延长米。

② 计量规则。

a. 管道、设备及矩形管道、大型型钢结构、灰面、布面、气柜、玛蹄脂面刷油工程按设计表面积尺寸以"$10\ m^2$"计算。计算设备筒体，管道表面积时已包括各种管件，阀门、人孔、管口凹凸部分，不再另外计算。

b. 一般钢结构、管廊钢结构的刷油工程，按设计图示质量以"100 kg"计算。

3. 计算工程量

（1）清单工程量与定额工程量计算规则对比。

对比分析《通用安装工程工程量计算规范》（GB 50856—2013）和《重庆市通用安装工程计价定额》（CQAZDE—2018）中关于管道及支架刷油的工程量计算规则后可知，两者计算规则一致。

（2）计算实例。

【例5.3】图5.18所示为重庆工程学院教学科研楼工程首层平面图，试计算该层消火栓管道DN150及其支架刷油的工程量。

【解】案例消火栓管道为热浸镀锌钢管，不用除锈。

管道刷油工程量 $S = \pi \times D \times L = 3.14 \times 0.15 \times 203.47 = 95.83\ m^2$。

根据例5.2计算，得出管道支架工程量为339.5 kg，根据规则金属结构刷油工程量按金属结构的理论质量计算，因此管道支架除锈、刷油工程量等于管道支架工程量，即

管道支架除锈、刷油工程量=支架工程量=339.5 kg

4. 清单组价

（1）清单项与定额项的组合关系。

管道及支架刷油清单项与定额项的组合关系见表5.14。

表5.14 管道及支架刷油清单项与定额项的组合关系

工程量清单项					可组合定额项目	
项目编码	项目名称	项目特征	计量单位	工程内容	主要内容	定额子目
031201001	管道刷油	1.除锈级别 2.油漆品种 3.涂刷遍数、漆膜厚度 4.标志色方式、品种	1.m² 2.m	1.除锈 2.调配、涂刷	手工除锈	CL0001-CL0010
					管道刷油	CL0059-CL0081
031201003	金属结构刷油	1.除锈级别 2.油漆品种 3.涂刷遍数、漆膜厚度 4.标志色方式、品种	1.m² 2.kg		手工除锈	CL0001-CL0010
					金属结构刷油	CL0107-CL0129

（2）管道及支架除锈定额说明。

① 本章内容包括金属表面的手工除锈、动力工具除锈、喷射除锈、抛丸除锈及化学除锈等工程。

② 各种管件、阀件及设备上人孔、管口凸凹部分的除锈已综合考虑在定额内，不另行计算。

③ 除锈区分标准。

手工、动力工具除锈锈蚀标准分为轻锈、中锈两种。轻锈：已发生锈蚀，并且部分氧化皮已经剥落的钢材表面。中锈：部分氧化皮已锈蚀而剥落，或者可以刮除，并且有少量点蚀的钢材表面。

手工、动力工具除锈过的钢材表面分为 St2 和 St3 两个标准。St2 标准：钢材表面应无可见的油脂和污垢，并且没有附着不牢的氧化皮、铁锈和油漆涂层等附着物。St3 标准：钢材表面应无可见的油脂和污垢，并且没有附着不牢的氧化皮、铁锈和油漆涂层等附着物。除锈应比 St2 标准更为彻底，底材显露出的表面应具有金属光泽。

喷射除锈过的钢材表面分为 Sa2、Sa2.5、Sa3 三个标准。Sa2 级：彻底的喷射或抛射除锈。钢材表面无可见的油脂、污垢，并且氧化皮、铁锈和油漆层等附着物已基本清除，其残留物应是牢固附着的。Sa2.5 级：非常彻底的喷射或抛射除锈。钢材表面应无可见的油脂、污垢、氧化皮、铁锈和油漆层等附着物，任何残留的痕迹应仅是点状或条纹状的轻微色斑。Sa3 级：使钢材表观洁净的喷射或抛射除锈。钢材表面应无可见的油脂、污垢、氧化皮、铁锈和油漆层等附着物，该表面应显示均匀的金属色泽。

④ 关于下列各项费用的规定：手工和动力工具除锈按 St2 标准确定。若变更级别标准，如按 St3 标准，定额乘以系数1.1。喷射除锈按 Sa2.5 级标准确定。若变更级别标准，Sa3 级定额乘以系数1.1，Sa2 级定额乘以系数0.9。本章内容不包括除微锈（微锈标准：氧化皮完全紧附，仅有少量锈点），发生时其工程量执行轻锈定额乘以系数0.2。

（3）管道及支架刷油定额说明。

① 本章内容包括金属管道、设备、通风管道、金属结构与玻璃布面、石棉布面、玛蹄脂面、抹灰面等刷（喷）油漆工程。

② 各种管件、阀件和设备上人孔、管口凹凸部分的刷油已综合考虑在定额内，不另行计算。

③ 本章金属面刷油不包括除锈工作内容。

④ 关于下列各项费用的规定：零星刷油（色环漆、喷标示、散热器补口等），执行本章定额相应项目，其人工乘以系数。刷油和防腐蚀工程按安装地点就地刷（喷）油漆考虑，如安装前管道集中刷油，人工乘以系数0.45（暖气片除外）。如管道安装前集中喷涂，执行刷油子目人工乘以系数0.45，材料乘以系数1.16，增加喷涂机械电动空气压缩机3 m³/min（其台班消耗量同调整后的合计工日消耗量）。本章主材与稀干料可以换算，但人工和材料消耗量不变。

（4）定额项目的工程内容说明。

定额项目的工作内容，是正确选用定额子项的关键因素。《重庆市通用安装工程计价定额》（CQAZDE—2018）管道及支架除锈定额项目的工作内容列于表5.15中，管道及支架刷油定额项目的工作内容见表5.16。

表5.15 管道及支架除锈定额项目的工程内容

序号	项目名称	定额编号	工作内容说明
1	A1手工除锈	CL0001-CL0010	除锈、除尘、清扫
2	A2动力工具除锈	CL0011-CL0020	除锈、除尘、清扫
3	A3喷射除锈	CL0021-CL0050	运砂、喷砂、砂子回收、现场清理及工机具维护
4	A4抛丸除锈	CL0051-CL0056	抛丸除锈、钢粉末及铁锈等回收、现场清理
5	A5化学除锈	CL0057-CL0058	配液、酸洗、中和、吹干、检查

表5.16 管道及支架刷油定额项目的工程内容

序号	项目名称	定额编号	工作内容说明
1	B1管道刷油	CL0059-CL0081	调配、涂刷
2	B2设备与矩形管道刷油	CL0082-CL0106	调配、涂刷
3	B3金属结构刷油	CL0107-CL0129	调配、涂刷

（5）管道刷油清单计价。

结合图纸及首层DN150消火栓管道刷油工程量，计算其综合单价。计算步骤如下：

① 确定清单项目特征及工程量。

结合案例图纸的设计说明和计算的工程量可编制分部分项工程项目清单计价表（表5.17）。

表5.17 消火栓管道刷油分部分项工程项目清单计价表

序号	项目编码	项目名称	项目特征	计量单位	工程量	金额/元 综合单价	合价	其中：暂估价
1	031201001001	管道刷油：消火栓热浸镀锌管道防腐蚀，刷油	1.油漆品种：银粉漆 2.涂刷遍数、漆膜厚度：银粉漆2遍	m²	95.83			

② 定额选取。

结合清单项目特征和定额工作内容可知管道刷油需套用两个定额 CL0064和 CL0065。其中：案例项目消火栓钢管为热浸镀锌钢管，不用除锈。根据设计说明可知，明装热浸镀锌钢管刷银粉漆两道。

③ 确定综合单价。

套用定额后，需确认未计价材料银粉漆价格信息后，根据综合单价计算公式可确定管道刷油的综合单价，综合单价分析见表5.18。

表5.18 消火栓管道刷油综合单价分析表

项目编码	0312010010001	项目名称	管道刷油：消火栓热浸镀锌管管道防腐蚀，刷油							计量单位	m²			
				定额综合单价						综合单价				
定额编号	定额项目名称	单位	数量	定额人工费	定额材料费	定额施工机具使用费	企业管理费		利润		一般风险费用		未计价材料费	人材机价差	其他风险费	合价
				1	2	3	费率/%	4	费率/%	6	费率/%	8			
							4	5	6	7	8	9	10	11	12	13
								(1)×(4)		(1)×(6)		(1)×(8)				1+2+3+5+7+9+10+11+12
CL0064	管道刷油银粉漆第一遍	10 m²	0.1	1.86	0.06		22.79	0.43	14.46	0.27	2.8	0.05	10	11	12	13
CL0065	管道刷油银粉漆每增一遍	10 m²	0.1	1.8	0.04		22.79	0.41	14.46	0.26	2.8	0.05				
合计				3.66	0.1			0.84		0.53		0.1				

人工、材料及机械名称	单位	数量	定额单价	市场单价	价差合计	市场合价	备注
1.人工							
油漆综合工	工日	0.029 3	125	125		3.66	
2.材料							
(1)未计价材料							
银粉漆	kg	0.13					
(2)计价材料							
溶剂汽油200#	kg	0.027	3.64	3.64		0.1	
(3)其他材料	元	—		—			
3.机械							
(1)机上人工							
(2)燃油动力费							
(3)施工机具摊销费							

（6）管道支架除锈刷油清单计价。

结合图纸及首层 DN150消火栓管道水平支架除锈刷油工程量，计算其综合单价。计算步骤如下：

① 确定清单项目特征及工程量。

结合案例图纸的设计说明和计算的工程量可编制分部分项工程项目清单计价表（表5.19）。

表5.19 消火栓管道支架除锈刷油分部分项工程项目清单计价表

序号	项目编码	项目名称	项目特征	计量单位	工程量	金额/元		
						综合单价	合价	其中：暂估价
1	031201003001	金属结构刷油：型钢支架除锈、刷油	1.除锈级别：轻锈 2.油漆品种：樟丹漆和调和漆 3.结构类型：型钢支架 4.涂刷遍数、漆膜厚度：樟丹漆2遍、调和漆2遍	kg	339.5			

② 定额选取。

结合清单项目特征和定额工作内容可知管道支架除锈刷油需套用五个定额 CL0005、CL0107、CL0108、CL0116和CL0117。

③ 确定综合单价。

套用定额后，需确认未计价材料红丹防锈漆和调和漆的价格信息后，根据综合单价计算公式可确定管道支架除锈刷油的综合单价，综合单价分析表见表5.20。

表5.20 消火栓管道支架除锈刷油综合单价分析表

项目编码	0312010003001		项目名称		金属结构刷油：型钢支架除锈、刷油				计量单位				m²
定额编号	定额项目名称	单位	数量	定额人工费	定额材料费	定额施工机具使用费	企业管理费		利润		一般风险费用		综合单价			合价
													未计价材料费	人材机价差	其他风险费	
				1	2	3	费率/% 4	(1)×(4) 5	费率/% 6	(1)×(6) 7	费率/% 8	(1)×(8) 9	10	11	12	13 1+2+3+5+7+9+10+11+12
CL0005	手工除锈一般钢结构轻锈	100 kg	0.01	0.27	0.02	0.09	22.79	0.06	14.46	0.04	2.8	0.01				
CL0107	金属结构刷油—一般钢结构红丹防锈漆第一遍	100 kg	0.01	0.18	0	0.04	22.79	0.04	14.46	0.03	2.8	0.01				
CL0108	金属结构刷油—一般钢结构红丹防锈漆每增一遍	100 kg	0.01	0.18	0	0.04	22.79	0.04	14.46	0.03	2.8	0				
CL0116	金属结构刷油—一般钢结构调和漆第一遍	100 kg	0.01	0.18	0		22.79	0.04	14.46	0.03	2.8	0				
CL0117	金属结构刷油—一般钢结构调和漆每增一遍	100 kg	0.01	0.18	0		22.79	0.04	14.46	0.03	2.8	0				
合计				0.98	0.03	0.18		0.22		0.14		0.03				

续表

人工、材料及机械名称	单位	数量	定额单价	市场单价	价差合计	市场合价	备注
1.人工							
油漆综合工	工日	0.005 69	125	125		0.71	
安装综合工	工日	0.002 16	125	125		0.27	
2.材料							
(1)未计价材料							
酚醛调和漆	kg	0.015					
醇酸防锈漆C53-1	kg	0.021 1					
(2)计价材料							
破布一级	kg	0.000 15	4.4	4.4		0.01	
铁砂布	张	0.010 9	0.83	0.83		0.01	
钢丝刷子	把	0.000 15	2.97	2.97		0	
溶剂汽油200#	kg	0.001 38	3.64	3.64		0.01	
(3)其他材料	元	—	—		—		
3.机械							
(1)机上人工	工日	0.000 5	120	120		0.06	
(2)燃油动力费							
柴油(机械用)	kg	0.007 17	5.64	5.64		0.04	
(3)施工机具摊销费							
折旧费	元	0.031 5	1	1		0.03	
其他费用	元	0.003 35	1	1		0	
检修费-特、大	元	0.014 44	1	1		0.01	
维护费-特、大	元	0.029 88	1	1		0.03	

5.3.4 消火栓计量与计价分析

1. 清单项目及清单计算规则

根据《通用安装工程工程量计算规范》（GB 50856—2013）表 J.1 水灭火系统（编码：030901），分项内容见表5.21。

表5.21 消火栓清单项目

项目编码	项目名称	项目特征	计量单位	工程量计算规则	工程内容
030901010	室内消火栓	1.安装方式 2.型号、规格 3.附件材质、规格	套	按设计图示数量计算	1.箱体及消火栓安装 2.配件安装
030901011	室外消火栓				1.安装 2.配件安装

注：1.室内消火栓，包括消火栓箱、消火栓，水枪，水龙头，水龙带接扣、自救卷盘、挂架、消防按钮；落地消火栓箱包括箱内手提灭火器。
2.室外消火栓，安装方式分地上式，地下式；地上式消火栓安装包括地上式消火栓，法兰接管、弯管底座；地下式消火栓安装包括地下式消火栓，法兰接管、弯管底座或消火栓三通。

2. 定额计算规则

《重庆市通用安装工程计价定额》（CQAZDE—2018）规定如下：室内消火栓、室外消火栓安装，按设计图示数量以"组"计算。成套产品包括的内容详见表5.22。

表5.22 消火栓成套产品包括内容

序号	项目名称	包括内容
1	室内消火栓	消火栓箱、消火栓、水枪，水龙带、水龙带接扣、挂架
2	室外消火栓	地下式消火栓、法兰接管、弯管底座或消火栓三通
3	室内消火栓 （带自动卷盘）	消火栓箱、消火栓，水枪，水龙带。水龙带接扣、挂架、消防软管卷盘

3. 计算工程量

（1）清单工程量与定额工程量计算规则对比。

对比分析《通用安装工程工程量计算规范》（GB 50856—2013）和《重庆市通用安装工程计价定额》（CQAZDE—2018）中关于消火栓的工程量计算规则后可知，两者计算规则一致。

（2）计算实例。

【例5.4】图5.18所示为重庆工程学院教学科研楼工程首层平面图，试计算该层消火栓的工程量。

【解】根据设计说明，查询国家建筑标准设计图集15S202第21页可知消火栓型号，工程量为8套。

4. 清单组价

（1）清单项与定额项的组合关系。

消火栓清单项与定额项的组合关系见表5.23。

表5.23 消火栓清单项与定额项的组合关系表

工程量清单项					可组合定额项目	
项目编码	项目名称	项目特征	计量单位	工程内容	主要内容	定额子目
030901010	室内消火栓	1.安装方式 2.型号、规格 3.附件材质、规格	套	1.箱体及消火栓安装 2.配件安装	室内消火栓安装	CJ0089-CJ0097
						CJ0195-CJ0196
030901011	室外消火栓	1.安装方式 2.型号、规格 3.附件材质、规格	套	1.安装 2.配件安装	室外消火栓安装	CJ0098-CJ0105

（2）消火栓定额说明。

① 落地组合式消防柜安装，执行室内消火栓相应定额子目，人工费乘以系数1.05。

② 室外消火栓、消防水泵接合器安装，定额中包括法兰接管及弯管底座（消火栓三通）的安装，本身价值另行计算。

（3）定额项目的工程内容说明。

定额项目的工作内容，是正确选用定额子项的关键因素。《重庆市通用安装工程计价定额》（CQAZDE—2018）消火栓定额项目的工作内容见表5.24。

表5.24 消火栓定额项目的工程内容

序号	项目名称	定额编号	工作内容说明
1	A10.1室内消火栓安装（明装）	CJ0089-CJ0092	预留洞、切管、套丝、箱体及消火栓安装、附件检查安装
2	A10.2室内消火栓安装（暗装）	CJ0093-CJ0097	预留洞、切管、套丝、箱体及消火栓安装、附件检查安装

续表

序号	项目名称	定额编号	工作内容说明
3	A11.1室外地下式消火栓安装	CJ0098-CJ0101	砌支墩、外观检查、管口除沥青、法兰连接、紧螺栓、消火栓安装
4	A11.2室外地上式消火栓安装	CJ0102-CJ0105	砌支墩、外观检查、管口除沥青、法兰连接、紧螺栓、消火栓安装

（4）消火栓清单计价。

结合图纸首层室内消火栓工程量，计算其综合单价。计算步骤如下：

① 确定清单项目特征及工程量。

结合案例图纸的设计说明和计算的工程量可编制分部分项工程项目清单计价表（表5.25）。

表5.25 室内消火栓分部分项工程项目清单计价表

序号	项目编码	项目名称	项目特征	计量单位	工程量	金额/元		
						综合单价	合价	其中：暂估价
1	030901010001	室内消火栓：薄型单栓带消防软管卷盘组合式消防柜SG16(18)E65Z-J	1.安装方式：暗装 2.型号、规格：SG16（18）E65Z-J 3.附件材质、规格：DN65旋转型（含消防软管卷盘）、水枪DN65、水龙带	套	8			

② 定额选取。

结合清单项目特征和定额工作内容可知室内消火栓需套用两个定额 CJ0094和CJ0196。其中，案例项目为落地组合式消防柜安装，应执行室内消火栓相应定额子目，人工费乘以系数1.05；定额成套产品未包含消防按钮，故需套用 CJ0196消火栓报警按钮定额项。

③ 确定综合单价。

套用定额后，需确认未计价材料消火栓价格信息后，根据综合单价计算公式可确定消火栓的综合单价，综合单价分析见表5.26。

第5章 建筑消防工程水灭火系统计量与计价

表5.26 消火栓综合单价分析表

项目编码	030901010001	项目名称	室内消火栓：薄型单栓带消防软管卷盘组合式消防柜 SG16（18）E65Z-J.				计量单位	m²				
定额编号	定额项目名称	单位	数量	定额综合单价						综合单价		合价
				定额人工费	定额材料费	定额施工机具使用费	企业管理费	利润	一般风险费用	未计价材料费	人材机价差	其他风险费	
				1	2	3	费率/% 4	（1）×（4） 5	费率/% 6	（1）×（6） 7	费率/% 8	（1）×（8） 9	10	11	12	13 1+2+3+5+7+9+10+11+12
CJ0094	室内消火栓安装（暗装）室内消火栓公称直径≤65mm单栓（带卷盘）[材料调整]	套	1	94.5	0.72	0.28	26.12	24.69	22.69	21.44	2.8	2.65				
CJ0196	消火栓报警按钮	只	1	59.54	6.05	0.04	26.13	15.56	22.69	13.51	2.8	1.67				
合计				154.04	6.77	0.32		40.25		34.95		4.32				
人工、材料及机械名称		单位	数量	定额单价			市场单价		定额合价		市场合价	价差合计	备注
1.人工													
管工综合工		工日	0.756	125			125		94.5		94.5		
智能化综合工		工日	0.441	135			135		59.54		59.54		

续表

人工、材料及机械名称	单位	数量	定额单价	市场单价	价差合计	市场合价	备注
2. 材料							
（1）未计价材料							
室内消防栓 SG16（18）E65Z-J	套	1					
（2）计价材料							
聚四氟乙烯生料带20	m	1.68	0.29	0.29		0.49	
镀锌螺钉 M2~5×4~50	个	2.04	0.04	0.04		0.08	
尼龙砂轮片 Φ400	片	0.027	8.72	8.72		0.24	
阻燃铜芯塑料绝缘绞型电线 ZR-RVS 2×1.5 mm²	m	0.458	3.42	3.42		1.57	
铜接线卡1.0-2.5	个	7.105	0.62	0.62		4.41	

5.3.5 阀门计量与计价分析

1. 清单项目及清单计算规则

根据《通用安装工程工程量计算规范》（GB 50856—2013）表 K.3 管道附件（编码：031003），分项内容见表5.27。

表5.27 阀门清单项目

项目编码	项目名称	项目特征	计量单位	工程量计算规则	工程内容
031003001	螺纹阀门	1.类型 2.材质 3.规格、压力等级 4.连接形式 5.焊接方法	个	按设计图示数量计算	1.安装 2.电气接线 3.调试
031003002	螺纹法兰阀门				
031003003	焊接法兰阀门				
注：法兰阀门安装包括法兰连接，不得另计。阀门安装如仅为一侧法兰连接时，应在项目特征中描述					

2. 定额计算规则

《重庆市通用安装工程计价定额》（CQAZDE—2018）规定如下：各种阀门安装，区分不同连接方式、公称直径，按设计图示数量以"个"计算。

3. 计算工程量

（1）清单工程量与定额工程量计算规则对比。

对比分析《通用安装工程工程量计算规范》（GB 50856—2013）和《重庆市通用安装工程计价定额》（CQAZDE—2018）中关于阀门的工程量计算规则后可知，两者计算规则一致。

（2）计算实例。

【例5.5】图5.18所示为重庆工程学院教学科研楼工程首层平面图，试计算该层DN100消火栓管道上阀门的工程量。

【解】根据设计说明可知消防蝶阀采用双向受压带锁定装置的消防专用蝶阀，工程量为10个。

4. 清单组价

（1）清单项与定额项的组合关系。

阀门清单项与定额项的组合关系列举见表5.28。

表5.28 阀门清单项与定额项的组合关系表

工程量清单项					可组合定额项目	
项目编码	项目名称	项目特征	计量单位	工程内容	主要内容	定额子目
031003001	螺纹阀门	1.类型 2.材质 3.规格、压力等级 4.连接形式 5.焊接方法	个	1.安装 2.电气接线 3.调试	自动排气阀	CK0911-CK0944
031003002	螺纹法兰阀门	1.类型 2.材质 3.规格、压力等级 4.连接形式 5.焊接方法	个	1.安装 2.电气接线 3.调试	沟槽阀门	CK0945-CK0959
031003003	焊接法兰阀门	1.类型 2.材质 3.规格、压力等级 4.连接形式 5.焊接方法	个	1.安装 2.电气接线 3.调试	法兰阀	CK0960-CK0965
					焊接法兰阀	CK0966-CK0976
					对夹式蝶阀	CK0998-CK1010

（2）阀门定额说明。

①阀门安装均综合考虑了标准规范要求的强度及严密性试验工作内容。采用气压试验时，除定额人工外，其他相关消耗量可进行调整。

②安全阀安装后进行压力调整的，其人工乘以系数2.0。螺纹三通阀安装按螺纹阀门安装项目乘以系数1.3。

③电磁阀、温控阀安装项目均包括了配合调试工作内容，不再重复计算。

④对夹式蝶阀安装已含双头螺栓用量，在套用与其连接的法兰安装项目时，应将法兰安装项目中的螺栓用量扣除。浮球阀安装已包括了连杆及浮球的安装。

⑤与螺纹阀门配套的连接件，如设计与定额中材质不同时，可按实际调整。

⑥法兰阀门、法兰式附件安装项目均不包括法兰安装，按《重庆市通用安装工程计价定额》（第九册 消防安装工程）（CQAZDE—2018）相应定额子目执行。

（3）定额项目的工程内容说明。

定额项目的工作内容是正确选用定额子项的关键因素。《重庆市通用安装工程计价定额》（CQAZDE—2018）阀门定额项目的工作内容见表5.29。

表5.29 阀门定额项目的工程内容

序号	项目名称	定额编号	工作内容说明
1	C.1 螺纹阀门	CK0911-CK0944	切管、套丝、阀门连接、试压检查
2	C.2 沟槽阀门	CK0945-CK0959	切管、沟槽滚压、阀门安装、水压试验
3	C.3 法兰阀门	CK0960-CK1016	制垫、加垫、阀门连接、紧螺栓、水压试验

（4）阀门清单计价。

结合图纸首层DN100消火栓管道上阀门的工程量，计算其综合单价。计算步骤如下：

① 确定清单项目特征及工程量。

结合案例图纸的设计说明和计算的工程量可编制分部分项工程项目清单计价表（表5.30）。

表5.30 蝶阀分部分项工程项目清单计价表

序号	项目编码	项目名称	项目特征	计量单位	工程量	金额/元		
						综合单价	合价	其中：暂估价
1	031003003001	焊接法兰阀门：对夹式蝶阀DA71X-1.6，DN65	1.类型：对夹式蝶阀 2.材质：碳钢 3.规格、压力等级：DA71X-1.6，DN65 4.连接形式：沟槽法兰连接	个	10			

② 定额选取。

结合清单项目特征和定额工作内容可知对夹式蝶阀需套用定额CK0999。

③ 确定综合单价。

套用定额后，需确认未计价材料消防蝶阀价格信息后，根据综合单价计算公式可确定消防蝶阀的综合单价，综合单价分析见表5.31。

表5.31 对夹式蝶阀综合单价分析表

项目编码	03100300300 1	项目名称	焊接法兰阀门						计量单位	个			
定额项目名称	定额项目名称	单位	数量	定额综合单价							综合单价		合价
				定额人工费	定额材料费	定额施工机具使用费	企业管理费		利润		一般风险费用		
				1	2	3	费率/%	5	费率/%	7	费率/%	9	13
							4		6		8		
定额编号								(1)×(4)		(1)×(6)		(1)×(8)	
CK0999	对夹式蝶阀公称直径≤65mm[材料调整]	个	1	21.25	12.87	1.94	29.46	6.26	23.68	5.03	2.8	0.6	
合计				21.25	12.87	1.94		6.26		5.03		0.6	
												未计价材料费	人材机价差	其他风险费	1+2+3+5+7+9+10+11+12
												10	11	12	
人工、材料及机械名称		单位	数量	定额单价			市场单价		价差合计		市场合价		备注

1.人工

管工综合工

2.材料

（1）未计价材料

对夹式蝶阀 DA71X—1.6, DN65	个	1						

（2）计价材料

续表

人工、材料及机械名称	单位	数量	定额单价	市场单价	价差合计	市场合价	备注
热轧厚钢板 8~15	kg	0.202	3.06	3.08		0.62	
石棉橡胶板低压 0.8~6	kg	0.096	13.25	13.25		1.27	
精制六角螺栓	kg	0.208	6.79	6.79		1.41	
精制六角带帽螺栓带垫 M16×65~80	套	4.12	1.79	1.79		7.37	
砂纸	张	0.004	0.26	0.26		0	
低碳钢焊条 J422 Φ3.2	kg	0.132	4.19	4.19		0.55	
氧气	m³	0.112	3.26	3.26		0.37	
乙炔气	kg	0.038	12.01	12.01		0.46	
热轧无缝钢管 D22×2	m	0.008	4.63	4.63		0.04	
输水软管 中25	m	0.016	5.13	5.13		0.08	
螺纹截止阀 J11T-16 DN15	个	0.016	16.23	16.23		0.26	

5.3.6 喷头计量与计价分析

1.清单项目及清单计算规则

根据《通用安装工程工程量计算规范》（GB 50856—2013）表J.1水灭火系统（编码：030901），分项内容见表5.32。

表5.32 消火栓清单项目

项目编码	项目名称	项目特征	计量单位	工程量计算规则	工程内容
030901003	水喷淋（雾）喷头	1.安装部位 2.材质、型号，规格 3.连接形式 4.装饰盘设计要求	个	按设计图示数量计算	1.安装 2.装饰盘安装 3.严密性试验
注：水喷淋（雾）喷头安装部位应区分有吊顶、无吊顶					

2.定额计算规则

《重庆市通用安装工程计价定额》（CQAZDE—2018）规定如下：喷头，区分安装部位、方式、规格，按设计图示数量以"个"计算。

3.计算工程量

（1）清单工程量与定额工程量计算规则对比。

对比分析《通用安装工程工程量计算规范》（GB 50856—2013）和《重庆市通用安装工程计价定额》（CQAZDE—2018）中关于喷头的工程量计算规则后可知，两者计算规则一致。

（2）计算实例。

【例5.6】图5.20所示为重庆工程学院教学科研楼工程负一层喷淋平面图，试计算该层喷头的工程量。

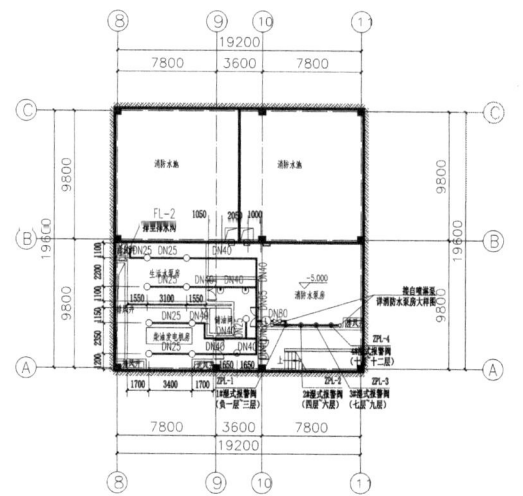

重庆工程学院教学科研楼工程负一层喷淋平面图

图5.20 重庆工程学院教学科研楼工程负一层喷淋平面图

【解】根据设计说明查询国家建筑标准设计图集04S206第51页可知安装型号 ZST-15直立型喷头，在图纸中查找喷头并数个数，得知其工程量为12个。

4. 清单组价

（1）清单项与定额项的组合关系。

喷头清单项与定额项的组合关系见表5.33。

表5.33 喷头清单项与定额项的组合关系

工程量清单项					可组合定额项目	
项目编码	项目名称	项目特征	计量单位	工程内容	主要内容	定额子目
030901003	水喷淋（雾）喷头	1.安装部位 2.材质、型号、规格 3.连接形式 4.装饰盘设计要求	个	1.安装 2.装饰盘安装 3.严密性试验	喷头安装（无吊顶）	CJ0044-CJ0047
					喷头安装（有吊顶）	CJ0048-CJ0051
					喷头吸热盘（装饰盘）安装	CJ0052

（2）喷头定额说明。

喷头安装定额按管网系统试压、冲洗合格后安装考虑的，定额中已包括丝堵、临时短管的安装、拆除及摊销。

（3）定额项目的工程内容说明。

定额项目的工作内容，是正确选用定额子项的关键因素。《重庆市通用安装工程计价定额》（CQAZDE—2018）喷头定额项目的工作内容见表5.34。

表5.34 喷头定额项目的工程内容

序号	项目名称	定额编号	工作内容说明
1	A3水喷淋（雾）喷头	CJ0044-CJ0052	外观检查、管口套丝、管件安装，丝堵拆装、喷头就位及安装、装饰盘安装，喷头外观清洁

（4）喷头清单计价。

结合图纸负一层喷头工程量，计算其综合单价。计算步骤如下：

① 确定清单项目特征及工程量。

结合案例图纸的设计说明和计算的工程量可编制分部分项工程项目清单计价表（表5.35）。

表5.35 喷头分部分项工程项目清单计价表

序号	项目编码	项目名称	项目特征	计量单位	工程量	金额/元		
						综合单价	合价	其中：暂估价
1	030901003001	水喷淋喷头	1.安装部位：无吊顶 2.材质、型号、规格：ZST-15直立型喷头 3.连接形式：螺纹连接	个	12			

② 定额选取。

结合清单项目特征和定额工作内容可知水喷淋喷头需套用定额CJ0044。

③ 确定综合单价。

套用定额，确认未计价材料喷头价格信息后，根据综合单价计算公式可确定喷头的综合单价，综合单价分析见表5.36。

表5.36 喷头综合单价分析表

项目编码	030901003001	项目名称			焊接法兰阀门				计量单位	个		综合单价			合价
定额编号	定额项目名称	单位	数量	定额人工费	定额材料费	定额施工机具使用费	定额综合单价								
							企业管理费		利润		一般风险费用		未计价材料费	人材机价差	其他风险费	
				1	2	3	费率/%	5	费率/%	7	费率/%	9	10	11	12	13
							4		6		8					1+2+3+5+7+9+10+11+12
CJ0044	喷头安装公称直径15mm无吊顶[材料调整]	个	1	8.63	2	0.15	26.13	2.26	22.69	1.96	2.8	(1)×(8) 0.24				
合计				8.63	2	0.15		2.26		1.96		0.24				
人工、材料及机械名称		单位	数量	定额单价			市场单价		市场合价		价差合计					备注
1.人工																
管工综合工		工日	0.069	125			125		8.63							
2.材料																
(1)未计价材料																
2ST-15直立型喷头		套	1.01													
(2)计价材料																

续表

人工、材料及机械名称	单位	数量	定额单价	市场单价	价差合计	市场合价	备注
聚四氟乙烯生料带20	m	0.642	0.29	0.29		0.19	
尼龙砂轮片Φ400	片	0.01	8.72	8.72		0.09	
镀锌丝堵DN15（堵头）	个	1	0.43	0.43		0.43	
镀锌管箍DN25	个	1.01	1.28	1.28		1.29	
（3）其他材料	元	—	—		—		
3.机械							
（1）机上人工							
（2）燃油动力费							
电（机械用）	kW·h	0.093 52	0.7	0.7		0.07	
（3）施工机具摊销费							
折旧费	元	0.026 6	1	1		0.03	

5.3.7 报警装置计量与计价分析

1. 清单项目及清单计算规则

根据《通用安装工程工程量计算规范》(GB 50856—2013)表J.1水灭火系统(编码：030901)，分项内容见表5.37。

表5.37 报警装置清单项目

项目编码	项目名称	项目特征	计量单位	工程量计算规则	工程内容
030901004	报警装置	1.名称 2.型号、规格	组	按设计图示数量计算	1.安装 2.电气接线 3.调试

注：报警装置适用于湿式报警装置，干湿两用报警装置，电动雨淋报警装置、预作用报警装置等报警装置安装。报警装置安装包括装配管（除水力警铃进水管）的安装，水力警铃进水管并入消防管道工程量。其中：
1. 湿式报警装置包括内容：湿式阀、蝶阀、装配管、供水压力表、装置压力表、试验阀、泄放试验阀、泄放试验管、试验管流量计、过滤器、延时器、水力警铃、报警截止阀、漏斗、压力开关等。
2. 干湿两用报警装置包括内容：两用阀、蝶阀、装配管、加速器、加速器压力表、供水压力表、试验阀、泄放试验阀（湿式、干式）、挠性接头、泄放试验管、试验管流量计、排气阀、截止阀、漏斗、过滤器、延时器、水力警铃、压力开关等。
3. 电动雨淋报警装置包括内容：雨淋阀、蝶阀、装配管、压力表、泄放试验阀、流量表、截止阀、注水阀、止回阀、电磁阀、排水阀、手动应急球阀、报警试验阀、漏斗、压力开关、过滤器、水力警铃等。
4. 预作用报警装置包括内容：报警阀、控制蝶阀、压力表、流量表、截止阀、排放阀、注水阀、止回阀、泄放阀、报警试验阀、液压切断阀、装配管、供水检验管、气压开关、试压电磁阀、空压机、应急手动试压器、漏斗、过滤器、水力警铃等

2. 定额计算规则

《重庆市通用安装工程计价定额》(CQAZDE—2018)规定如下：报警装置安装，按设计图示数量以"组"计算。成套产品包括的内容详见表5.38。

表5.38 报警装置成套产品包括内容

序号	项目名称	包括内容
1	湿式报警装置	湿式阀、供水压力表、装置压力表、试验阀、泄放试验阀、试验管流量计、过滤器、延时器、水力警铃、报警截止阀、漏斗、压力开关
2	干湿两用报警装置	两用阀、装置截止阀、加速器、加速器压力表、供水压力表、试验阀、泄放阀、泄放试验阀（湿式）、泄放试验阀（干式）挠性接头、试验管流量计、排气阀、截止阀、漏斗、过滤器、延时器、水力警铃、压力开关

续表

序号	项目名称	包括内容
3	电动雨淋报警装置	雨淋阀、压力表、泄放试验阀、流量表、截止阀、注水阀、止回阀、电磁阀、排水阀、应急手动球阀、报警试验阀、漏斗、压力开关、过滤器、水力警铃
4	预作用报警装置	干式报警阀、压力表（2块）、流量表、截止阀、排放阀、注水阀、止回阀、泄放阀、报警试验阀、液压切断阀、气压开关（2个）、试压电磁阀、应急手动试压器、漏斗、过滤器、水力警铃

3. 计算工程量

（1）清单工程量与定额工程量计算规则对比。

对比分析《通用安装工程工程量计算规范》（GB 50856—2013）和《重庆市通用安装工程计价定额》（CQAZDE-2018）中关于报警装置的工程量计算规则后可知，两者计算规则一致。

（2）计算实例。

【例5.7】图5.20所示为重庆工程学院教学科研楼工程负一层喷淋平面图，试计算该层湿式报警装置的工程量。

【解】根据设计说明查询国家建筑标准设计图集04S206第10、11页可知安装的湿式报警装置型号，在图纸中查找湿式报警装置并数个数，得知工程量为1组。

4. 清单组价

（1）清单项与定额项的组合关系。

报警装置清单项与定额项的组合关系见表5.39。

表5.39 消火栓清单项与定额项的组合关系表

工程量清单项					可组合定额项目	
项目编码	项目名称	项目特征	计量单位	工程内容	主要内容	定额子目
030901004	报警装置	1.名称 2.型号、规格	组	1.安装 2.电气接线 3.调试	湿式报警装置安装	CJ0053-CJ0055
					其他报警装置安装	CJ0056-CJ0058

（2）报警装置定额说明。

① 报警装置安装项目，定额中已包括装配管、泄放试验管及水力警铃出水管安装。水力警铃进水管按图示尺寸执行管道安装相应子目；其他报警装置适用于雨淋、干湿两用及预作用报警装置。

② 报警装置安装定额按管网系统试压、冲洗合格后安装考虑的，定额中已包括丝堵、临时短管的安装、拆除及摊销。

（3）定额项目的工程内容说明。

定额项目的工作内容，是正确选用定额子项的关键因素。《重庆市通用安装工程计价定额》（CQAZDE—2018）报警装置定额项目的工作内容见表5.40。

表5.40 报警装置定额项目的工程内容

序号	项目名称	定额编号	工作内容说明
1	A4.1湿式报警装置安装	CJ0053-CJ0055	部件外观检查，切管，坡口，组对、法兰安装，紧螺栓，临时短管安装拆除，报警阀渗漏试验，部件及配管安装、整体组装、配管、调试
2	A4.2其他报警装置安装	CJ0056-CJ0058	部件外观检查，切管，坡口，组对，焊法兰、紧螺栓，临时短管安装拆除，报警阀渗漏试验，部件及配管安装、整体组装、配管，调试

（4）报警装置清单计价。

结合图纸负一层湿式报警装置的工程量，计算其综合单价。计算步骤如下：

① 确定清单项目特征及工程量。

结合案例图纸的设计说明和计算的工程量可编制分部分项工程项目清单计价表（表5.41）。

表5.41 湿式报警装置分部分项工程项目清单计价表

序号	项目编码	项目名称	项目特征	计量单位	工程量	金额/元		
						综合单价	合价	其中：暂估价
1	030901004001	湿式报警装置	1.名称：湿式报警装置 2.型号、规格：ZSFA-200	组	1			

② 定额选取。

结合清单项目特征和定额工作内容可知湿式报警装置需套用定额CJ0055。

③ 确定综合单价。

套用定额后，需确认未计价材料湿式报警装置和沟槽法兰的价格信息后，根据综合单价计算公式可确定湿式报警装置的综合单价，综合单价分析见表5.42。

表5.42 湿式报警装置综合单价分析表

项目编码	030901004001	项目名称		湿式报警装置				计量单位		组		综合单价		合价
定额编号	定额项目名称	单位	数量	定额综合单价										
				定额人工费	定额材料费	定额施工机具使用费	企业管理费		利润		一般风险费用		未计价材料费	人材机价差	其他风险费	
				1	2	3	费率/%	4	费率/%	6	费率/%	8	10	11	12	13
								(1)×(4) 5		(1)×(6) 7		(1)×(8) 9				1+2+3+5+7+9+10+11+12
CJ0055	湿式报警装置安装公称直径≤200 mm [材料调整]	组	1	440.13	116.01	2.32	26.13	115.01	22.69	99.87	2.8	12.32	10			
合计				440.13	116.01	2.32		115.01		99.87		12.32	市场合价			

人工、材料及机械名称	单位	数量	定额单价	市场单价	价差合计	备注
1.人工						
管工综合工	工日	3.521	125	125		
2.材料						
(1)未计价材料						
沟槽法兰(1.6 MPa以下)200	片	2				
湿式报警装置 ZSFA-200	套	1		440.13		

续表

人工、材料及机械名称	单位	数量	定额单价	市场单价	价差合计	市场合价	备注
（2）计价材料							
线麻	kg	0.024	19.47	19.47		0.66	
镀锌六角螺栓带螺母2平1弹垫 M20×100以内	10套	2.472	22	22		54.38	
尼龙砂轮片φ400	片	0.07	8.72	8.72		0.61	
铅油	kg	0.34	4.62	4.62		1.57	
镀锌钢管 DN20	m	2	3.55	3.55		7.1	
镀锌钢管 DN50	m	2	14.8	14.8		29.6	
镀锌弯头 DN20	个	2.02	1.71	1.71		3.45	
镀锌弯头 DN50	个	2.02	6.84	6.84		13.82	
石棉橡胶垫低压0.8~6	kg	0.66	7.29	7.29		4.81	

5.3.8 水流指示器计量与计价分析

1. 清单项目及清单计算规则

根据《通用安装工程工程量计算规范》(GB 50856—2013)表J.1水灭火系统(编码:030901),分项内容见表5.43。

表5.43 水流指示器清单项目

项目编码	项目名称	项目特征	计量单位	工程量计算规则	工程内容
030901006	水流指示器	1.规格、型号 2.连接形式	个	按设计图示数量计算	1.安装 2.电气接线 3.调试

2. 定额计算规则

《重庆市通用安装工程计价定额》(CQAZDE—2018)规定如下:水流指示器安装,区分安装部位、方式、规格按设计图示数量以"个"计算。

3. 计算工程量

(1)清单工程量与定额工程量计算规则对比。

对比分析《通用安装工程工程量计算规范》(GB 50856—2013)和《重庆市通用安装工程计价定额》(CQAZD—2018)中关于水流指示器的工程量计算规则后可知,两者计算规则一致。

(2)计算实例。

【例5.8】图5.20所示为重庆工程学院教学科研楼工程负一层喷淋平面图,试计算该层水流指示器的工程量。

【解】根据平面图可知,负一层喷淋系统水流指示器工程量为1个。

4. 清单组价

(1)清单项与定额项的组合关系。

水流指示器清单项与定额项的组合关系列举见表5.44。

表5.44 水流指示器清单项与定额项的组合关系表

工程量清单项					可组合定额项目	
项目编码	项目名称	项目特征	计量单位	工程内容	主要内容	定额子目
030901006	水流指示器	1.规格、型号 2.连接形式	个	1.安装 2.电气接线 3.调试	水流指示器安装 (法兰连接)	CJ0064-CJ0069
					水流指示器安装 (马鞍型连接)	CJ0070-CJ0074
					水流指示器安装 (螺纹连接)	CJ0075-CJ0078
					阀门检查接线	CF0287-CF0290

（2）水流指示器定额说明。

① 水流指示器（马鞍型连接）项目，主材中包括胶圈、U型卡。

② 水流指示器安装定额均按管网系统试压、冲洗合格后安装考虑的，定额中已包括丝堵、临时短管的安装、拆除及摊销。

③ 各种仪表的安装及带电讯号的阀门、水流指示器、压力开关的接线及校线，按《重庆市通用安装工程计价定额》（第六册 自动化控制装置及仪表安装工程）相应定额子目执行。

（3）定额项目的工程内容说明。

定额项目的工作内容，是正确选用定额子项的关键因素。《重庆市通用安装工程计价定额》（CQAZDE—2018）水流指示器定额项目的工作内容见表5.45。

表5.45 水流指示器定额项目的工程内容

序号	项目名称	定额编号	工作内容说明
1	A6.1水流指示器安装（法兰连接）	CJ0064-CJ0069	外观检查、切管、套丝、上零件，临时短管安装拆除、主要功能检查，安装及调整
2	A6.2水流指示器安装（马鞍型连接）	CJ0056-CJ0058	外观检查，切管、坡口、对口，焊法兰，临时短管安装拆除、主要功能检查，安装及调整
3	A6.3水流指示器安装（螺纹连接）	CJ0075-CJ0078	外观检查、切管、套丝、上零件，临时短管安装拆除、主要功能检查、安装及调整

（4）水流指示器清单计价。

结合图纸负一层水流指示器的工程量，计算其综合单价。计算步骤如下：

① 确定清单项目特征及工程量。

结合案例图纸的设计说明和计算的工程量可编制分部分项工程项目清单计价表（表5.46）。

表5.46 水流指示器分部分项工程项目清单计价表

序号	项目编码	项目名称	项目特征	计量单位	工程量	金额/元		
						综合单价	合价	其中：暂估价
1	030901006001	水流指示器	1.规格、型号：DN80，P=1.2 MPa 2.连接形式：沟槽连接	组	1			

② 定额选取。

结合清单项目特征和定额工作内容可知需套用两个定额CJ0066和CF0288。水流指示器的接线，校线，按《重庆市通用安装工程计价定额》（第六册 自动化控制装置及仪表安装工程）（CQAZDE—2018）相应定额子目执行。

③ 确定综合单价。

套用定额后，需确认未计价材料水流指示器和沟槽法兰的价格信息后，根据综合单价计算公式可确定水流指示器的综合单价，综合单价分析见表5.47。

表5.47 水流指示器综合单价分析表

项目编码	030901006001	项目名称		水流指示器				计量单位		个		综合单价			合价
定额编号	定额项目名称	单位	数量	定额人工费	定额材料费	定额施工机具使用费	定额综合单价					未计价材料费	人材机价差	其他风险费	合价
							企业管理费		利润		一般风险费				
				1	2	3	4 费率/%	5 (1)×(4)	6 费率/%	7 (1)×(6)	8 费率/%	9 (1)×(8)	10	11	12	13
CJ0066	水流指示器安装(法兰连接)公称直径:80mm	个	1	67.88	22.86	0.79	26.13	17.74	22.69	15.4	2.8	1.9				1+2+3+5+7+9+10+11+12
CF0288	阀门检查接线电动蝶阀	台	1	28.49	8.51	5.29	32.38	9.23	26.65	7.59	2.8	0.8				
合计				96.34	31.37	6.08		26.97		22.99		2.7				

人工、材料及机械名称	单位	数量	定额单价	定额合价	市场单价	市场合价	价差合计	备注
1.人工								
管工综合工	工日	0.534	125		125	67.88		
仪器仪表综合工	工日	0.211	135		135	28.49		
2.材料								
(1)未计价材料								

续表

人工、材料及机械名称	单位	数量	定额单价	市场单价	价差合计	市场合价	备注
沟槽法兰（1.6 MPa以下）80	片	2					
水流指示器	个	1					
（2）计价材料							
检验材料费	元	0.39	1	1		0.39	
镀锌六角螺栓带螺母2平1弹垫 M16×100以内	10套	1.648	12.1	12.1		19.94	
尼龙砂轮片 Φ400	片	0.054	8.72	8.72		0.47	
铅油	kg	0.12	4.62	4.62		0.55	
石棉橡胶垫低压0.8~6	kg	0.26	7.29	7.29		1.9	
接地线5.5~16 mm²	m	1	7.69	7.69		7.69	

5.3.9 末端试水装置计量与计价分析

1. 清单项目及清单计算规则

根据《通用安装工程工程量计算规范》(GB 50856—2013)表J.1水灭火系统(编码：030901)，分项内容见表5.48。

表5.48 末端试水装置清单项目

项目编码	项目名称	项目特征	计量单位	工程量计算规则	工程内容
030901008	末端试水装置	1.规格 2.组装形式	组	按设计图示数量计算	1.安装 2.电气接线 3.调试

2. 定额计算规则

《重庆市通用安装工程计价定额》(CQAZDE—2018)规定如下：末端试水装置安装，区分规格按设计图示数量以"组"计算。

3. 计算工程量

(1) 清单工程量与定额工程量计算规则对比。

对比分析《通用安装工程工程量计算规范》(GB 50856—2013)和《重庆市通用安装工程计价定额》(CQAZDE—2018)中关于末端试水装置的工程量计算规则后可知，两者计算规则一致。

(2) 计算实例

【例5.9】图5.21所示为重庆工程学院教学科研楼工程系统图，试计算喷淋系统末端试水装置的工程量。

4. 清单组价

(1) 清单项与定额项的组合关系。

末端试水装置清单项与定额项的组合关系见表5.49。

表5.49 末端试水装置清单项与定额项的组合关系

工程量清单项					可组合定额项目	
项目编码	项目名称	项目特征	计量单位	工程内容	主要内容	定额子目
030901008	末端试水装置	1.规格 2.组装形式	组	1.安装 2.电气接线 3.调试	末端试水装置安装	CJ0084-CJ0087

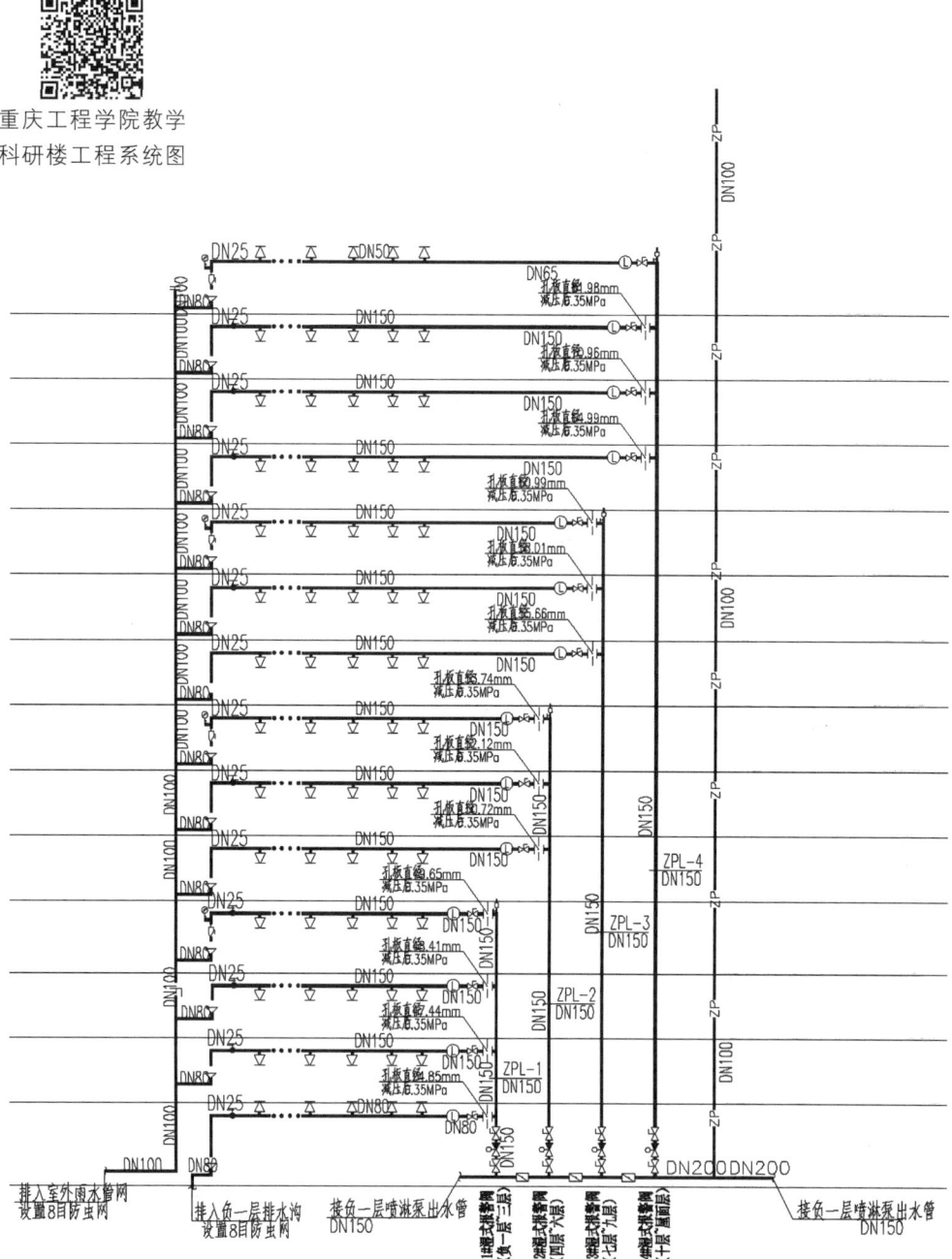

重庆工程学院教学科研楼工程系统图

图5.21 重庆工程学院教学科研楼工程系统图

【解】根据系统图可知，末端试水装置的工程量为4组。

（2）定额项目的工程内容说明。

定额项目的工作内容，是正确选用定额子项的关键因素。《重庆市通用安装工程计价定额》（CQAZDE—2018）末端试水装置定额项目的工作内容见表5.50。

表5.50 末端试水装置定额项目的工程内容

序号	项目名称	定额编号	工作内容说明
1	A8.1末端试水装置安装	CJ0084-CJ0087	切管、套丝、上零件，整体组装、放水试验

（3）末端试水装置清单计价。

结合系统图末端试水装置的工程量，计算其综合单价。计算步骤如下：

① 确定清单项目特征及工程量。

结合案例图纸的设计说明和计算的工程量可编制分部分项工程项目清单计价表（表5.51）。

表5.51 末端试水装置分部分项工程项目清单计价表

序号	项目编码	项目名称	项目特征	计量单位	工程量	金额/元		
						综合单价	合价	其中：暂估价
1	030901008001	末端试水装置	1.规格：DN25 2.组装形式：含压力表、控制阀	组	4			

② 定额选取。

结合清单项目特征和定额工作内容可知末端试水装置需套用定额CJ0084。

③ 确定综合单价。

套用定额后，需确认未计价材料k80末端试水接头的价格信息后，根据综合单价计算公式可确定末端试水装置的综合单价，综合单价分析见表5.52。

表5.52 末端试水装置综合单价分析表

项目编码	030901008001	项目名称		末端试水装置			计量单位		组				
定额编号	定额项目名称	单位	数量	定额综合单价						综合单价			合价
				定额人工费	定额材料费	定额施工机具使用费	企业管理费		利润		一般风险费用		未计价材料费	人材机价差	其他风险费	
				1	2	3	费率/%	5	费率/%	7	费率/%	9	10	11	12	13
							4	(1)×(4)	6	(1)×(6)	8	(1)×(8)				1+2+3+5+7+9+10+11+12
CJ0084换	末端试水装置（组装）安装 公称直径25 mm [材料调整]	组	1	32.5	74.03	1.23	26.13	21.56	22.69	18.72	2.8	2.31				
合计				82.5	74.03	1.23		21.56		18.72		2.31				

人工、材料及机械名称	单位	数量	定额单价	定额合价	市场单价	市场合价	备注
1.人工							
管工综合工	工日	0.66	125	82.5	125	82.5	
2.材料							
（1）未计价材料							
k80末端试水接头	个	1					
（2）计价材料							

续表

人工、材料及机械名称	单位	数量	定额单价	市场单价	价差合计	市场合价	备注
聚四氟乙烯生料带 20	m	2.108	0.29	0.29		0.61	
尼龙砂轮片 Φ400	片	0.064	8.72	8.72		0.56	
镀锌三通 DN25	个	1.01	2.56	2.56		2.59	
管接头 DN25	个	1.01	1.08	1.08		1.09	
截止阀 DN25 1.6 MPA	个	1.01	38.89	38.89		39.28	
压力表 0~1.6 MPA	块	1	29.91	29.91		29.91	
（3）其他材料	元	—			—		
3. 机械							
（1）机上人工							
（2）燃油动力费							

总结框架图

第5章总结框架图如图5.22所示。

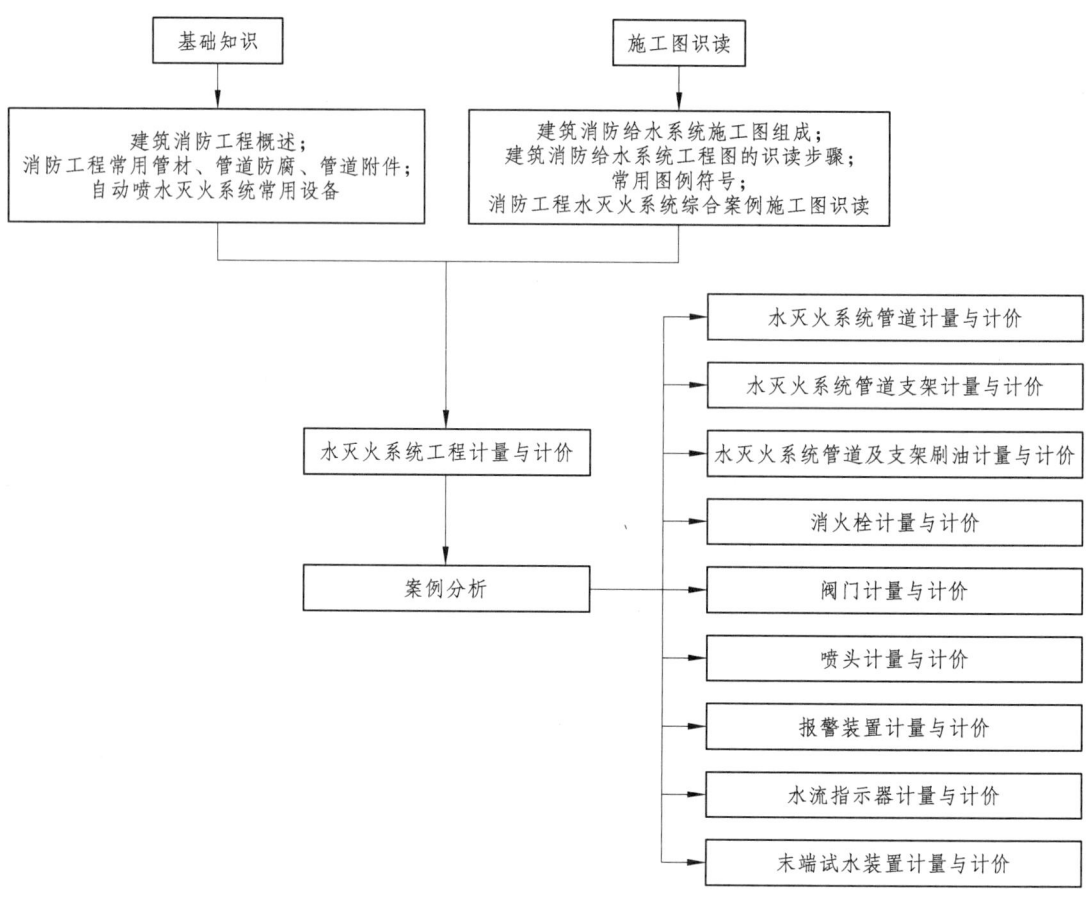

图5.22 第5章总结框架图

课后练习题

结合所提供的案例图纸和资料，完成消火栓灭火系统的工程量计算。

第6章 通风空调工程计量与计价

本章介绍了通风空调工程基础知识、施工图识读,详细讲解通风空调工程的案例分析。

典型工程简介:

重庆工程学院教学科研楼工程地上12层,地下1层,层高3.9 m,为高层公用建筑。该工程设置有空调系统、通风系统和防排烟系统。空调主要采用分体式空调器,通风及防排烟工程设置有自然通风和机械通风系统。

6.1 通风空调工程基础知识

通风是利用自然或机械的方法,把室内被污染的空气直接或经过净化后排至室外,同时把室外新鲜空气适当处理后送入室内,从而使室内的空气环境符合卫生标准或生产工艺的要求。通风系统根据工作动力主要分为自然通风和机械通风。

6.1.1 通风系统分类

1. 自然通风

自然通风是利用室外风力造成的风压,以及由室内外空气的温度差产生的热压使空气流动的通风方式,如图6.1所示。

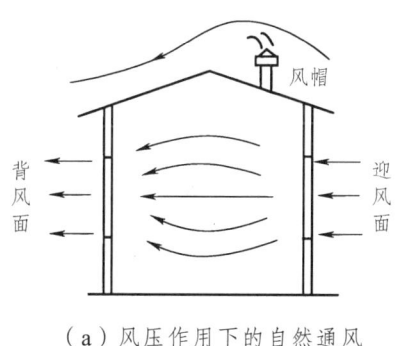 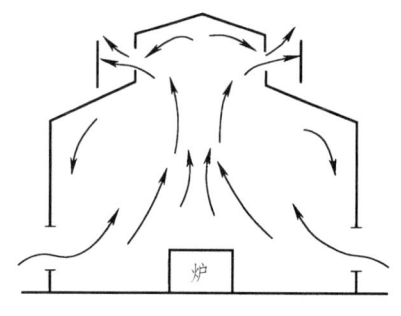

(a)风压作用下的自然通风　　　　　(b)热压作用下的自然通风

图6.1 自然通风示意

2. 机械通风

机械通风是依靠风机的动力，并借助通风管网进行室内外空气交换的通风方式，如图6.2所示。

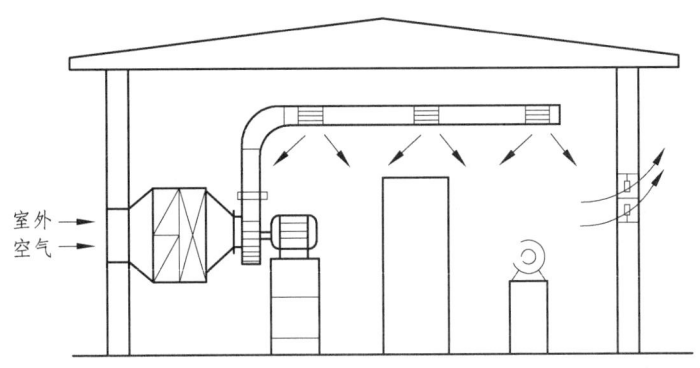

图6.2 机械通风示意

6.1.2 通风系统组成

一个典型的通风系统由风管、通风机、风口、风阀、除尘设备、风帽等组成。

1. 风管

（1）风管材质。

风管是通风系统的主要部件之一，其作用是输送空气。风管按材质可分为金属风管和非金属风管两大类。金属风管包括钢板风管（普通薄钢板、镀锌薄钢板）、不锈钢板风管、铝板风管等，非金属风管包括硬聚氯乙烯风管、玻璃钢风管以及复合材料风管，此外还有砖、混凝土风管等。其中，不锈钢风管与玻璃钢风管如图6.3所示。

（a）不锈钢风管　　　　　　（b）玻璃钢风管

图6.3 不锈钢风管与玻璃钢风管

（2）风管形状尺寸。

常用风管的断面形状有圆形和矩形两种，其中圆形风管规格用直径"D"或"f"表示，矩形风管规格用截面"宽×高（$b×h$）"表示。通风、空气调节系统的风管，宜采用圆形、扁圆形或长、短边之比不大于4的矩形截面，其最大长、短边之比不应超过10。风管的截面尺寸宜按现行国家标准《通风与空调工程施工质量验收规范》（GB 50243）的规定执行。金属风管的尺寸应按外径或外边长设计，非金属风管应按内径或内边长设计。对于流速低、断面尺寸小的风管，多采用矩形风管；对于流速高、管径小的除尘和高速空调系统，或是需要暗装时可选用圆形风管。

（3）风管压力。

风管按工作压力可分为以下三个类别：

低压系统：$P \leqslant 500\ Pa$；

中压系统：$500\ Pa < P \leqslant 1\ 500\ Pa$；

高压系统：$P > 1\ 500\ Pa$。

（4）风管连接。

连接各个风管的时候，要严格根据正确的施工规范来进行安装，并且要粘贴牢固，铺设的时候要确保平整，绑扎的时候要紧密，从而确保风管不会出现滑动、松弛、断开等现象，以防风管出现漏冷或是漏热等问题。风管安装完毕还得做漏风检测。安装风管的时候，不能对建筑物的结构造成破坏，承重结构不能被破坏。若风管需要穿过墙壁，那么风管孔洞周边必然会留有缝隙，这时就需要使用弹性材料在缝隙位置进行填充，一般采用防火泥作为弹性材料。

（5）风管保温。

风管在输送空气过程中，如果要求管道内空气温度维持恒定，防止风管周围产生冷凝水，若风管上的冷凝水滴在重要的设备上造成设备损坏，会造成较大的经济损失。因此，应考虑风道的保温处理。一般有6种保温材料：岩棉、玻璃棉、硅酸铝、橡塑、硅酸盐、聚氨酯，其中橡塑保温材料（图6.4）使用得最为广泛。保温层厚度应根据保温要求进行计算，或采用带保温的通风管道。如复合保温风管（铝箔聚氨酯、酚醛铝箔、铝箔玻璃棉等），是一种集保温、消声、防火等功能于一体的新型通风管材。

图6.4 橡塑保温材料

2. 通风机

通风机是通风系统的重要设备，其作用是为空气流动提供必需的动力，以及克服风管和其他部件、设备对空气流动产生的阻力。通风机按其工作原理，可分为离心式风机、轴流式风机和贯流式风机；按其用途，可分为消防高温排烟风机、高效混流风机、离心式风机、低噪声轴流式风机、低噪声屋顶风机等。其中，离心式风机和轴流式风机如图6.5所示。根据被输送气体（空气）的成分和性质以及阻力损失大小，选择不同类型的风机。

（a）离心式风机　　　　　　（b）轴流式风机

图6.5　离心式风机和轴流式风机

3．风口

室内风口分送风口和排风口。送风口的任务是将各送风管中的风量按一定方向和流速均匀地送入室内，排风口的任务是将被污染的空气收集并送入排风管道。送、排风口的位置决定了通风房间的气流组织形式，常用的气流组织形式有上送下排、下送上排、中间送上下排等。图6.6所示为某房间中各类风口。

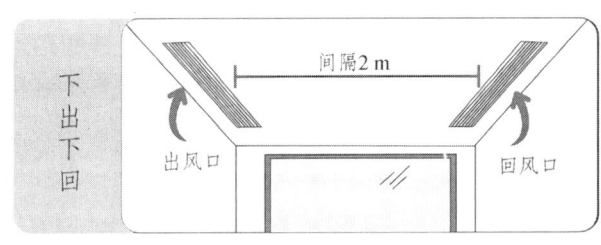

（a）方式一

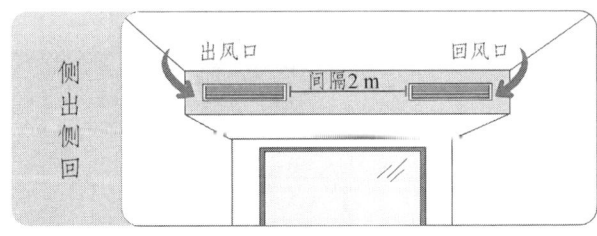

（b）方式二

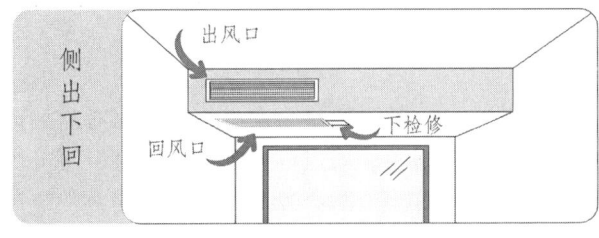

（c）方式三

图6.6　房间各类风口

送风口最简单的形式就是在风道上开设孔口，孔口直接开在风道的侧面或底部，用于侧向送风和下向送风。常用的送风口有百叶风口、散流器、喷射送风口和旋流送风口等，如图6.7所示。当通风管道布置在隔墙内或暗装时，通常采用百叶风口，将其安装在风道末端或墙壁上。百叶风口有单、双层和活动式、固定式之分。其中，双层式不但可以调节风向，还可以调节风速。散流器一般明装或暗装在顶棚上，用于下向送风。喷射送风口通常在高大空间建筑中用作侧送风口。在工业厂房中，一般通风量都很大，而且风道多采用明装，因此常采用空气分布器作为送风口。排风口一般没有特殊要求，种类较少，通常多采用单层百叶风口，有时也采用水平排风管道上开孔的孔口排风形式。

（a）回行散流器　　（b）检修口　　（c）门铰可开式回风口

（d）固定回风口　　（e）直百叶出风口　　（f）双层可调出风口

（g）门铰式回风口　　（h）双层出风口　　（i）0度线条出风口

（j）固定细百叶　　（k）固定大百叶　　（l）方管防雨百叶

图6.7　各种类型风口、散流器

4. 风阀

通风系统中的阀门，即风阀，主要用于启动风机，关闭风道、风口，平衡阻力，调节风量以及防止系统火灾。风阀安装在风机出口的风道上、主干风道上、分支风道上或空气分布器之前等位置。风阀有手动和电动风阀两种，常用的风阀有插板阀、蝶阀、止回阀、防火阀等，如图6.8所示。

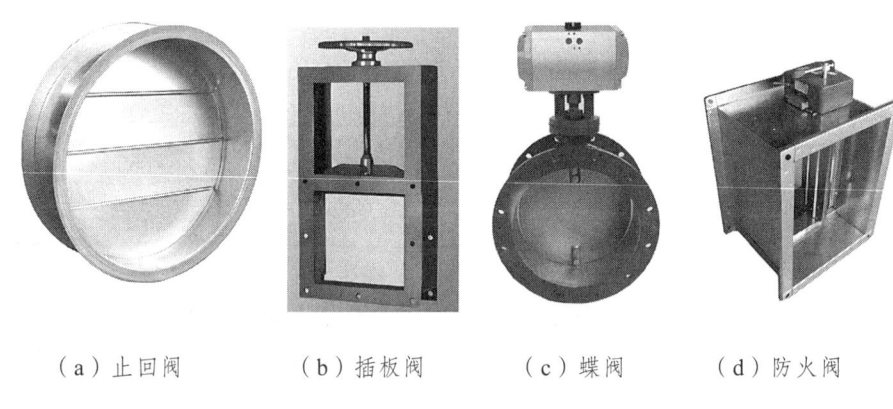

（a）止回阀　　　（b）插板阀　　　（c）蝶阀　　　（d）防火阀

图6.8　通风系统常见风阀

5. 除尘设备

在一些机械排风系统中，排出的空气中往往含有大量的粉尘或其他有害物质，如果直接排入大气，会造成大气污染，因此必须对排出的空气进行净化处理，达到排放标准要求的才能排到大气中去。除尘设备的种类很多，一般根据主要除尘机理不同可分为重力除尘器、惯性除尘器、旋风除尘器、袋式除尘器、湿式除尘器和静电除尘器。除尘器原理如图6.9所示，大型旋风除尘器如图6.10所示。

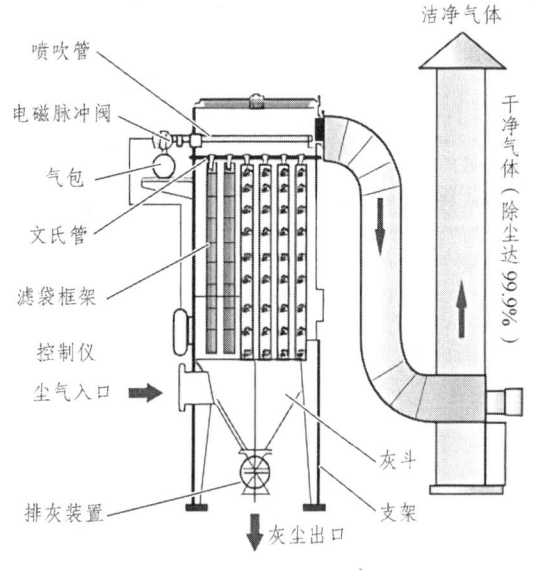

图6.9　除尘器原理

图6.10　大型旋风除尘器

6.1.3 空调系统

空气调节系统（简称空调系统）是指采用技术手段对某一特定空间内部的空气温度、湿度、气流速度和洁净度等参数进行调节和控制，以满足人体舒适和工艺生产过程要求的系统。图6.11所示为中央空调系统的组成。

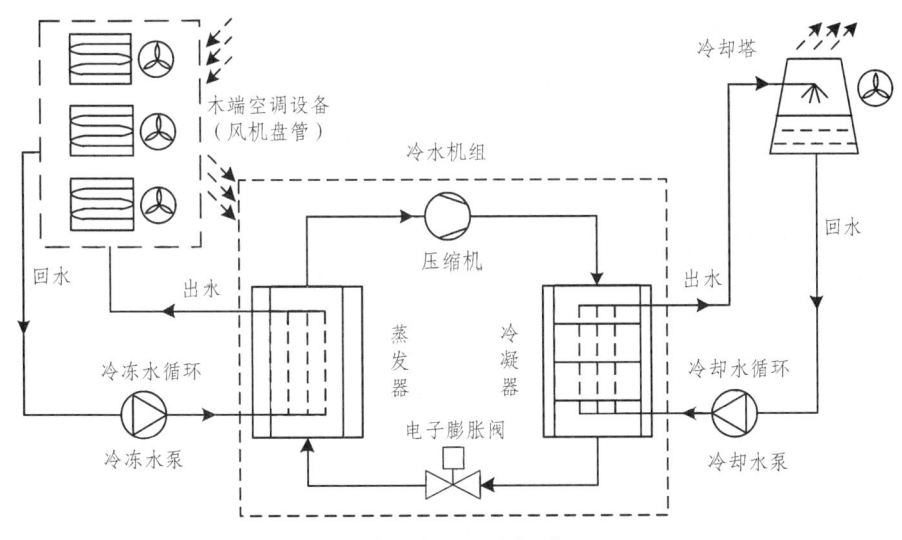

图6.11 中央空调系统组成及原理

1. 空气处理设备

空气处理设备由过滤器、表面式冷却器、加湿器等空气热湿处理和净化设备组合在一起，对空气进行加热、加湿、冷却、除湿和净化处理。

（1）空气输送和分配系统。

空气输送和分配系统由风机、风道、风口、风阀等组成，把经过处理的空气送至空调房间，将室内空气送至空气处理设备进行处理或排出室外。

（2）空调冷热源。

空调冷热源是为空气处理设备提供冷热量的装置，夏季降温用的冷源有制冷机组、深井水等，冬季加热用的热源有热水锅炉、城市热力管网、热泵等。

（3）空调管路系统。

空调管路系统是指向空气处理设备输送冷热媒的系统，以及冷却水系统和冷凝水系统，由管道、水泵、定压设备等组成。

（4）自动控制和监测设备。

自动控制和监测设备通过室内参数检测和自动调节使空气参数满足设计要求，同时实现节能运行。

（5）消声和减振设备。

不同用途的建筑物，空调房间室内允许噪声标准不同，需要采用消声器、减振器等设备对空调系统中的噪声进行控制。

2.空调系统的分类

空调系统可以采用不同的方法进行分类。

（1）按照空气处理设备的集中程度划分。

①集中式空调系统：将各种空气处理设备和风机都集中设置在空调机房内，对空气进行集中处理，然后经送风系统输送和分配到各个空调房间，空调热源和冷源也集中设置，如图6.12所示。一般适用于商场、超市、剧院等大空间公共建筑物。

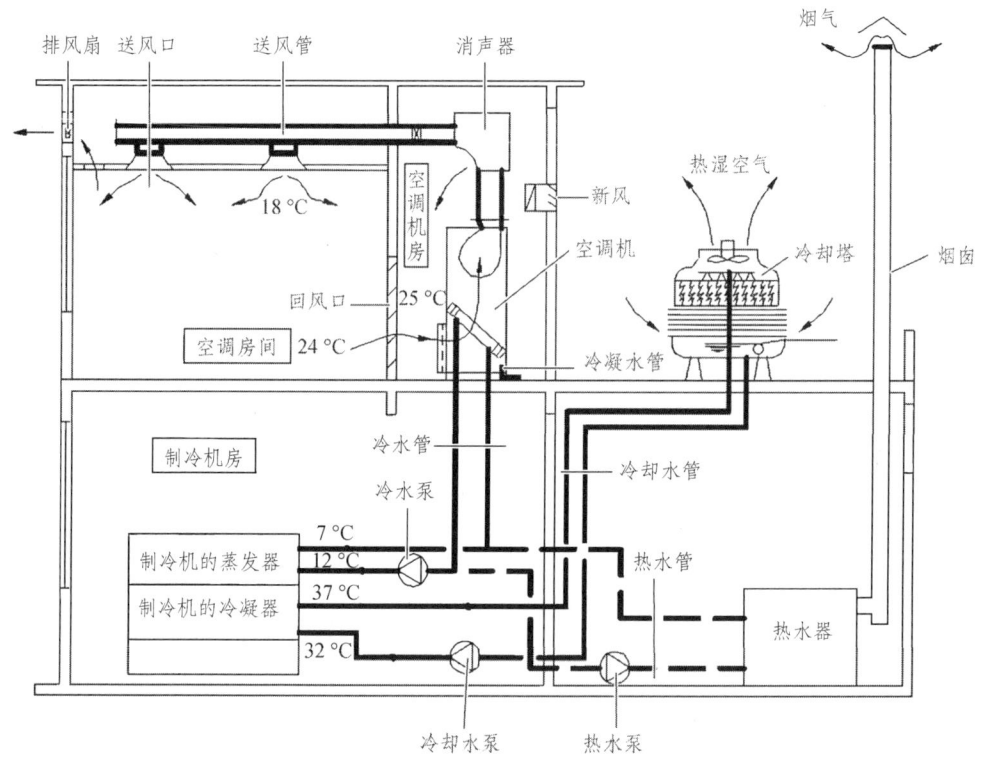

图6.12 集中式空调系统

②半集中式空调系统：空调机房集中处理部分或全部风量，然后送往各空调房间，由分散在各空调房间内的二次处理设备（又称末端装置）再进行处理。这种系统可根据各空调房间负荷情况自行调节，适用于层高较低又主要由小面积房间构成的建筑物，如办公楼、宾馆客房等。半集中式空调系统分为风机盘管系统和诱导器系统两类，风机盘管设备如图6.13所示，风机盘管是将风机和表面式换热盘管组装在一起的装置，与集中的冷水机组或热水机组相连组成一个供冷或供热系统。

③分散式空调系统（又称局部空调系统）：把空气处理所需的冷热源、空气处理设备和风机等整体组装起来，直接放置在空调房间内或空调房间附近，控制一个或几个房间的室内环境，适用于小面积、分散房间的中小型空调工程。家用空调器，如窗式空调器、立柜式空调器和壁挂式空调器就属于典型的分散式空调系统，如图6.14所示。

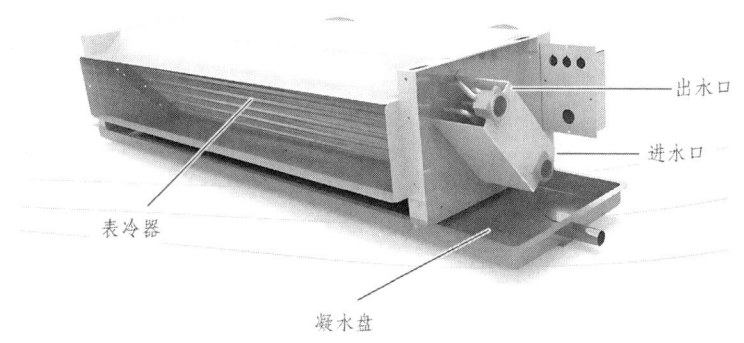

图6.13 风机盘管组成

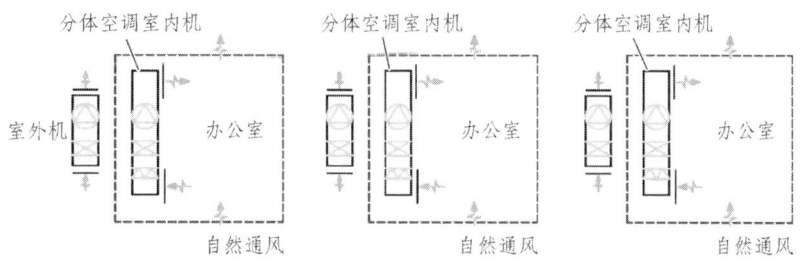

图6.14 分散式空调系统

（2）按照负担室内负荷所用介质划分。

① 全空气系统：空调房间内的热、湿负荷全部由集中处理过的空气来负担。集中式空调系统就属于全空气系统，如图6.15所示。

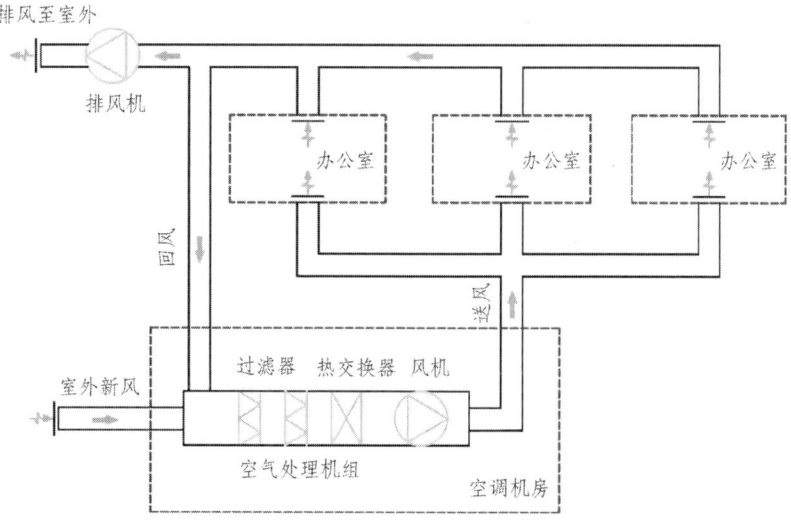

图6.15 全空气系统

② 全水系统：空调房间内的热、湿负荷全部由经过处理的水来负担。这类系统不能解决房间通风换气的问题，因此一般不单独采用。

③ 空气水系统：空调房间内的热、湿负荷全部由经过处理的空气和水共同来负担。这种系统实际上是全空气系统和全水系统的组合，风机盘管加新风的半集中式空调系统就属于

这类系统，如图6.16所示。

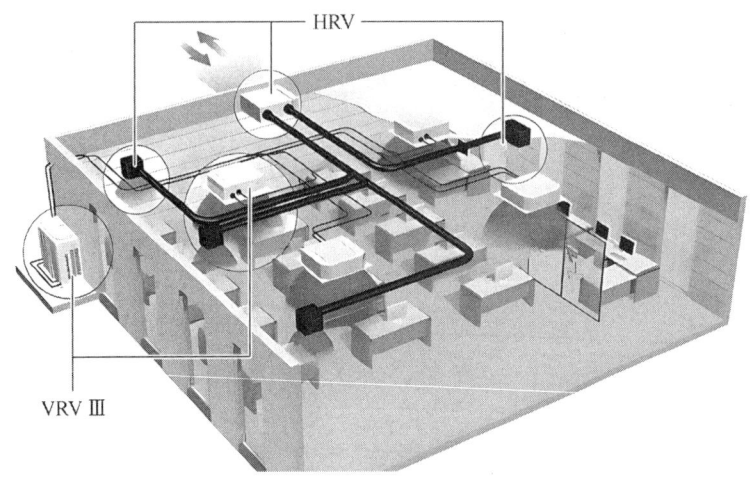

图6.16 空气水系统原理

④ 制冷剂系统：空调房间内的热、湿负荷直接由制冷系统的制冷剂（氨、氟利昂、R410A）来承担。由于制冷剂不宜长距离输送，因此不宜作为集中式空调系统使用，通常用于分散式安装的局部空调，如窗式空调器、分体式空调器、多联分体式空调系统就属于这类系统，如图6.17所示。多联分体式空调系统（简称多联机），亦称 VRV 调系统，是一台室外机通过配管连接多台室内机的空调系统，能够适应多个房间的制冷需求，目前广泛应用于多居室、别墅以及中小型办公楼等建筑物。

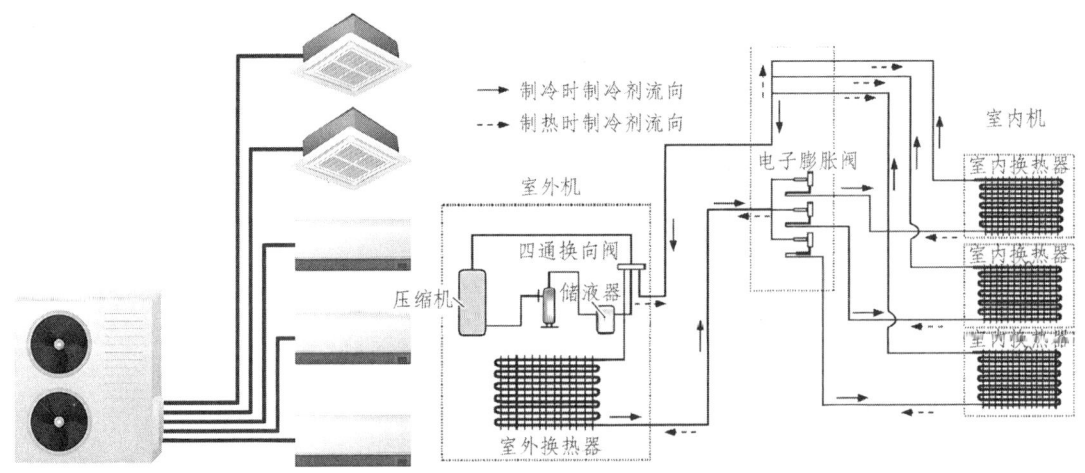

图6.17 多联机 VRV 系统原理

（3）按照系统的用途划分。

① 舒适性空调：为满足人们的舒适性需要而设置的空调系统，如写字楼、宾馆、住宅等建筑的空调系统。

② 工艺性空调：为满足生产工艺过程对空气参数的要求而设置的空调系统，如实验室、手术室、制药车间等建筑的空调系统。

（4）按照处理空气的来源划分。

① 封闭式系统：空调系统所处理的空气全部来自空调房间本身，为再循环空气，没有新风补充，适用于人防工程和很少有人进出的仓库。

② 直流式系统：空调系统所处理的空气全部为新风，而不使用循环空气，适用于室内洁净度要求很高的空调房间和室内产生有毒有害气体或放射性气体的车间。

③ 混合式系统：空调系统所处理的空气由室内回风和新风混合而成，兼有直流式和封闭式系统的优点。这类系统应用最广，如宾馆、办公楼等建筑的空调系统。混合式系统中使用最普遍的是一次回风。

6.1.4 空调系统主要设备、组成和原理

1. 空气处理设备

空气处理是使空气的质量和参数满足生产工艺和舒适性要求的过程，主要处理过程包括热湿处理和净化处理两大类。

（1）热湿处理设备。

空气热湿处理设备主要是对空气进行加热、加湿、冷却、除湿等处理。由于某一特定的空气处理设备所能实现的空气处理过程是有限制的，另外在全年运行中还要考虑对空气处理设备进行调节和控制的可能性，因此实际的空气处理是在几种设备的组合下完成的。

① 表面式换热器是空调工程中最常用的空气处理设备，可以对空气进行加热、冷却及加湿处理。表面式换热器由管道和肋片组成。管内流通冷水、热水、蒸汽或制冷剂，空气在管外流动，通过管壁与管内介质换热，空气进行冷热交换时不与冷（热）媒直接接触。

② 喷水室的空气处理方法是直接向流过的空气喷淋大量不同温度的水，当空气和水直接接触后，两者产生热湿交换，使被处理的空气达到所要求的状态。在喷水室中喷不同温度的水，可以实现对空气的加热、冷却、加湿、减湿等，同时还有一定的净化作用。喷水室由喷嘴、水池、喷水管路、挡水板、外壳组成。

③ 电加热器是通过电阻丝发热来实现加热空气目的的设备。电加热器有裸线式和管式两种，常用管式电加热器。电加热器只有在加热量小的场合才使用，一般用于温度精度要求较高的空调系统和小型空调系统。

④ 加湿器是对空气进行加湿处理的设备，常用的有干蒸汽加湿器和电加湿器两种。干蒸汽加湿器由蒸汽喷管、分离室、干燥室和电动或气动调节阀组成。电加湿器是利用电能使水汽化，然后用短管直接将蒸汽喷入空气中，包括电热式和电极式两种。

⑤ 除湿机是对空气进行除湿处理的设备，常用的潮湿空气干燥空气有冷冻除湿机、氯化锂转轮除湿机等。冷冻除湿机是由蒸发器冷凝器、冷冻机和风机等组成的除湿装置。

（2）净化处理设备。

空气净化常用的方法有除尘、消毒、除臭以及离子油分离器化等。空调系统一般使用空气过滤器进行除尘处理。空气过滤器的滤料种类很多，如金属网格、玻璃纤维、泡沫塑料、无纺布等，按照过滤性能通常分为初效过滤器、中效过滤器及高效过滤器，如图6.18所示。一般民用建筑的舒适性空调机组只采用初效过滤器或初、中效过滤器即可满足要求，高效过滤器用于超净化空调系统。

图6.18 空气过滤器

（3）组合式空调箱。

组合式空调箱是把各种空气处理设备、风机、消声装置及能量回收装置组合成一个整体的箱式设备。箱内的各种设备可以根据空调系统的组合顺序排列在一起，能够实现各种空气处理功能，既可选用定型产品，也可自行设计。地球表面或浅层水源（如地下水、河流和湖泊等），或人工再生水源（工业废水、地热尾水等）作为冷热源，通过热泵机组实现低温热能向高温热能转移。

2. 消声和减振装置

在空调机房和制冷机房中，某些设备（如风机、水泵、压缩机等）在运行中会产生噪声和振动，同时会通过管道或其他结构传入空调房间。因此，对于要求控制噪声和防止振动的空调工程应采取消声减振措施。

（1）消声器。

在风管中或空调箱内设置消声器，如图6.19所示，降低沿通风管道传播的空气动力噪声，对噪声加以控制。根据消声原理的不同，分为阻性、抗性、共振型和复合型消声器。另外，还有消声弯头、消声静压箱等。

图6.19 消声器

（2）空调装置的减振措施。

空调装置的减振措施就是在振源（风机、水泵、压缩机）和基础之间安装弹性构件。常用的减振装置有软木、橡胶减振垫、弹簧减振器等，如图6.20所示。

图6.20 弹簧减振器

（3）管道减振。

管道减振主要是防止设备的振动通过管道进行传播。如在风机与管路之间采用帆布软管连接，如图6.21所示。在水泵、冷水机组、风机盘管、空调机组等设备与水管之间采用橡胶软接管或不锈钢波纹管连接。

图6.21 帆布软接

6.1.5 空调管道保温及其系统工作原理

1. 空调管道保温

空调冷媒管和冷凝水管均需做保温。冷媒管路及冷凝水管保温材料一般采用橡塑管壳，汇总管、分支管应用随机附带的保温材料进行保温，冷媒管气管、液管应分别保温，不可将二者包在一起进行保温处理。室外与室内裸露不隐蔽的冷媒管道要用包扎带包扎，既有助于美观也可以用作保护层，保护层材料可用彩塑钢板。冷媒管穿墙时要加设套管，防止穿管时损坏保温层。冷媒管支架严禁产生"冷桥"，建议在支吊架上加设防腐垫木。冷媒管直径为6.4~25.4 mm时，保温材料厚度不小于15 mm；冷媒管直径为28.6~38.1 mm时，保温材料厚度不小于20 mm。

2. 空调系统工作原理

空调制冷是指用人工的方法在一定时间、一定空间内将某物体或流体冷却，使其温度降低到环境温度以下并保持这个低温。反之则为空调制热。压缩式制冷必不可少的四大部件：

蒸发器、压缩机、冷凝器、膨胀阀。制冷剂在制冷系统中历经蒸发、压缩、冷凝和节流四个热力过程，如图6.22所示。在蒸发器中，低温低压的制冷剂液体吸收被冷却介质（如冷水）的热量，蒸发成低温低压的制冷剂蒸汽，每小时吸收的热量即为制冷量。低温低压的制冷剂蒸汽被压缩机吸入，并被压缩成高温高压的蒸汽后排入冷凝器。在冷凝器中，高温高压的制冷剂蒸汽被冷却水（或空气）冷却，冷凝成高压的液体，放出热量。从冷凝器排出的高压液体，经膨胀阀节流后变成低温低压的液体，进入蒸发器再进行蒸发制冷。

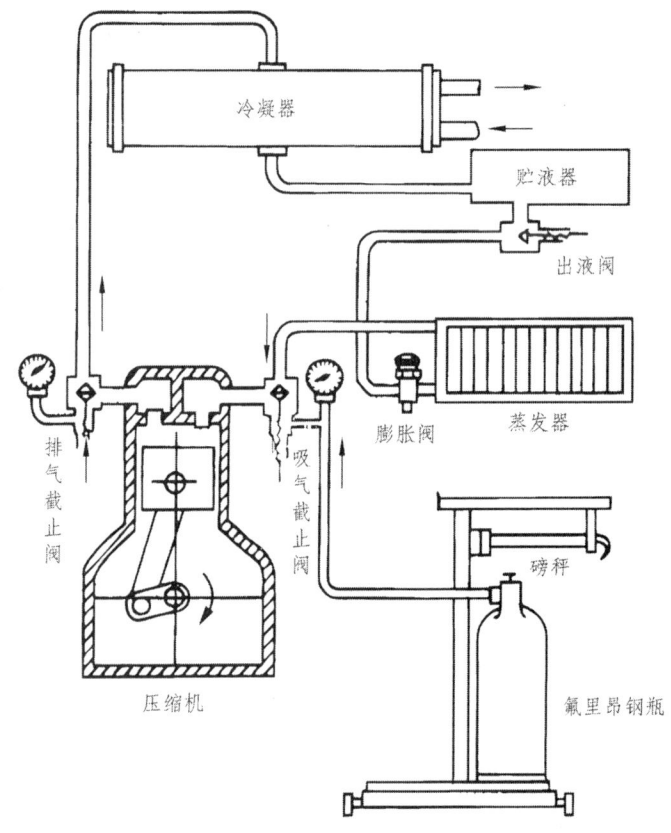

图6.22 空调系统工作原理

6.2 通风空调工程施工图识读

6.2.1 通风空调工程施工图组成

通风空调工程施工图由图纸目录、设计施工说明、主要设备材料明细表，平面图、剖面图、系统图（轴测图）、原理图及详图组成。详图包括部件加工及安装图。

1. 设计施工说明

设计施工说明主要包括建筑物概况，系统设计依据，设计采用的气象参数，房间的设计参数，系统的划分，风系统和水系统的形式，水管、风管材料及加工方法，管材、支吊架及阀门安装要求，保温、减振做法，水管系统的试压和清洗，设备安装及防腐要求，系统调试和试运行方法、步骤,以及特殊部位的施工方法等。

2. 主要设备材料明细表

主要设备材料明细表主要是列出工程中所用到的设备和材料的名称、规格或性能参数、技术要求、数量等。需要注意的是,主要设备材料明细表中所列设备、材料的规格、型号并不能满足预算编制的要求,只能作为参考,如有些设备需要查找相关产品样本或使用说明书。

3. 平面图

平面图表示各层和各房间的通风与空调系统的风管、水管、阀门、风口和设备的平面布置情况,并确定它们的平面位置,包括各层通风空调系统平面图、空调机房平面图、制冷机房平面图等。

(1)通风空调系统平面图。

通风空调系统平面图主要说明各层通风空调系统的设备、系统风道、冷(热)媒管道、凝结水管道的平面布置情况。主要包含以下几项内容:

① 风管系统。一般用双线绘制,包括风管系统的组成、布置及风管上各部件、设备的位置,注明系统编号、送回风的空气流向,风管的轴线长度尺寸、各管道及管件的截面尺寸等。

② 水管系统。一般用单线绘制,包括冷热水管道、凝结水管道的组成、布置及水管上各部件、仪表、设备的位置,注明各管道的水流流向、坡度、管径等。

③ 空气处理设备。包括各种空气处理设备的形状和位置。

④ 尺寸标注。包括各种管道、设备、部件的尺寸大小、定位尺寸,以及设备基础的主要尺寸,设备、部件的名称、型号、规格等。

(2)空调机房平面图。

空调机房平面图一般包括以下几项内容:

① 空气处理设备。注明按标准图集或产品样本要求所采用的空调器组合段代号,空调箱内风机、加热器、表冷器、加湿器等设备的型号、数量,以及该设备的定位尺寸。

② 风管系统。包括与空调箱连接的送风管、回风管、新风管和排风管的位置及尺寸。

③ 水管系统。包括冷(热)媒管道、凝结水管道、冷却水管的位置及尺寸。

④ 尺寸标注。包括各管道、设备、部件的尺寸大小、定位尺寸,还有消声设备、柔性短管、防火阀、调节阀的位置尺寸。

(3)制冷机房平面图。

冷冻机房平面图的内容主要有制冷机组的型号、台数,冷冻水泵和冷凝水泵的型号、台数,冷(热)媒管道的布置以及各设备、管道和管道上的配件(过滤器、阀门等)的尺寸大小和定位尺寸。

4. 剖面图

剖面图是表明通风空调管路及设备在高度方向的布置情况及主要尺寸、相互关系、标高等,主要有通风空调系统剖面图、机房剖面图、冷冻机房剖面图等。剖面图与平面图相对应,剖面图数量和剖切位置,在平面图上都有说明。剖面图上的内容与平面图上的内容是一致的，主要区别是剖面图上要标注设备、管道及配件的高度。

5. 系统图

通风空调系统管路纵横交错，在平面图和剖面图中难以表达管线的空间走向，采用轴测图绘制出管路系统的单线条立体图，可以完整而形象地将风管、部件及附属设备之间的相对位置及空间关系表达出来。系统图采用的是三维坐标。系统图中主要设备、部件应标出编号，以便与平、剖面图及设备明细表相对照。系统图中包括系统中设备、配件的型号、数量、定位尺寸，连接于各设备之间的管道在空间的曲折、交叉、走向、相对位置关系，管道的标高、坡度等。系统图既可以用单线绘制，也可以用双线绘制，主要有冷冻水管系统图、空调风管系统图等。

6. 原理图

空调原理图主要包括：系统的原理和流程；空调房间的设计参数、冷热源、空气处理和输送方式；控制系统之间的相互关系；系统中的管道、设备、仪表、部件；整个系统控制点与测点间的联系；控制方案及控制点参数；用图例表示的仪表、控制元件型号等。原理图不按比例和投影规则绘制，其基本要求是应与平面图、剖面图及管道系统图相对应。

7. 详图

详图又称大样图，是表示设备、管道与部件、配件的组合详图，包括节点大样图。通风空调工程所需要的详图较多，有设备、管道的安装详图和加工详图。部分详图有标准图可供选用，需要时直接查标准图即可。通风空调详图要标明风管、部件及加工尺寸。

6.2.2 通风空调工程施工图图例

根据《暖通空调制图标准》（GB/T 50114—2010），暖通施工图的常用图例有水、气管道，风道，暖通空调设备和调控装置及仪表四类，常用的图形和文字符号见表6.1~表6.5，这里仅摘录标准中的一部分。

表6.1 水汽管道代号表

序号	代号	管道名称	备注
1	RG	采暖热水供水管	可附加1、2、3等表示一个代号，不同参数的多种管道
2	RH	采暖热水回水管	可通过实线、虚线表示供、回关系，省略字母G、H
3	LG	空调冷水供水管	—
4	LH	空调冷水回水管	—
5	KRG	空调热水供水管	—
6	KRH	空调热水回水管	—

续表

序号	代号	管道名称	备注
7	LRG	空调冷、热水供水管	—
8	LRH	空调冷、热水回水管	—
9	LQG	冷却水供水管	—
10	LQH	冷却水回水管	—
11	N	空调冷凝水管	—
12	PZ	膨胀水管	—
13	BS	补水管	—
14	X	循环管	—
15	LM	冷媒管	—
16	YG	乙二醇供水管	—
17	YH	乙二醇回水管	—

表6.2 水汽管道阀门和附件图例

序号	名称	图例	备注
1	截止阀		—
2	闸阀		—
3	球阀		—
4	蝶阀		
5	止回阀		
6	浮球阀		—
7	平衡阀		—
8	自动排气阀		—
9	膨胀阀		—
10	安全阀		—
11	角阀		—
12	向上弯头		—
13	向下弯头		—

续表

序号	名称	图例	备注
14	上出三通		—
15	下出三通		—
16	变径管		—
17	金属软管		—
18	固定支架		—
19	可曲挠橡胶软接头		—
20	Y形过滤器		—
21	减压阀		左高右低
22	补偿器		—
23	矩形补偿器		—
24	套管补偿器		—
25	波纹管补偿器		—
26	弧形补偿器		—
27	球形补偿器		—
28	保护套管		—
29	阻火器		—

表6.3 风道代号

序号	代号	管道名称	备注
1	SF	送风管	—
2	HF	回风管	一、二次回风可附加1、2区别
3	PF	排风管	—
4	XF	新风管	—
5	PY	消防排烟风管	—
6	ZY	加压送风管	—
7	P（Y）	排风排烟兼用风管	—
8	XB	消防补风风管	—
9	S（B）	送风兼消防补风风管	—

表6.4 风道、阀门及附件图例

序号	名称	图例	备注
1	矩形风管	***×***	宽（mm）×高（mm）
2	圆形风管	φ***	直径（mm）
3	风管向上		—
4	风管向下		—
5	风管上升摇手弯		—
6	风管下降摇手弯		—
7	天圆地方		左接矩形风管，右接圆形风管
8	软风管		—
9	圆弧形弯头		—
10	带导流片的矩形弯头		—
11	消声器		（系统图）
12	消声弯头		—
13	消声静压箱		—
14	风管软接头		—
15	对开多叶调节阀		—
16	蝶阀		—
17	插板阀		—
18	止回风阀		—
19	余压阀	DPV DPV	—
20	三通调节阀		—
21	防烟、防火阀	*** ***	—
22	方形风口		—

续表

序号	名称	图例	备注
23	矩形风口	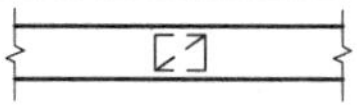	—
24	圆形风口	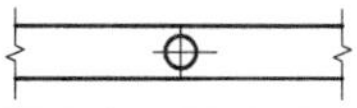	—
25	侧面风口	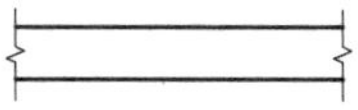	—
26	防雨百叶	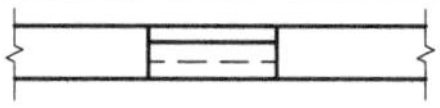	—
27	检修门	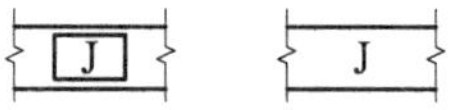	—
28	气流方向		左图为通用表示法，中间图表示送风，右图表示回风
29	防雨罩		—

表6.5 暖通空调设备图例

序号	名称	管道名称	备注
1	轴流风机	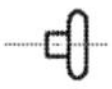	—
2	轴（混）流式管道风机	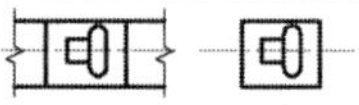	—
3	离心式管道风机	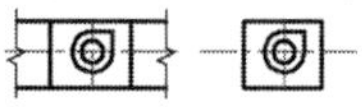	—
4	吊顶式排气扇		—
5	水泵		—
6	手摇泵	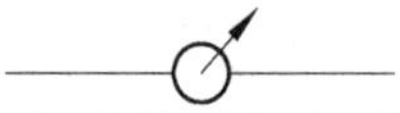	—
7	变风量末端	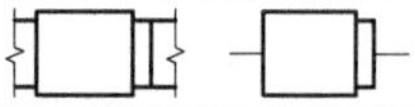	—
8	空调机组加热、冷却盘管		从左到右分别为加热、冷却及双功能盘管
9	空气过滤器	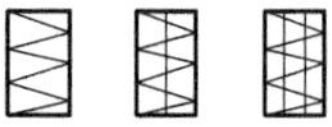	从左到右分别为粗效、中效及高效
10	挡水板		—
11	加湿器	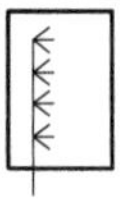	—
12	电加热器	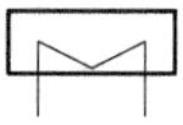	—
13	板式转换器	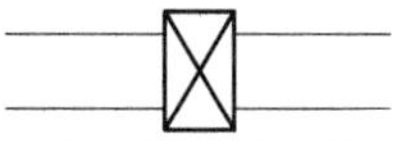	—

续表

序号	名称	管道名称	备注
14	立式明装风机盘管	⊠	—
15	立式暗装风机盘管	⊠	—
16	卧式明装风机盘管	◪	—
17	卧式暗装风机盘管	◪	—
18	窗式空调器	◪	—
19	分体空调器	◪ 室内机 ⊠ 室外机	—
20	射流诱导风机		—
21	减震器	⊙ △	左图为平面图画法，右图为剖面图画法

6.2.3 通风空调工程综合案例施工图识读

在上述理论知识的基础上，结合"重庆市重庆工程学院教学科研楼项目"进行通风工程施工图识读，详细的图纸及施工图识读视频请扫描二维码学习。

通风空调工程施工图　　　　　　通风空调工程施工图识读视频

6.3 通风空调工程计量与计价案例分析

重庆工程学院教学科研楼工程通风系统风管为镀锌钢板风管，空调系统风管为酚醛复合型风管。风管穿越隔墙、楼板、防火墙时应采用防火封堵材料进行封堵。排烟风道采用镀锌钢板或钢板制作。

1. 空调系统

教学科研楼空调采用房间分体柜挂式空调器。室外主机放置于临近相应室外空调机位处。冷凝水管室内采用 PVC 管，埋地部分采用热镀锌钢管，就近排入给排水专业预留排水口。室内冷凝水管需做保温，B 级橡塑保温板，保温层厚13 mm。所有缝隙均要求用专用胶水黏结严密，保温层外用5 mm 厚的铝板做一层保护层。

2. 通风系统

主要功能房间设计外窗，外窗（含阳台透明部分）可开启面积不小于该房间外墙面积的10%。满足自然通风但不满足自然通风条件时，设置窗式排风扇进行通风换气。该工程无特殊的通风要求与设计。

3. 排烟系统

（1）排烟分区及设施。

该建筑防火分区2~13走道均设置机械排烟系统 P（Y）1。建筑空间净高小于或等于6 m 的场所，其排烟量应按不小于60 m³/（h·m²）计算，且取值不小于15 000 m³/h，支管上安装280 ℃电动防火阀，280 ℃电动防火阀、电动常闭排烟防火风口和排烟风机联动，连锁消防控制室。当火灾确认后，火灾自动报警系统在15 s 内联动开启相应防烟分区的全部排烟阀、排烟口、排烟风机和补风设施，并在30 s 内自动关闭与排烟无关的通风、空调系统。

楼梯间前室设置自然通风防烟设施，不满足条件的做机械加压送风系统，详见平面图。该建筑楼梯间2（防烟楼梯间）设置 J（Y）-2机械加压送风设施，系统1~12层每隔一层设置自垂式百叶风口，风机连锁消防控制室，1~12层每隔一层设置压差感应器连锁风机压差旁通管上的电动旁通阀，火灾时风机开启，每隔一层自垂式百叶风口开启送风，超压时压差旁通阀开启泄压。

该建筑楼梯间1、3的前室设置机械加压送风设施，系统每层设置电动百叶风口（常闭）、风机及电动百叶风口连锁消防控制室，每层设置压差感应器连锁风机压差旁通管上的电动旁通阀，火灾时风机开启且开启送风，超压时压差旁通阀开启泄压。

该工程设置机械加压送风系统的场所，楼梯间应设置常开风口，前室应设置常闭风口。风管与风机的连接宜采用法兰连接，或采用不燃材料的柔性短管连接。当风机仅用于防烟、排烟时不宜采用柔性连接。风管与风机连接若有转弯处宜加装导流叶片，保证气流顺畅。当风管穿越隔墙或楼板时，风管与隔墙之间的空隙应采用水泥砂浆等不燃材料严密填塞。

（2）抗震支吊架。

抗震支吊架的制作、安装：机械通风系统的管道一律采用镀锌钢板制作，镀锌钢板厚度按《通风与空调工程施工规范》（GB 50738—2011）执行。各大公用设备房内的管道支吊架应有可靠的侧向及轴向支撑，多根管道共架时应采用门型抗震支架。管道穿越抗震缝、内墙、楼板、外墙及基础时的处理。送介质为水的各类管道、空调系统和通风系统风管（含采暖系统、空调系统等）应避免穿越抗震缝，必须穿越时应在抗震缝两侧分别设置柔性接头，穿越普通内墙或楼板时应设置套管，套管与管道之间的缝隙应使用柔性防火材料进行填充。管道穿越建筑物外墙或基础时，应设置刚性防水套管，套管与管道之间的缝隙采用不燃材料填充，穿越建筑基础的管道在室外侧就近安装柔性接头。

（3）管道及风管材质。

① 除多层建筑的空调冷凝水管道可采用 UPVC 管道以外，还有采暖供回水管道、空调冷冻水供回水管道、空调冷却水供回水管道、冷凝水管道等。当 DN<150时均采用镀锌钢管，丝扣连接；DN>150时均采用无缝钢管连接，焊接连接。

② 机械通风系统的管道一律采用镀锌钢板制作，镀锌钢板厚度按《通风与空调工程施工规范》（GB 50738—2011）执行。

③ 防排烟风管、排烟补风风管、加压送风风管、事故通风风管管材一律采用镀锌钢板，厚度按《通风与空调工程施工规范》（GB 50738—2011）的高压系统选取。

根据重庆工程学院教学科研楼工程的图纸，选取该工程首层、负一层进行分析，将此项目分为通风空调设备及部件、通风管道、通风管道部件、通风工程检测调试四个部分来介绍。

6.3.1 通风空调设备及部件计量与计价分析

1. 清单项目及清单计算规则

根据《通用安装工程工程量计算规范》(GB 50856—2013)附录 G 通风空调工程,通风及空调设备及部件制作安装工程量清单项目、设置项目特征描述的内容、计量单位及工程量计算规则,应按表6.6的规定执行。

表6.6 通风空调设备及部件清单项目

项目编码	项目名称	项目特征	计量单位	工程量计算规则	工程内容
030701001	空气加热器(冷却器)	1.名称 2.型号 3.规格 4.质量 5.安装形式 6.支架形式、材质	台	按设计图示数量计算	1.本体安装、调试 2.设备支架制作、安装 3.补刷(喷)油漆
030701002	除尘设备				
030701003	空调器	1.名称 2.型号 3.规格 4.安装形式 5.质量 6.隔振垫(器)、支架形式、材质	台(组)		1.本体安装或组装、调试 2.设备支架制作、安装 3.补刷(喷)油漆
030701004	风机盘管	1.名称 2.型号 3.规格 4.安装形式 5.减振器、支架形式、材质 6.试压要求	台		1.本体安装、调试 2.支架制作、安装 3.试压 4.补刷(喷)油漆
030701005	表冷器	1.名称 2.型号 3.规格			1.本体安装 2.型钢制作、安装 3.过滤器安装 4.挡水板安装 5.调试及运转 6.补刷(喷)油漆

续表

项目编码	项目名称	项目特征	计量单位	工程量计算规则	工程内容
030701006	密闭门	1.名称 2.型号 3.规格 4.形式 5.支架形式、材质	个		1.本体制作 2.本体安装 3.支架制作、安装
030701007	挡水板				
030701008	滤水器、溢水盘				
030701009	金属壳体				
030701010	过滤器	1.名称 2.型号 3.规格 4.类型 5.框架形式、材质	1.台 2.m²	1.以台计量，按设计图示数量计算 2.以面积计量，按设计图示尺寸以过滤面积计算	1.本体安装 2.框架制作、安装 3.补刷（喷）油漆
030701011	净化工作台	1.名称 2.型号 3.规格 4.类型	台	按设计图示数量计算	1.本体安装 2.补刷（喷）油漆
030701012	风淋室	1.名称 2.型号 3.规格 4.类型 5.质量			
030701013	洁净室				
030701014	除湿机	1.名称 2.型号 3.规格 4.类型			本体安装
030701015	人防过滤吸收器	1.名称 2.规格 3.形式 4.材质 5.支架形式、材质			1.过滤吸收器安装 2.支架制作、安装

注：通风空调设备安装的地脚螺栓按设备自带考虑

2. 定额计算规则

（1）空气加热器（冷却器）安装，按设计图示数量以"台"计算。

（2）除尘设备安装，按设计图示数量以"台"计算。

（3）空调器安装，按设计图示数量以"台"计算。

（4）风机盘管安装，按设计图示数量以"台"计算。

（5）VAV变风量末端装置安装，按设计图示数量以"台"计算

（6）分段组装式空调器安装，按设计图示质量以"kg"计算。

（7）钢板密闭门制作安装，按设计图示数量以"个"计算。

（8）挡水板安装，按设计图示尺寸空调器断面面积以"m"计算。

（9）滤水器、溢水盘、电加热器外壳、金属空调器壳体制作安装，按设计图示尺寸质量以"kg"计算。非标准部件制作安装按成品质量计算。

（10）过滤器框架制作，按设计图示尺寸质量以"kg"计算。

（11）高、中、低效过滤器安装，净化工作台、风淋室安装，按设计图示数量以"台"计算。

（12）多联式空调机室外机依据制冷量、按设计图示数量以"台"计算。

（13）通风机安装，依据不同形式、规格按设计图示数量以"台"计算。风机箱安装，按设计图示数量以"台"计算。

（14）设备支架制作安装，按设计图尺寸质量以"kg"计算。

（15）空气幕按设计图示数量以"台"计算。

（16）过滤吸收器、预滤器、除湿器等安装，按设计图示数量以"台"计算。

（17）多联机铜管安装，按设计图示管道中心线长度计算，不扣除阀门、管件及各种组件所占长度

3．清单工程量与定额工程量计算规则对比

对比分析《通用安装工程工程量计算规范》（GB 50856—2013）和《重庆市通用安装工程计价定额》（CQAZDE—2018）中关于通风空调设备及部件工程量计算规则后可知，两者计算规则在空调器、风机盘管、密闭门、净化工作台等项目的计量规则基本一致，在挡水板、金属外壳计量规则上有区别，清单以数量计量而定额中以断面面积、质量为单位进行计算。

4．定额计价说明

本节内容包括空气加热器（冷却器），除尘设备，空调器，风机盘管，钢板密闭门，钢板挡水板，滤水器、溢水盘制作、安装，金属壳体制作、安装，过滤器、框架制作、安装，净化工作台，风淋室安装，除湿机，人防过滤吸收器，通风机安装。

通风机安装子目内包括电动机安装，适用于碳钢、不锈钢、塑料通风机安装。

有关说明如下：

（1）VAV变风量末端适用于单风道末端和双风道末端装置，风机动力型变风量末端装置乘以系数1.1。

（2）诱导器安装按风机盘管相应定额子目执行。

（3）清洗槽、浸油槽、晾干架、WP滤尘器支架制作安装按《重庆市通用安装工程计价定额》（第七册 通风空调安装工程）"第一章 设备支架制作、安装"相应定额子目执行。

（4）玻璃钢和PVC挡水板按钢板挡水板相应定额子目执行。

（5）洁净室安装按分段组装式空调器相应定额子目执行。

（6）低效过滤器包括：M-A 型、WL 型、LWP 型等系列。

（7）中效过滤器包括：ZKL 型、YB 型、M 型、ZX-1 型等系列。

（8）高效过滤器包括：GB 型、GS 型、JX-20 型等系列。

（9）净化工作台包括：XHK 型、BZK 型、SXP 型、SZP 型、SZX 型、SW 型、SZ 型、SXZ 型、TJ 型、CJ 型等系列。

（10）空气幕的支架制作安装按本册"第一章 设备支架制作、安装"相应定额子目执行。

（11）通风空调设备的电气接线按《重庆市通用安装工程计价定额》（第四册 电气设备安装工程）相应定额子目执行。

（12）多联机铜管冷媒充注量以多联机生产厂家样板或技术文件规定的冷媒充注计算公式为准按实计算，以"kg"为计量单位。

（13）多联机室内机（卡式嵌入式）面板安装按同规格百叶风口安装定额子目执行。

（14）分体空调按相应多联机定额子目执行。

5. 计算实例

（1）工程量计算。

【例6.1】图6.23所示为重庆工程学院教学科研楼工程首层平面图，试计算该层分体式空调的工程量。

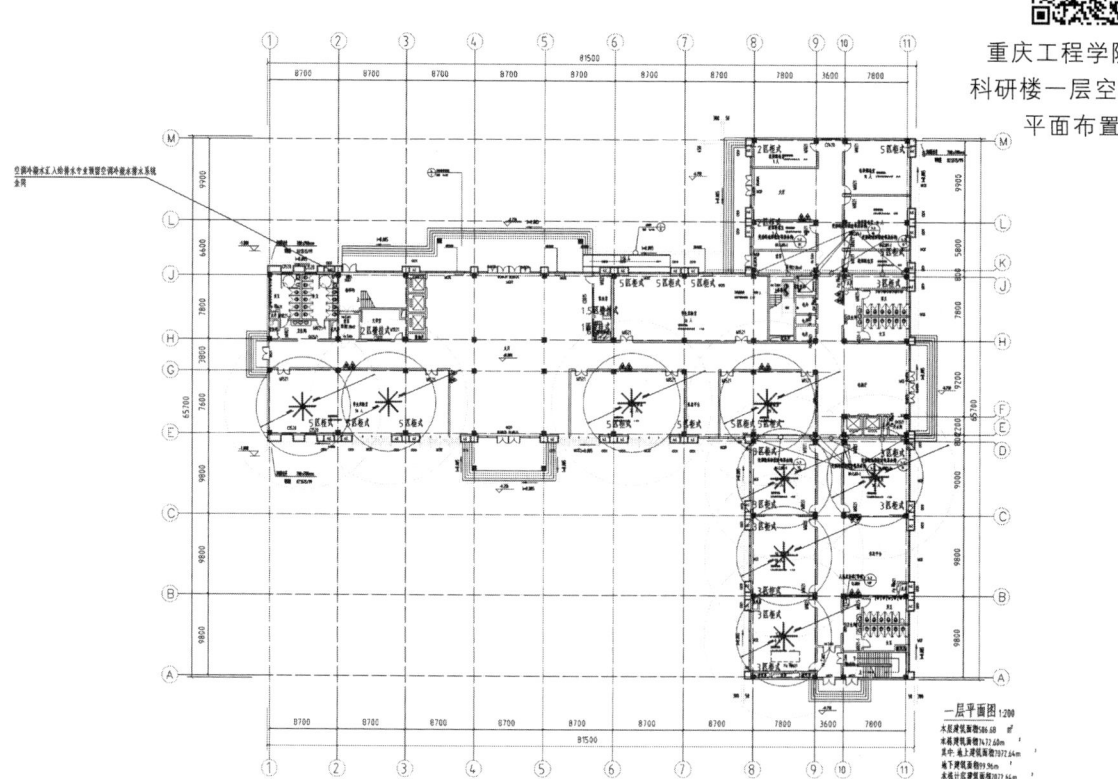

重庆工程学院教学科研楼一层空调/风扇平面布置图

图6.23 重庆工程学院教学科研楼一层空调/风扇平面布置图

【解】该工程采用分体柜挂式空调器，计量规则以设计图示数量"台"进行计算，本层空调器数量已经在图纸中进行统计，统计结果见表6.7。

表6.7 一层空调/吊扇统计表

名称	型号与规格	数量	功率/kW	电压/V
1P挂机	KFR-26GW	1	0.62	220
1.5P挂机	KFR-35GW	1	0.86	220
2P挂机	KFR-50GW	1	1.2	220
2P柜机	KFR-50LW	2	1.2	220
3P柜机	KFR-72LW	9	2.1	220
5P柜机	KFR-120LW	12	3.5	380
吊扇	SHVLS-D8BAA36	8	0.3	220

（2）确定清单项目特征及工程量。

结合案例图纸的设计说明和计算的工程量可编制分部分项工程量清单表（表6.8）。

表6.8 项目工程量清单表

序号	项目编码	项目名称	项目特征	计量单位	工程量
1	030701003001	空调器：1P挂机	项目特征： 1.名称：1P挂机 2.型号：KFR-26GW 3.规格：KFR-26GW 4.安装形式：墙上式 5.质量 6.隔振垫（器）、支架形式、材质： 工作内容： 1.本体安装或组装、调试 2.设备支架制作、安装 3.补刷（喷）油漆	台（组）	1

（3）定额项目的工程内容说明。

定额项目的工作内容，是正确选用定额子项的关键因素。《重庆市通用安装工程计价定额》（CQAZDE—2018）空调器部分定额项目的工作内容见表6.9。

表6.9 定额项目的工程内容

序号	项目名称	定额编号	工作内容说明
1	A3.1 吊顶式、落地式空调器	CG0008-CG0013	开箱检查设备、清理、底座螺栓、吊装、找平找正、加垫、灌浆、螺栓固定
2	A3.2 墙上式空调器	CG00014-CG0016	开箱检查设备,附件连接、安装膨胀螺栓,吊装,找平找正,加垫,螺栓固定
3	A3.3 多联式空调机室外机	CG00017-CG0021	开箱、检查、就位、找平找正、固定、试运转
4	A3.4 多联式空调机室内机	CG00022-CG0025	开箱检查设备、附件,试压,底座螺栓,打膨胀螺栓,制作安装吊架,胀塞,上螺栓,找平找正、加垫、螺栓固定

（4）分析清单项与定额项的对应关系。

通过分析清单和定额工作内容异同,确定空调器清单项与定额项的对应关系见表6.10。

表6.10 清单项与定额项的对应关系

工程量清单项					可对应的定额项目	
项目编码	项目名称	项目特征	计量单位	工作内容	主要内容	定额子目
030701003	空调器	1.名称 2.型号 3.规格 4.安装形式 5.质量 6.隔振垫（器）、支架形式、材质	台（组）	1.本体安装或组装、调试 2.设备支架制作、安装 3.补刷（喷）油漆	空调器（吊顶式、落地式、墙上式、多联机）	CG0008-CG0025

（5）定额套取并确定综合单价。

空调器清单计价套取定额情况和项目综合单价见表6.11。

表6.11 空调器综合单价分析表

项目编码	030701003001	项目名称			空调器				计量单位		台	综合单价	156.03
定额编号	定额项目名称	单位	数量	定额人工费	定额材料费	定额施工机具使用费	定额综合单价		利润		一般风险费用	综合单价	合价
							企业管理费					未计价材料费	
				1	2	3	费率/%	(1)×(4)	费率/%	(1)×(6)	费率/%	(1)×(8)	人材机价差	其他风险费	
							4	5	6	7	8	9	10	11	12	13
CG0014	墙上式空调器安装 质量(t)≤0.1	台	1	100	4.82	0	27.18	21.23	21.23	2.8	2.8	2.8	2.8	0	0	0	1+2+3+5+7+9+10+11+12 156.03
合计				100	4.82	0	—	21.23	—	2.8	—	2.8	0	0	0	156.03

人工、材料及机械名称	单位	数量	定额单价	市场单价	价差合计	市场价合价	备注
1.人工							
通风综合工	工日	0.8	125	125	0	100	
2.材料							
(1) 未计价材料							
墙上式空调器安装质量(t)≤0.1	台	1	0	0	0	0	
(2) 计价材料							
棉纱	kg	0.5	9.64	9.64	0	4.82	
(3) 其他材料							
3.机械							
(1) 机上人工							
(2) 燃油动力费							

6.3.2 通风管道制作、安装计量与计价分析

1. 清单项目及计算规则

根据《通用安装工程工程量计算规范》(GB 50856—2013)附录 G 通风空调工程,通风管道制作安装工程量清单项目设置、项目特征描述的内容、计量单位及工程量计算规则,应按表6.12的规定执行。

表6.12 通风管道制作、安装清单项目

项目编码	项目名称	项目特征	计量单位	工程量计算规则	工程内容
030702001	碳钢通风管道	1.名称 2.材质 3.形状 4.规格 5.板材厚度 6.管件、法兰等附件及支架设计要求 7.接口形式	m²	按设计图示内径尺寸以展开面积计算	1.风管、管件、法兰、零件、支吊架制作、安装 2.过跨风管落地支架制作、安装
030702002	净化通风管道				
030702003	不锈钢板通风管道	1.名称 2.形状 3.规格 4.板材厚度 5.管件、法兰等附件及支架设计要求 6.接口形式		按设计图示内径尺寸以展开面积计算	1.风管、管件、法兰、零件、支吊架制作、安装过跨风管落地 2.支架制作、安装
030702004	铝板通风管道				
030702005	塑料通风管道				
030702006	玻璃钢通风管道	1.名称 2.形状 3.规格、 4.板材厚度 5.支架形式、材质 6.接口形式		按设计图示外径尺寸以展开面积计算	1.风管、管件安装 2.支吊架制作安装 3.过跨风管落地支架制作、安装
030702007	复合型风管	1.名称 2.材质 3.形状 4.规格 5.板材厚度 6.接口形式 7.支架形式、材质			

续表

项目编码	项目名称	项目特征	计量单位	工程量计算规则	工程内容
030702008	柔性软风管	1.名称 2.材质 3.规格 4.风管接头、支架形式、材质	1.m 2.节	1.以米计量,按设计图示中心线以长度计算 2.以节计量,按设计图示数量计算	1.风管安装 2.风管接头安装 3.支吊架制作、安装
030702009	弯头导流叶片	1.名称 2.材质 3.规格 4.形式	1.m² 2.组	1.以面积计量,按设计图示以展开面积平方米计算 2.以组计量,按设计图示数量计算	1.制作 2.组装
030702010	风管检查孔	1.名称 2.材质 3.规格	1.kg 2.个	1.以千克计量,按风管检查孔质量计算 2.以个计量,按设计图示数量计算	1.制作 2.安装
030702011	温度、风量测定孔	1.名称 2.材质 3.规格 4.设计要求	个	按设计图示数量计算	1.制作 2.安装

注:1.风管展开面积,不扣除检查孔、测定孔、送风口、吸风口等所占面积;风管长度一律以设计图示中心线长度为准(主管与支管以其中心线交点划分),包括弯头、三通、变径管、天圆地方等管件的长度,但不包括部件所占的长度。风管展开面积不包括风管、管口重叠部分面积。风管渐缩管:圆形风管按平均直径;矩形风管按平均周长。
2.穿墙套管按展开面积计算,计入通风管道工程量中。
3.通风管道的法兰垫料或封口材料,按图纸要求应在项目特征中描述。
4.净化通风管的空气洁净度按100000级标准编制,净化通风管使用的型钢材料如要求镀锌时工作内容应注明支架镀锌。
5.弯头导流叶片数量,按设计图纸或规范要求计算。
6.风管检查孔、温度测定孔、风量测定孔数量,按设计图纸或规范要求计算

2.定额计算规则

(1)薄钢板风管、净化风管、不锈钢风管、铝板风管、塑料风管、玻璃钢风管、复合型风管按设计图示规格展开面积以"m²"计算,不扣除检查孔、测定孔、送风口、吸风口等所占面积。风管展开面积不计算风管、管口重叠部分面积。

(2)薄钢板风管、净化风管、不锈钢风管、铝板风管、塑料风管、玻璃钢风管、复合型风管长度计算时均以设计图示中心线长度(主管与支管以其中心线交点划分),包括弯头、变径管、天圆地方等管件的长度,不包括部件所占长度。

(3)柔性软风管安装,按设计图示中心线长度计算,以"m"为计量单位;柔性软风管阀门安装,按设计图示数量以"个"计算。

（4）弯头导流叶片制作安装，按设计图示叶片的面积以"m²"计算。

（5）风管检查孔制作安装，按设计图示尺寸质量以"kg"计算。

（6）温度、风量测定孔制作安装依据其型号，按设计图示数量以"个"计算。

3．清单工程量与定额工程量计算规则对比

对比分析《通用安装工程工程量计算规范》（GB 50856—2013）和《重庆市通用安装工程计价定额》（CQAZDE—2018）中关于通风管道工程量计算规则后可知，两者计算规则基本一致，在柔性软风管、弯头导流叶片和风管检查孔三个项目清单计量规则增加了"节""组""个"。

4．定额计价说明

（1）本节内容包括镀锌薄钢板法兰风管制作、安装，镀锌薄钢板矩形净化风管制作、安装，不锈钢板风管制作、安装，铝板通风管道、塑料通风管道、玻璃钢通风管道、复合通风管道的制作、安装，柔性软通风管道安装，弯头导流叶片，风管检查孔，温度、风量测定孔制作、安装。

（2）下列费用可按系数分别计取。

① 薄钢板风管整个通风系统设计采用渐缩管均匀送风者，圆形风管按平均直径、矩形风管按平均周长参照相应规格子目，其人工乘以系数2.5。

② 如制作空气幕送风管时，按矩形风管平均周长执行相应风管规格子目，其人工乘以系数3，其余不变。

（3）有关说明如下：

① 薄钢板风管、净化风管、不锈钢风管、铝板风管、塑料风管、玻璃钢风管、复合型风管长度计算时均以设计图示中心线长度（主管与支管以其中心线交点划分），包括弯头、交叉或分隔三通、交叉或分隔四通、变径管、天圆地方等管件的长度，不包括部件所占长度。

② 镀锌薄钢板风管子目中的板材是按镀锌薄钢板编制的，如设计要求不用镀锌薄钢板时，板材可以换算，其他不变。

③ 风管导流叶片不分单叶片和香蕉形双叶片均执行同一子目。

④ 薄钢板通风管道、净化通风管道、复合型风管制作安装子目中，包括弯头、三通、变径管、天圆地方等管件及法兰、加固框和吊托支架的制作安装，但不包括过跨风管落地支架，落地支架制作安装按《重庆市通用安装工程计价定额》（第七册 通风空调安装工程）"第一章 设备支架制作、安装"相应定额子目执行。

⑤ 薄钢板风管子目中的板材，如设计要求厚度不同时可以换算，人工、机械不变。

⑥ 净化风管、不锈钢板风管、铝板风管、塑料风管子目中的板材，如设计厚度不同时可以换算，人工、机械不变。

⑦ 净化圆形风管制作安装按本章矩形风管制作安装相应定额子目执行。

⑧ 净化风管涂密封胶按全部口缝外表面涂抹考虑。如设计要求口缝不涂抹而只在法兰处涂抹时，每10 m风管应减去密封胶1.5 kg和人工0.37工日。

⑨ 净化风管及管件制作安装子目中，型钢未包括镀锌费，如设计要求镀锌时，应另加

镀锌费。

⑩ 净化通风管道子目按空气洁净度100000级编制。

⑪ 不锈钢风管咬口连接制作安装按本章镀锌薄钢板风管法兰连接相应定额子目执行。法兰材质可按实换算。

⑫ 不锈钢板风管、铝板风管制作安装子目中包括管件，但不包括法兰和吊托支架；法兰和吊托支架应单独列项计算，按相应定额子目执行。

⑬ 塑料风管、复合型风管制作安装子目规格所表示的直径为内径，周长为内周长。

⑭ 塑料风管制作安装子目中包括管件、法兰、加固框，但不包括吊托支架制作安装，吊托支架按《重庆市通用安装工程计价定额》（第七册 通风空调安装工程）"第一章 设备支架制作、安装"相应定额子目执行。

⑮ 塑料风管制作安装子目中的法兰垫料如与设计要求使用品种不同时可以换算，但人工不变。

⑯ 塑料风管管件制作的胎具摊销材料费，未包括在内，按以下规定另行计算：

a. 风管工程量在30 m²以上的，每10 m²风管的胎具摊销木材为0.06 m³，按材料价格计算胎具材料摊销费。

b. 风管工程量在30 m²以下的，每10 m²风管的胎具摊销木材为0.09 m³，按材料价格计算胎具材料摊销费。

⑰ 玻璃钢风管及管件以图示工程量加损耗计算，按外加工订做考虑。

⑱ 子目中的法兰垫料按橡胶板编制，如与设计要求使用的材料品种不同时可以换算，但人工不变。使用泡沫塑料者每1 kg 橡胶板换算为泡沫塑料0.125 kg；使用闭孔乳胶海绵者每1 kg 橡胶板换算为闭孔乳胶海绵0.5 kg。

⑲ 柔性软风管适用于由金属、涂塑化纤织物、聚酯、聚乙烯、聚氯乙烯薄膜、铝箔等材料制成的软风管。

⑳ 本定额中镀锌薄钢板风管表面不刷油防腐时，其支吊托架、法兰、加固框刷油防腐工程量按定额未计价中的型钢消耗量除以1.04作为刷油防腐的工程量。

5. 计算实例

（1）工程量计算。

【例6.2】图6.24所示为重庆工程学院教学科研楼工程负一层防排烟通风平面图，试计算该层规格630×250的不锈钢板通风风管工程量。

【解】依据《重庆市通用安装工程计价定额》（第七册 通风空调安装工程）定额说明规定：薄钢板风管、净化风管、不锈钢风管、铝板风管、塑料风管、玻璃钢风管、复合型风管长度计算时均以设计图示中心线长度（主管与支管以其中心线交点划分），包括弯头、变径管、天圆地方等管件的长度，不包括部件所占长度。根据定额本册附录规定防火阀和止回阀均按300 mm设置，风管部件长度具体见表6.13。

表6.13 风管部件

项目	蝶阀	止回阀	密闭式对开多叶调节阀	圆形风管防火阀	矩形风管防火阀
长度/mm	150	300	210	一般为300~380	一般为300~380

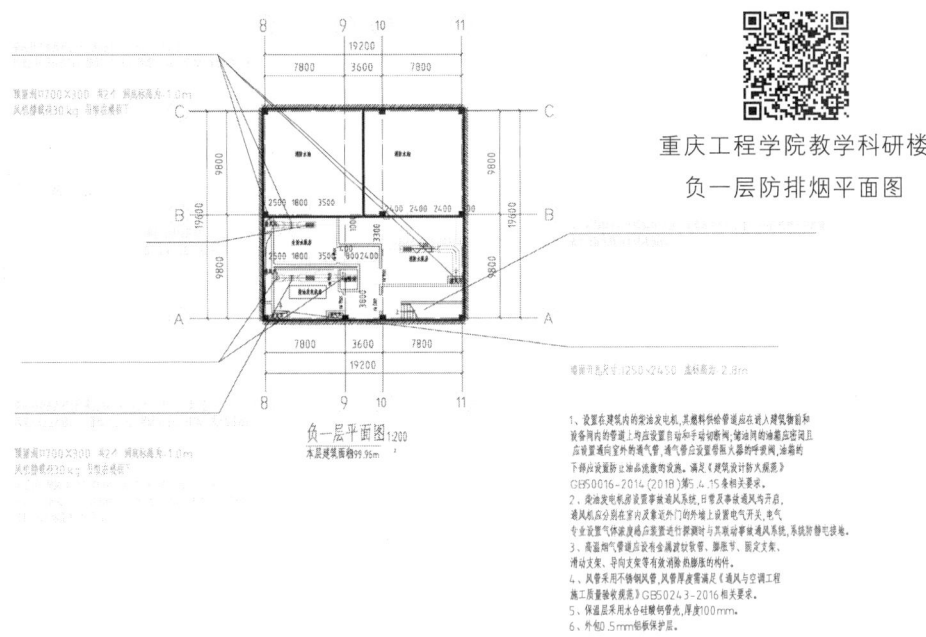

图6.24 重庆工程学院教学科研楼负一层防排烟平面图

630×250不锈钢板风管工程量=风管周长×风管长度=(0.63+0.25)×2×(水平段1.698×
2+2.198+6.228+2.898+1.757+2.393+3.14×0.441/2-
0.3×7+垂直段3.7)=37.245 m²

（2）确定清单项目特征及工程量。

根据图纸说明：风管采用不锈钢风管，风管厚度应满足《通风与空调工程施工质量验收规范》（GB 50243—2016）的相关要求，结合表6.14的规定，排烟管道通常为中压管道，根据管道长边尺寸可确定风管厚度为0.75 mm。

表 6.14 风管　　　　　　　　　　　　　　　　　　　　　　　单位：mm

风管直径或长边尺寸 b	微压、低压、中压	高压
$b \leqslant 450$	0.5	0.75
$450 < b \leqslant 1\,120$	0.75	1.0
$1\,120 < b \leqslant 2\,000$	1.0	1.2
$2\,000 < b \leqslant 4\,000$	1.2	按设计要求

结合案例图纸的设计说明和计算的工程量可编制分部分项工程项目清单计价表（表6.15）。

（3）定额项目的工程内容说明。

表6.16仅列举不锈钢板通风管道定额工作内容，其他请查阅《重庆市通用安装工程计价定额》（CQAZDE—2018）。

（4）清单项与定额项的对应关系。

通过分析清单和定额工作内容异同可知不锈钢板通风管道清单工作内容包含管件、法兰和吊托支架制作安装,但定额中明确规定不锈钢板风管、铝板风管制作安装子目中包括管件,但不包括法兰和吊托支架;法兰和吊托支架应单独列项计算,按相应定额子目执行。因此,该项目的不锈钢板通风管道清单项目中应套取不锈钢板矩形风管和《重庆市通用安装工程计价定额》(第七册 通风空调安装工程)通风管道部件中法兰、吊托支架等多项定额子目。不锈钢板通风管道清单项与定额项的对应关系列举见表6.17。

表6.15 项目工程量清单表

序号	项目编码	项目名称	项目特征	计量单位	工程量
	030702003	不锈钢板通风管道	项目特征: 1.名称:不锈钢板风管630×250 2.形状:矩形 3.规格:630×250 4.板材厚度:0.75 mm 5.管件、法兰等附件及支架设计要求 6.接口形式 工作内容: 1.风管、管件、法兰、零件、支吊架制作、安装过跨风管落地 2.支架制作、安装	m²	37.245

表6.16 定额项目的工程内容

序号	项目名称	定额编号	工作内容说明
1	B.3.1圆形风管	CG0187-CG0196	1.制作:放样、下料、卷圆、上法兰、点焊、焊接成型、焊缝酸洗、钝化 2.安装:找标高、起吊、找平找正、固定
2	B.3.2矩形风管	CG0197-CG0206	1.制作:放样、下料、剪切、折方、上法兰、点焊、焊接成型、焊缝酸洗、钝化 2.安装:找标高、起吊、找平找正、固定

表6.17 水灭火系统管道清单项与定额项的组合关系

工程量清单项					可对应的定额子目	
项目编码	项目名称	项目特征	计量单位	工作内容	主要内容	定额子目
030702003	不锈钢板通风管道	1.名称 2.形状 3.规格 4.板材厚度 5.管件、法兰等附件及支架设计要求 6.接口形式	m²	1.风管、管件、法兰、零件、支吊架制作、安装过跨风管落地 2.支架制作、安装	B.3不锈钢板通风管道制作、安装(圆形、矩形风管)	CG0187-CG0206
					C.4吊托支架	CG0399
					C.4不锈钢圆形法兰	CG0397-CG0398

(5)定额套取并确定综合单价。

不锈钢板通风管道清单计价套取定额情况和项目综合单价见表6.18所示。

表6.18 通风管道综合单价分析表

项目编码	030701003001	项目名称	空调器				计量单位							
定额编号	定额项目名称	单位	数量	定额综合单价								综合单价		合价
				定额人工费	定额材料费	定额施工机具使用费	企业管理费		利润		一般风险费用		未计价材料费	人材机价差	其他风险费	
				1	2	3	费率/% 4	5 (1)×(4)	费率/% 6	7 (1)×(6)	费率/% 8	9 (1)×(8)	10	11	12	13 1+2+3+5+7
CG0201	不锈钢板矩形风管（电弧焊）×壁厚（mm）×长边长（mm）	10 m²	0.1	117.11	40.47	29.88	27.18	31.82	21.23	24.86	2.8	3.28	0	0	0	247.43
CG039	吊托支架	100 kg	0	0	0	0	—	0	—	0	—	0	0	0	0	0
合计				117.11	40.47	29.88	—	31.82	—	24.86	—	3.28	0	0	0	247.43
人工、材料及机械名称			单位	数量	定额单价				市场单价		市场价合价					备注
1.人工																
通风综合工			工日	0.9369	125				125		117.11					
2.材料																
(1) 未计价材料																
不锈钢板 3			m²	1.08	0				0		0					
不锈钢扁钢 59 以内			kg	0	0				0		0					
角钢 60			kg	0	0				0		0					
扁钢 59 以内			kg	0	0				0		0					

156.03

续表

人工、材料及机械名称	单位	数量	定额单价	市场单价	价差合计	市场价合价	备注
（2）计价材料							
不锈钢焊条 A102 Φ3.2	kg	1.025	31.62	31.62	0	32.41	
热轧薄钢板 0.5	m²	0.015	13.44	13.44	0	0.2	
铁砂布 0~2#	张	1.95	0.85	0.85	0	1.66	
石油沥青油毡 350 g	m²	0.121	2.99	2.99	0	0.36	
硝酸	kg	0.4	9.23	9.23	0	3.69	
钢锯条	条	2.1	0.43	0.43	0	0.9	
白圣粉	kg	0.3	0.58	0.58	0	0.17	
棉纱头	kg	0.13	9.19	8.19	0	1.06	
不锈钢六角螺栓带螺母 M8×50 以下	10套	0	13.6	13.6	0	0	
不锈钢垫圈 M10-12	10个	0	3.23	3.23	0	0	
乙炔气	m³	0	14.31	14.31	0	0	
氧气	m³	0	3.26	3.26	0	0	
砂轮片 Φ400	片	0	18.97	18.97	0	0	
电	kW·h	0	0.7	0.7	0	0	
（3）其他材料							
3.机械							
（1）机上人工							
机上人工	工日	0.042 9	120	120	0	5.15	
（2）增油动力费							
电	kW·h	23.561	0.7	0.7	0	16.49	

6.3.3 通风管道部件制作、安装计量与计价分析

1. 清单项目及计算规则

根据《通用安装工程工程量计算规范》(GB 50856—2013) 附录 G 通风空调工程，通风管道部件制作安装工程量清单项目、设置项目特征描述的内容、计量单位及工程量计算规则，应按表6.19的规定执行。

表6.19 通风管道部件清单项目

项目编码	项目名称	项目特征	计量单位	工程量计算规则	工程内容
030703001	碳钢阀门	1.名称 2.型号 3.规格 4.质量 5.类型 6.支架形式、材质	个	按设计图示数量计算	1.阀体制作 2.阀体安装 3.支架制作、安装
030703002	柔性软风管阀门	1.名称 2.规格 3.材质			
030703003	铝蝶阀	1.名称 2.规格 3.质量 4.类型	个	按设计图示数量计算	阀体安装
030703004	不锈钢蝶阀				
030703005	塑料阀门	1.名称 2.型号 3.规格 4.类型			
030703006	玻璃钢蝶阀				
030703007	碳钢风口、散流器、百叶窗	1.名称 2.型号 3.规格 4.质量 5.类型 6.形式	个	按设计图示数量计算	1.风口制作、安装 2.散流器制作、安装 3.百叶窗安装
030703008	不锈钢风口、散流器、百叶窗				
030703009	塑料风口、散流器、百叶窗				

续表

项目编码	项目名称	项目特征	计量单位	工程量计算规则	工程内容
030703010	玻璃钢风口	1.名称 2.型号 3.规格 4.类型 5.形式	个	按设计图示数量计算	风口安装
030703011	铝及铝合金风口、散流器				1.风口制作、安装 2.散流器制作、安装
030703012	碳钢风帽	1.名称 2.规格 3.质量 4.类型 5.形式 6.风帽筝绳、泛水设计要求	个	按设计图示数量计算	1.风帽制作、安装 2.筒形风帽滴水盘制作、安装 3.风帽筝绳制作、安装 4.风帽泛水制作、安装
030703013	不锈钢风帽				
030703014	塑料风帽				
030703015	铝板伞形风帽				1.板伞形风帽制作、安装 2.风帽筝绳制作、安装 3.风帽泛水制作、安装
030703016	玻璃钢风帽				1.玻璃钢风帽安装 2.筒形风帽滴水盘安装 3.风帽筝绳安装 4.风帽泛水安装
030703017	碳钢罩类	1.名称 2.型号 3.规格 4.质量 5.类型 6.形式	个		1.罩类制作 2.罩类安装
030703018	塑料罩类				
030703019	柔性接口	1.名称 2.规格 3.材质 4.类型 5.形式	m²	按设计图示尺寸以展开面积计算	1.柔性接口制作 2.柔性接口安装
030703020	消声器	1.名称 2.规格 3.材质 4.形式 5.质量 6.支架形式、材质	个	按设计图示数量计算	1.消声器制作 2.消声器安装 3.支架制作安装

续表

项目编码	项目名称	项目特征	计量单位	工程量计算规则	工程内容
030703021	静压箱	1.名称 2.规格 3.形式 4.材质 5.支架形式、材质	1.个 2.m²	1.以个计量，按照图示数量计算 2.以平方米计量，按设计图示尺寸以展开面积计算	1.静压箱制作、安装 2.支架制作、安装
030703022	人防超压自动排气阀	1.名称 2.型号 3.规格 4.类型	个	按设计图示数量计算	安装
030703023	人防手动密闭阀	1.名称 2.型号 3.规格 4.支架形式、材质			1.密闭阀安装 2.支架制作安装
030703024	人防其他部件	1.名称 2.型号 3.规格 4.类型	个（套）	按设计图示数量计算	安装

注：1.碳钢阀门包括：空气加热器上通阀、空气加热器旁通阀、圆形瓣式启动阀、风管蝶阀、风管止回阀、密闭式斜插板阀、矩形风管三通调节阀、对开多叶调节阀、风管防火阀、各型风罩调节阀等。

2.塑料阀门包括：塑料蝶阀、塑料插板阀、各型风罩塑料调节阀。

3.碳钢风口、散流器、百叶窗包括：百叶风口、矩形送风口、矩形空气分布器、风管插板风口、旋转吹风口、圆形散流器、方形散流器、流线型散流器、送吸风口、活动算式风口、网式风口、钢百叶窗等。

4.碳钢罩类包括：皮带防护罩、电动机防雨罩、侧吸罩、中小型零件焊接台排气罩、整体分组式槽边侧吸罩、吹吸式槽边通风罩、条缝槽边抽风罩、泥心烘炉排气罩、升降式回转排气罩、上下吸式圆形回转罩、升降式排气罩、手锻炉排气罩。

5.塑料罩类包括：塑料槽边侧吸罩、塑料槽边风罩、塑料条缝槽边抽风罩。

6.柔性接口包括：金属、非金属软接口及伸缩节。

7.消声器包括：片式消声器、矿棉管式消声器、聚酯泡沫管式消声器、卡普隆纤维管式消声器、弧形声流式消声器、阻抗复合式消声器、微穿孔板消声器、消声弯头。

8.通风部件如图纸要求制作安装或用成品部件只安装不制作，这类特征在项目特征中应明确描述。

9.静压箱的面积计算：按设计图示尺寸以展开面积计算，不扣除开口的面积

2.定额计算规则

（1）碳钢调节阀安装，依据其类型、直径（圆形）或周长（方形）按设计图示数量以"个"计算。

（2）柔性软风管阀门安装，按设计图示数量以"个"计算。

（3）碳钢各种风口、散流器的安装，依据类型、规格尺寸按设计图示数量以"个"计算。

（4）钢百叶窗及活动金属百叶风口安装，依据规格尺寸按设计图示数量以"个"计算。

（5）塑料通风管道柔性接口及伸缩节制作安装，应依连接方式，按设计图示尺寸展开面积以"m²"计算。

（6）塑料通风管道分布器、散流器的制作安装，按其成品质量以"kg"计算。

（7）塑料通风管道风帽、罩类的制作，均按其质量以"kg"计算；非标准罩类制作，按成品质量以"kg"计算。罩类为成品安装时制作不再计算。

（8）不锈钢板风管圆形法兰制作，按设计图示尺寸质量以"kg"计算。

（9）不锈钢板风管吊托支架制作安装，按设计图示质量以"kg"计算。

（10）铝板圆伞形风帽、铝板风管圆、矩形法兰制作，按设计图示尺寸质量以"kg"计算。

（11）碳钢风帽的制作安装，均按其质量以"kg"计算；非标准风帽制作安装，按成品质量以"kg"计算。风帽为成品安装时制作不再计算。

（12）碳钢风帽筝绳制作安装，按设计图示规格长度对应的质量以"kg"计算。

（13）碳钢风帽泛水制作安装，按设计图示尺寸展开面积以"m²"计算。

（14）碳钢风帽滴水盘制作安装，按设计图示尺寸质量以"kg"计算。

（15）玻璃钢风帽安装，依据成品质量按设计图示数量以"kg"计算。

（16）罩类的制作安装，均按其质量以"kg"计算；非标准罩类制作安装，按成品质量以"kg"计算。罩类为成品安装时制作不再计算。

（17）微穿孔板消声器、管式消声器、阻抗式消声器成品安装，按设计图示数量以"节"计算。

（18）消声弯头安装，按设计图示数量以"个"计算。

（19）软管（帆布）接口制作安装，按设计图示尺寸展开面积以"m²"计算。

（20）消声静压箱安装，按设计图示数量以"个"计算。

（21）静压箱制作安装，按设计图示尺寸展开面积以"m²"计算。

（22）人防通风机安装，按设计图示数量以"台"计算。

（23）人防各种调节阀制作安装，按设计图示数量以"个"计算。

（24）LWP型滤尘器制作安装，按设计图示尺寸面积以"m²"计算。

（25）探头式含磷毒气及γ射线报警器安装，按设计图示数量以"台"计算。

（26）密闭穿墙管制作安装，按设计图示数量以"个"计算；密闭穿墙管填塞，按设计图示数量以"个"计算。

（27）测压装置安装，按设计图示数量以"套"计算。

（28）换气堵头安装，按设计图示数量以"个"计算。

（29）波导窗安装，按设计图示数量以"个"计算。

3. 清单工程量与定额工程量计算规则对比

对比分析《通用安装工程工程量计算规范》（GB 50856—2013）和《重庆市通用安装工程计价定额》（CQAZDE—2018）中关于通风管道部件工程量计算规则后可知，两者计算规则在消声器、散流器、罩类等项目不同,其他两者基本一致。

4. 定额计价说明

(1)本节内容包括各种碳钢调节阀安装,柔性软风管阀门安装,碳钢风口安装,不锈钢风口安装,法兰、吊托支架制作、安装,塑料风口、散流器、百叶窗安装,铝制孔板口安装,碳钢风帽制作、安装,塑料风帽、伸缩节制作、安装,铝合金风帽、法兰制作、安装,玻璃钢风帽安装,碳钢罩类制作、安装,塑料罩类制作、安装,柔性接头制作安装,消声器安装,静压箱安装,静压箱制作、安装,人防超压自动排气阀安装,人防手动密闭阀安装,人防其他部件制作、安装等工作。

(2)下列费用按系数分别计取:

① 电动密闭阀安装执行手动密闭阀子目,人工乘以系数1.05。

② 手(电)动密闭阀安装子目包括一副法兰、两副法兰螺栓及橡胶石棉垫圈,如为一侧接管时,人工乘以系数0.6,材料、机械乘以系数0.5。手(电)动密闭阀安装子目不包括吊托支架制作与安装,如发生按《重庆市通用安装工程计价定额》(第七册 通风空调安装工程)"第一章 设备支架制作、安装"相应定额子目执行。

③ 碳钢百叶风口安装子目适用于带调节板活动百叶风口、单层百叶风口、双层百叶风口、三层百叶风口、连动百叶风口、135型单层百叶风口、135型双层百叶风口、135型带导流叶片百叶风口、活动金属百叶风口。风口的宽与长之比≤0.125为条缝形风口,按百叶风口相应定额子目执行,人工消耗量乘以系数1.1。

(3)有关说明如下:

① 密闭式对开多叶调节阀与手动式对开多叶调节阀执行同一子目。

② 蝶阀安装子目适用于圆形保温蝶阀,方、矩形保温蝶阀,圆形蝶阀,方、矩形蝶阀;风管止回阀安装子目适用于圆形风管止回阀、方形风管止回阀。

③ 铝合金或其他材料制作的调节阀安装,应按本章相应定额子目执行。

④ 碳钢散流器安装子目适用于圆形直片散流器、方形直片散流器、流线型散流器。

⑤ 碳钢送吸风口安装子目适用于单面送吸风口、双面送吸风口。

⑥ 铝合金或其他材料制作的风口安装,应按碳钢风口相应定额子目执行,人工乘以系数0.9。

⑦ 铝制孔板风口如需电化处理时,电化费另行计算。

⑧ 其他材质和形式的排气罩制作安装,可按本章中相近的定额子目执行

⑨ 静压箱吊托支架按本册"第一章 设备支架制作、安装"相应定额子目执行。

⑩ 手摇(脚踏)电动两用风机安装,其支架按与设备配套编制,自行制作,按本册"第一章 设备支架制作、安装"相应定额子目执行。

⑪ 排烟风口吊托支架,按本册"第一章 设备支架制作、安装"相应定额子目执行。

⑫ 除尘过滤器、过滤吸收器安装子目不包括支架制作安装,其支架制作安装按本册"第一章 设备支架制作、安装"相应定额子目执行。

⑬ 探头式含磷毒气报警器安装包括探头固定数和三角支架制作安装,报警器保护孔按建筑预留考虑。

⑭ γ射线报警器探头安装孔子目按钢套管编制,地脚螺栓(M12×600,6个)按与设备

配套编制；包括安装孔底电缆穿管，但不包括电缆敷设，如设计电缆穿管长度大于0.5 m，超过部分另外按相应定额子目执行。

⑮ 密闭穿墙管子填料按油麻丝、黄油封堵考虑，如填料不同，不作调整。

⑯ 密闭穿墙管制作安装分类：Ⅰ型为薄钢板风管直接浇入混凝土墙内的密闭穿墙管；Ⅱ型为取样管用密闭穿墙管；Ⅲ型为薄钢板风管通过套管穿墙的密闭穿墙管。

⑰ 密闭穿墙管按墙厚0.3 m编制，如与设计墙厚不同，管材可以换算，其余不变；Ⅲ型穿墙管项目不包括风管本身。

⑱ 软管接头如使用人造革而不使用帆布时可以换算主材。

5. 计算实例

（1）工程量计算。

【例6.3】根据图6.24所示的重庆工程学院教学科研楼工程负一层防排烟通风平面图，试计算该层风口的工程量。

【解】风口工程量计算规则是按照图示数量进行计算，经统计，该层共有4个单层百叶排风口，其中800×400规格的2个，300×300规格的2个，还有1个1 200×2 400的电动百叶风口。

（2）确定清单项目特征及工程量。

结合案例图纸的设计说明和计算的工程量可编制分部分项工程项目清单计价表（表6.20）。

表6.20 项目工程量清单表

序号	项目编码	项目名称	项目特征	计量单位	工程量
1	030703007001	单层百叶排风口	1.名称：单层百叶排风口 2.型号：单层百叶风口 3.规格：800×400 4.质量 5.类型 6.形式	个	3
2	030703007002	单层百叶排风口	1.名称：单层百叶排风口 2.型号：单层百叶风口 3.规格：300×300 4.质量 5.类型 6.形式	个	2
3	030703007003	电动百叶风口	1.名称：电动百叶风口 2.型号：电动百叶风口 3.规格：1 200×2 400 4.质量 5.类型 6.形式	个	2

（3）定额项目的工程内容说明。

表6.21仅列举风口定额工作内容，其他请查阅《重庆市通用安装工程计价定额》（CQAZDE—2018）相关内容。

表6.21 定额项目的工程内容

序号	项目名称	定额编号	工作内容说明
1	C.3碳钢风口安装	CG0324-CG0395	对口、制垫、上螺栓、找平、找正、固定、试动、调整
2	C.4不锈钢风口安装	CG0396	下料、号料、开孔、钻孔、组对、电焊、焊接成型、酸洗、钝化。安装：制垫、加垫、找平、找正、组对、紧固、试动
3	C.5塑料风口、散流器、百叶窗	CG0400-CG0408	制垫、加垫、找平、连接、固定

（4）清单项与定额项的对应关系。

风口清单项与定额项的对应关系列举见表6.22所示。

表6.22 清单项与定额项的对应关系表

工程量清单项					可对应的定额子目	
项目编码	项目名称	项目特征	计量单位	工作内容	主要内容	定额子目
030703007	碳钢风口、散流器、百叶窗	1.名称 2.型号 3.规格 4.质量 5.类型 6.形式	个	1.风口制作、安装 2.散流器制作、安装 3.百叶窗安装	C.3碳钢风口安装	CG0324-CG0395

（5）定额套取并确定综合单价。

清单计价套取定额情况和项目综合单价见表6.23所示。

表6.23 风口综合单价分析

项目编码	030703007001	项目名称	单层百叶排风口			计量单位	个		综合单价			24.01
定额编号	定额项目名称	单位	数量	定额人工费	定额材料费	定额施工机具使用费	定额综合单价					合价
							企业管理费	利润	一般风险费用	未计价材料费	人材机价差	其他风险费
				1	2	3	4	5	6	7	8	9	10	11	12	13
							费率(%)	(1)×(4)	费率(%)	(1)×(6)	费率(%)	(1)×(8)				1+2+3+5+7
CG0325	碳钢风口安装百叶风口安装周长(mm)≤1280	个	1	12.38	5.17	0.12	27.18	3.36	21.23	2.63	2.8	0.35	0	0	0	24.01
合计				12.38	5.17	0.12	—	3.36	—	2.63	—	0.35	0	0	0	24.01
人工、材料及机械名称		单位	数量				定额单价		市场单价		价差合计		市场价合价			备注
1.人工																
通风综合工		工日	0.099				125		125		0		12.38			
2.材料																
(1)未计价材料																
单层百叶风口		个	1				0		0		0		0			
(2)计价材料																
扁钢59以内		kg	0.8				3.26		3.26		0		2.61			
精制六角带帽螺栓M2~5×4~20		10套	0.6				4.27		4.27		0		2.56			
(3)其他材料																
3.机械																
(1)机上人工																
(2)燃油动力费																
电		kW·h	0.1194				0.7		0.7		0		0.08			

6.3.4 通风工程检测与调试

根据《通用安装工程工程量计算规范》（GB 50856—2013）附录 G 通风空调工程，通风工程检测与调试工程量清单项目、设置项目特征描述的内容、计量单位及工程量计算规则，应按表6.24的规定执行。由于该分部清单没有对应的定额子目，因此仅采用清单项目进行直接报价。

表6.24 通风工程检测与调试清单项目

项目编码	项目名称	项目特征	计量单位	工程量计算规则	工程内容
030704001	通风工程检测、调试	风管工程量	系统	按通风系统计算	1.通风管道风量测定 2.风压测定 3.温度测定 4.系统风口、阀门调整
030704002	风管、漏光试验、漏风试验	漏光试验、漏风试验、设计要求	m²	按设计图纸或规范要求以展开面积计算	通风管道漏光试验、漏风试验

总结框架图

第6章总结框架图如图6.25所示。

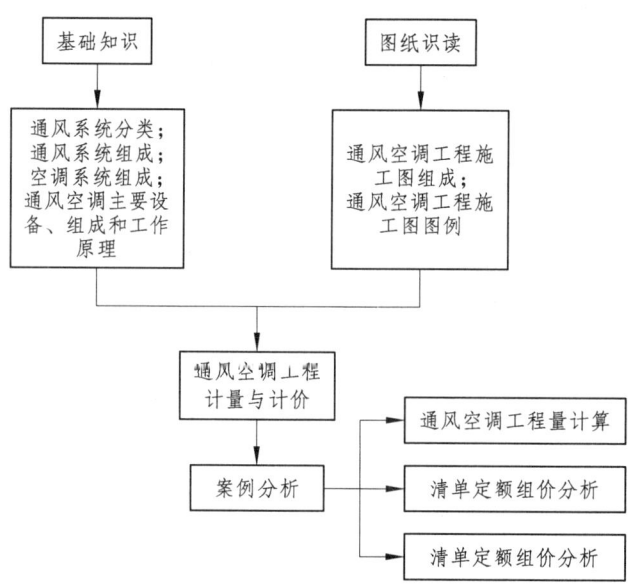

图6.25 第6章总结框架图

课后练习题

结合所提供的案例图纸和资料，完成通风空调工程的工程量计算。

第7章 采暖工程计量与计价

本章介绍了采暖工程基础知识、施工图识读,详细讲解采暖工程的案例分析。

典型工程简介:

某幼儿园项目,地上三层,室内外高差0.3 m。

采暖室外计算参数:冬季采暖室外计算温度-7 ℃,冬季室外平均风速1.5 m/s。

采暖室内设计温度:办公室、活动室等:20 ℃,厕所:22 ℃,厨房、走廊:16 ℃。

卫生间、厨房操作间、备餐间采用散热器采暖,其余采用地板辐射采暖,如图7.1所示。

采暖热媒由市政热力公司经滋换热站换热后提供。采暖供/回水温度为50 ℃/40 ℃,采用低温地板辐射采暖。该工程采暖总耗热量126.3 kW(取计算负荷的95%),采暖热指标为33.46 W/m²,系统阻力为40 kPa。

图7.1 地板辐射采暖

7.1 采暖工程基础知识

7.1.1 采暖系统的基本组成

采暖系统是一种用于建筑内部提供热量,以维持适宜室内温度和创造舒适环境的工程系统。它对于居住者的健康、工作效率以及建筑物的使用寿命都至关重要。采暖系统主要由以下几部分组成:

1. 热源

热源也就是热媒制备设施,使燃料产生热能并将热媒加热的部分,如锅炉。

2. 供热管道

供热管道也就是热媒输送系统,指热源和散热设备之间的管道。热媒通过管道系统将热能从热源输送到散热设备。

3. 散热设备

散热设备也就是室内热媒利用设施,将热量散入室内的设备,如散热器、暖风机、辐射板等。

4. 管道附件

管道附件包括热媒调节、系统维护设施。

7.1.2 采暖系统的分类

采暖系统的分类方式,可以根据热媒的不同和供热区域的不同进行划分。

1. 根据采暖的热媒(传递热量的媒介物质)分类

(1)热水采暖系统。以热水为热媒的采暖系统,主要应用于民用建筑。

① 低温热水采暖系统:供/回水温度采用95 ℃/70 ℃或采用85 ℃/60 ℃,一般应用于民用建筑。

② 高温热水采暖系统:供水温度高于100 ℃的一般宜在生产厂房中应用。设计供、回水温度大多采用(120 ~ 130)℃/(70 ~ 80)℃。

(2)蒸汽采暖系统:以水蒸气为热媒的采暖系统,主要应用于工业建筑。

① 低压蒸汽采暖系统:蒸汽相对压力小于70 kPa。

② 高压蒸汽采暖系统:蒸汽相对压力为70 ~ 300 kPa。

(3)热风采暖系统:以热空气为热媒的采暖系统,把空气加热至30 ~ 50 ℃,直接送入房间。

热风采暖系统主要应用于大型工业车间。例如暖风机、热风幕等就是热风采暖的典型设备。热风采暖以空气作为热媒,它的密度小,比热容与导热系数均很小,因此加热和冷却比较迅速;但比容大,所需管道断面积比较大。

(4)烟气采暖系统:以燃料燃烧产生的高温烟气为热媒,把热量带给散热设备。如火炉、火墙、火坑等形式在我国北方的村镇中应用比较普遍。

烟气采暖虽然简便且实用，但大多属于在简易的燃烧设备中就地燃烧燃料，不能合理地使用燃料，燃烧不充分，热损失大，热效率低，燃料消耗多，而且温度高，卫生条件不够好，火灾的危险性大。

2．根据供热区域不同分类

（1）局部采暖系统：将热源、管道和散热设备合并成一个整体，分散设置在各个房间里。如火炉、火墙、火坑、电红外线采暖、电热采暖、煤气或天然气采暖（壁挂炉）等均属于局部采暖。

特点：简易，卫生条件较差，耗能大。

（2）集中采暖系统：热源和散热设备分别设置，热源通过热媒管道向各个房间或各个建筑物供给热量。以热水和蒸汽作为热媒的集中采暖系统可以较好地满足人们生活、工作以及生产对室内温度的要求，并且卫生条件好，减少了对环境的污染，广泛应用于建筑采暖工程。

特点：供热量大，节约燃料，污染小。

（3）区域采暖系统：以区域性锅炉房作为热源，供一个区域的许多建筑物采暖。

7.1.3 热水采暖系统

1．按采暖循环动力分类

按热水采暖循环动力的不同，分为自然循环系统和机械循环系统，如图7.2所示。

循环动力：自然循环系统依靠水的密度差进行循环；机械循环系统依靠水泵压力进行循环。

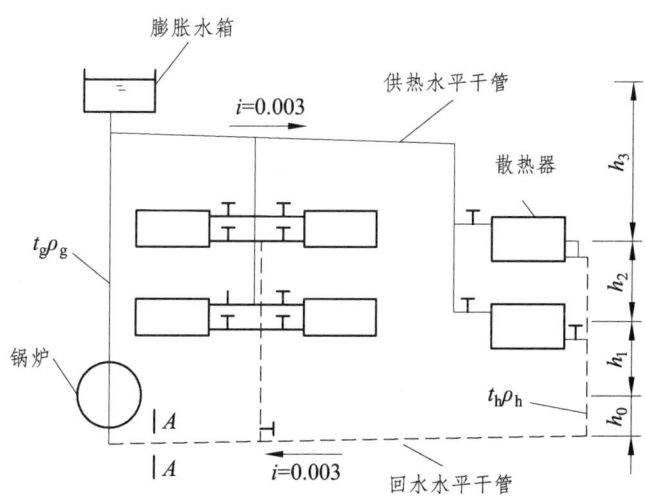

（a）自然循环热水采暖系统

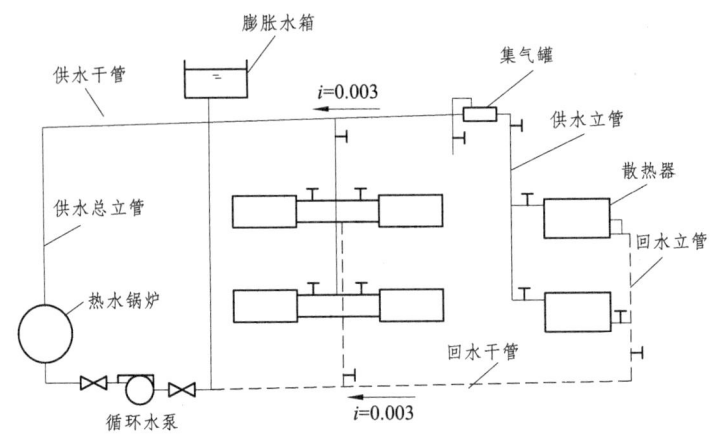

（b）机械循环热水采暖系统

图7.2 按系统循环动力分类的热水采暖系统

2. 按热媒温度分类

按热媒温度的不同，可分为低温水采暖系统和高温水采暖系统。

（1）高温水采暖系统：供水温度高于100 ℃的系统。

优缺点：散热器表面温度高，易烫伤皮肤，烤焦有机灰尘，卫生条件及舒适度较差，但可节省散热器用量，供回水温差较大，可减小管道系统管径，降低输送热媒所消耗的电能，节省运行费用。用于对卫生要求不高的工业建筑及其辅助建筑中。

（2）低温水采暖系统：供水温度低于100 ℃的系统。

优缺点：散热器表面温度适中，不易烫伤皮肤，不易烤焦有机灰尘，卫生条件及舒适度较好，但需增加散热器用量，供回水温差较小，可能导致管道系统管径增大，增加输送热媒所消耗的电能，运行费用可能较高。适用于对卫生和舒适度要求较高的民用及公用建筑中。

3. 按供回水的方式分类

（1）上供下回式：供水干管布置在所有散热器上方，而回水干管在所有散热器下方。上供下回式的管道布置方便，排气顺畅，用得最多，如图7.3所示。

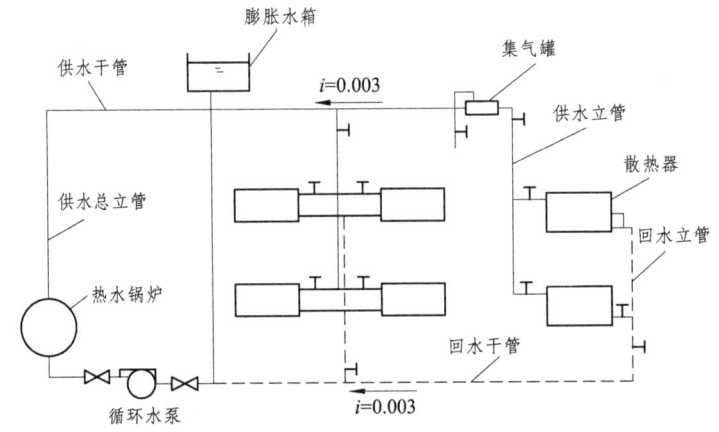

图7.3 上供下回式

（2）上供上回式：供回水干管均位于系统最上面。采暖干管不与地面设备及其他管道发生占地矛盾，但立管消耗管材量增加，立管下面均要设放水阀，如图7.4所示。上供上回式主要用于设备和工艺管道较多的、沿地面布置干管有困难的工厂车间。

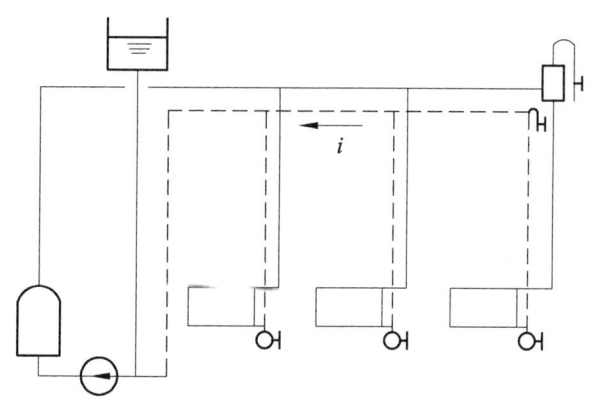

图7.4 上供上回式

（3）下供上回式：称为倒流式系统，供水干管设在所有散热器设备的上面，回水干管设在所有散热器下面，膨胀水箱连接在回水干管上。回水经膨胀水箱流回锅炉房，再被循环水泵送入锅炉。无效热损失小，底层散热器平均温度升高，从而减少底层散热器面积，有利于解决一层散热器面积过大，难以布置的问题，如图7.5所示。立管中水流方向与空气浮升方向一致，有利于排气，当热媒为高温水时，底层散热器供水温度高，然而水静压力也大，有利于防止水的汽化。

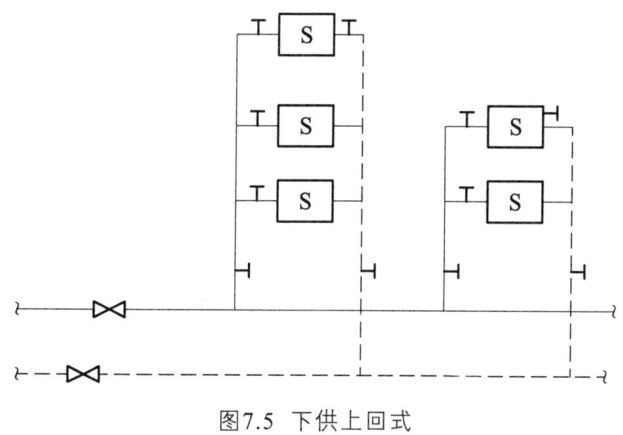

图7.5 下供上回式

（4）下供下回式：供水干管无效热损失小、可减轻竖向失调，有利于水力平衡，可以分层施工，分期投入使用，如图7.6所示。底层需要设管沟或有地下室，要在顶层散热器设放气阀或设空气管排除空气。

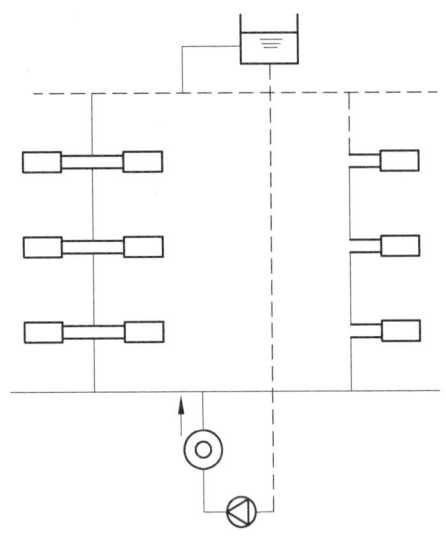

图7.6 下供下回式

（5）中供式系统：系统总立管引出水平供水干管位于中部，下部为上供下回式，上部可采用下供下回式或上供下回式，如图7.7所示。中供式系统适用于原有建筑加建楼层或上部面积小于下部的场合。其特点为升温慢、作用压力小、管径大、系统简单、水力稳定性好，有助于缩小锅炉与散热器距离，提高效率，可缓和垂直失调现象；但安装需设地沟或直埋，排气不便。停运时高层、底层散热器可能超压。热水系统依赖水泵循环，耗电量和运行费用可能较大。

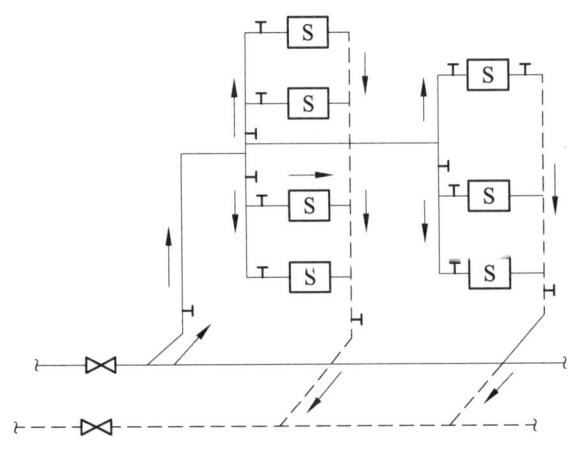

图7.7 中供水系统

7.1.4 地板辐射采暖系统

辐射采暖是一种利用建筑物内的屋顶面、地面、墙面或其他表面的辐射散热器设备散出的热量来达到房间或局部工作点采暖要求的采暖方法，是利用低温热水或高温水加热周围壁面、地面，以辐射传热和空气的对流传热结合的系统，如图7.8所示。

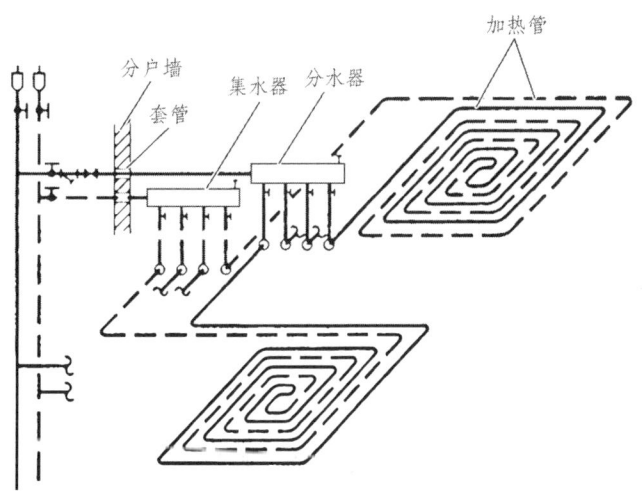

图7.8 低温热水地板辐射系统示意图

1. 地板热水采暖的原理

低温热水地板辐射采暖是以不高于60 ℃的热水作为热媒,将加热管埋设在地板中的低温辐射采暖。

2. 地板辐射采暖的特性分析

与普通散热器采暖相比,地暖具有以下优点:提高了室内采暖的舒适度,有效地节约了能源,扩大了房间的有效使用面积,提高了采暖的卫生条件,减少了楼层噪声,热源选择余地宽(供水≤60 ℃,供回水温差≤10 ℃的地方即可应用,如工业余热锅炉水、各种空调回水、地热水等)。地暖的缺点:地暖属于埋地隐蔽工程,存在安全隐患,需占用空间高度60~80 cm,与不设置辐射采暖的室内其他空间形成高差,需增加地面荷载约120 kg·m²;对热媒温度和流量的要求与原有散热器采暖系统不同,需设置单独热源系统,因热媒温差较小,相应流量较大,热媒输送管道断面和输送能耗较散热器采暖系统约增大一倍;材料和施工市场堪忧,施工、调试和验收程序困难;技术原理和设计基础资料环节,仍处于认识过程中,滞后于应用。

3. 系统的组成与形式

(1)地板构造。

低温热水地板辐射采暖的地板构造如图7.9所示。

(2)分(集)水器的构造与安装。

①分(集)水器的构造。

分(集)水器由不小于25 mm的钢管制成,管径比最粗的分支环路大2个规格,长度由分支环路数量定,分支中心间距为100 mm,端部亦为100 mm。

②分(集)水器的安装。

位置:尽可能设在房屋中部,避免水力失调,住宅楼常设于厨房内。分水器前应设阀门及过滤器,集水器后应设阀门。集水器、分水器上应设放气阀,如图7.10所示。

敷设:明装或暗装于内墙墙槽内或管井内。

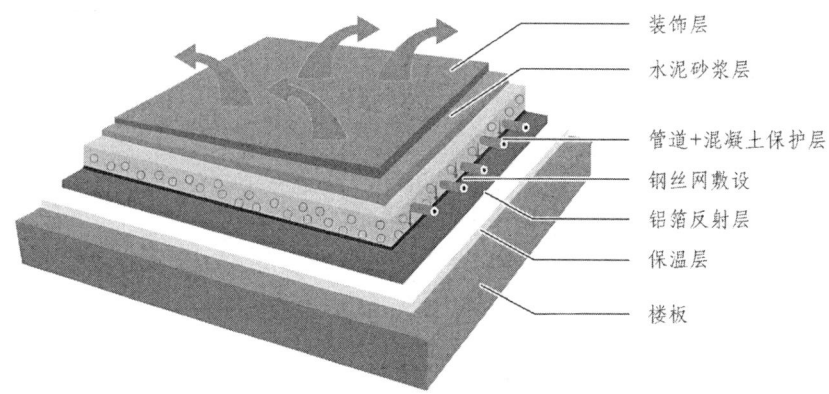

图7.9 低温热水地板辐射采暖地板构造

图7.10 分水器的安装

4. 加热管的材料与布置方式

（1）材料。

加热管的材料采用交联聚乙烯管（PE-X），其抗老化、耐高温（-70~110 ℃）、耐高压（爆破压力为6 MPa）、易弯曲、耐腐蚀、不结垢、水力条件好。

（2）地暖加热管的布置方式是地暖系统设计中的一个重要环节，它直接影响到系统的供暖效果和能效。常见的地暖加热管布置方式如下：

① 回型（环路型）布置。

这是最常见的布置方式，加热管以环路形式布置在房间内，每个环路都是一个独立的回路，从分水器出发，经过房间四周后返回集水器。这种布置方式有利于保持管长一致，便于调节和控制。

② 蛇形布置。

加热管沿着房间的边缘或中间以蛇形方式布置，可以是单层或多层。这种布置方式适用于各种形状的房间，能够提供较为均匀的散热效果。

③ 平行布置。

加热管以平行线的方式布置，通常用于房间宽度较大时，以保证热量分布的均匀性。

5. 低温热水地面辐射采暖系统的安装

低温热水地面辐射采暖系统的施工工序为：地面清理→绝热层安装→安装分水器、集水器→安装加热管→水压试验→填充层→面层。

（1）地面清理。

清除地面上的积土和各类杂物，保持地面干净，防止损坏保温板。

（2）绝热层安装。

绝热层一般采用聚苯乙烯泡沫塑料板。绝热层做在找平层上，保温板要平整、板块接缝应严密，下部无空鼓及突起现象，与四周墙壁之间留出伸缩缝。

（3）安装分水器、集水器。

分水器、集水器安装宜在开始铺设加热管之前进行安装。宜将分水器安装在上，集水器安装在下，中心距宜为200 mm，集水器中心距地面不应小于300 mm。

（4）安装加热管。

注意管与管之间的距离，管卡的间距，加热管出地面加套管，套管高出装饰面150~200 mm，以保护加热管。铺设钢丝网，钢丝网有的铺在反射膜上面，也有的铺在盘管上面，加固时是以上都要铺。连接管路和分水器，盘管露出地面部分用管套套上，避免日光照射，白色的电线为电热执行器和房间温控器的连接线。在铝箔纸上放置钢丝网，以固定上面的电暖管，并增加表面混凝土的附着力。在钢丝网上铺设电暖管，并用塑料扎带绑扎牢固。

（5）水压试验。

地暖系统打压前，必须事先冲洗管道。水压试验进行两次，地暖系统试验压力为工作压力的1.5倍，且不应小于0.6 MPa。在试验压力下稳压1 h，其压力降不应大于0.05 MPa。水压试验宜采用手动泵缓慢升压。

（6）填充层。

混凝土填充层施工应具备以下条件：

① 所有伸缩缝均已按设计要求敷设完毕。

② 加热管安装完毕且水压试验合格、加热管处于有压状态下。

混凝土填充层的施工，应由土建施工方承担；安装单位应密切配合，保证加热管内的水压不低于0.6 MPa，养护过程中，系统应保持不小于0.4 MPa。填充的豆石混凝土中必须加进5%的防龟裂的添加剂，混凝土填充层的养护周期不应少于21 d。

（7）面层。

低温热水地面辐射采暖装饰地面宜采用以下材料：

① 水泥砂浆、混凝土地面。

② 瓷砖、大理石、花岗岩等石材地面。

③ 符合国家标准的复合木地板、实木复合地板及耐热实木地板。

7.2 采暖工程施工图识读

7.2.1 采暖工程施工图组成

采暖施工图一般分为室外和室内两部分，室外部分表示一个区域的采暖管网，包括总平面图、管道横纵剖面图、详图及设计施工说明；室内部分表示一幢建筑物的采暖工程，包括采暖系统平面图、轴测图、详图及设计、施工说明采暖系统施工图图例。

室内采暖系统施工图由施工说明、施工平面图、采暖系统图和采暖施工详图及大样图组成。

7.2.2 采暖工程施工图的识读步骤

识读顺序：施工说明→识读采暖平面图→对照采暖平面图识读采暖系统图→识读详图。

1. 识读施工说明

从施工说明中可以了解以下几方面的内容：
（1）散热器的型号。
（2）管道的材料及管道的连接方式。
（3）管道、支架、设备的刷油和保温做法。
（4）施工图中使用的标准图和通用图。

2. 识读室内采暖施工平面图

采暖平面图是室内采暖系统工程的最基本和最重要的图，它主要表明采暖管道和散热器等的平面布置和平面位置。要注意以下几点：
（1）了解建筑物内散热器（热风机、辐射板等）的平面位置、种类、片数以及散热器的安装方式（明装、暗装或半暗装）。
（2）了解水平干管的布置方式、干管上的阀门、固定支架、补偿器等的平面位置和型号以及干管的管径。
（3）通过立管编号查清系统立管的数量和布置位置。
（4）在热水采暖系统平面图上还标有膨胀水箱、集气罐等设备的位置、型号以及设备上连接管道的平面布置和管道直径。
（5）在蒸汽采暖系统平面图上还标有疏水装置的平面位置及其规格尺寸。水平管的末端常积存凝结水，为了排除这些凝结水，在系统末端设有疏水装置。另外，当水平干管抬头登高时，在转弯处也要设疏水器。识读时，要了解疏水器的规格及疏水装置的组成。
（6）查明热媒入口及入口地沟的情况。当热媒入口无节点图时，平面图上一般将入口装置中各配件、阀件（直口减压阀、混水器、疏水器、分水器、分气缸、除污器、控制阀门等）管径、规格，以及热媒来源、流向、参数等标示清楚。如果入口装置是按标准图设计的，则在平面图上注有规格及标准图号，识读时可按标准图号查阅标准图。如果施工图中画有入口装置节点图，可按平面图标注的节点图编号查找热媒入口放大图进行识读。

3. 识读采暖系统图

采暖系统图表示从热媒入口至出口的管道、散热器、主要设备、附件的空间位置和相互关系。系统轴图是以平面图为主视图进行斜投影绘制的斜等测图。识读系统图要掌握的主要内容和注意事项如下：
（1）采暖系统轴测图可以清楚地表达出干管与立管之间以及立管、支管与散热器之间的连接方式、阀门安装位置及数量，使整个系统的管道空间布置等一目了然。散热器支管都有一定的坡度，其中供水支管坡向散热器，回水支管则坡向回水立管。同时，要了解各管段管径、坡度坡向、水平管的标高、管道的连接方法，以及立管编号等。

（2）了解散热器的类型及片数。光排管散热器，要查明散热器的型号（A 型或 B 型）、管径、排数及长度；翼型或柱型散热器，要查明散热器的规格、片数以及带脚散热器的片数；其他采暖方式，则要查明采暖器具的形式、构造及标高等。

（3）要查清各种阀件、附件与设备在系统中的位置，凡注有规格型号者，要与平面图和材料明细表进行核对。

（4）查明热媒入口装置中各种设备、附件、阀门、仪表之间的关系及热媒的来源、流向、坡向、标高、管径等。当有节点详图时，要查明详图编号。

4. 识读采暖施工图详图及大样图

在采暖平面图和系统图中表示不清楚又无法用文字说明的地方，一般可用详图表示。室内采暖详图包括标准图和非标准图两种。标准图包括散热器的连接与安装、膨胀水箱的制作与安装、集气罐和补偿器的制作与连接等，它可直接查阅标准图集或有关施工图。非标准图是指在平面图、系统图中表示不清而又无标准详图的节点和做法另绘制出的详图。

采暖系统施工图的详图有：

（1）地沟内支架的安装大样图。

（2）地沟入口处详图，即热力入口详图。

（3）膨胀水箱间安装详图等。

7.2.3 常用图例符号

采暖工程常用图例见表7.1。

表7.1 采暖工程常用图例

名称	图例	备注	名称	图例	备注
管道	—A— —F—	汉语拼音字头表示管道类别	闸阀	⋈	
采暖供水管 采暖回水管	—— - - - -		止回阀		
保温管	～～		安全阀		
软管	∽∽∽		减压阀		
方形伸缩器	⊓		散热放风门		
套管伸缩器			手动排气阀		
波形伸缩器	◇		自动排气阀		
球形伸缩器	◉		疏水器		
流向	——		散热器三通阀		

7.3 采暖工程计量与计价案例分析

某驿站项目的采暖工程，采暖室外计算参数：冬季采暖室外计算温度：-6.6 ℃；冬季室外平均风速：2.2 m/s；采暖室内设计计算温度为：18 ℃。

热源为燃气壁挂炉，采暖供/回水温度为75 ℃/50 ℃。采暖设计热负荷为18 kW，热负荷指标65.4 W/m²。散热器采用钢制 A 型光排管散热器，单片标准散热量104 W/片。管道采用镀锌钢管，螺纹连接。

请扫描右侧二维码获取本案例施工图。

根据该驿站项目采暖工程的图纸，该工程的计量与计价主要分为采暖管道计量与计价、管道附件计量与计价、采暖器具计量与计价、管道支架计量与计价、管道及支架刷油计量与计价，其中采暖管道、管道附件、管道支架、管道及支架刷油这四部分的计量计价规则已在前面章节中介绍，因此本章重点介绍采暖器具计量与计价。

某驿站采暖工程施工图

7.3.1 采暖器具工程计量与计价分析

1. 清单项目及清单计算规则

根据《通用安装工程工程量计算规范》（GB 50856—2013）表 K.5采暖器具（编码：031005）共分8个项目，分项内容见表7.2。

表7.2 供暖器具（031005）

项目编码	项目名称	项目特征	计量单位	工程量计算规则	工程内容
031005001	铸铁散热器	1.型号、规格 2.安装方式 3.托架形式 4.器具、托架除锈、刷油设计要求	片（组）	按设计图示数量计算	1.组对、安装 2.水压试验 3.托架制作、安装 4.除锈、刷油
031005002	钢制散热器	1.结构形式 2.型号、规格 3.安装方式 4.托架刷油设计要求	组（片）	按设计图示数量计算	1.安装 2.托架安装 3.托架刷油
031005003	其他成品散热器	1.材质、类型 2.型号、规格 3.托架刷油设计要求	组		1.安装 2.托架安装 3.托架刷油
031005004	光排管散热器	1.材质、类型 2.型号、规格 3.托架形式及做法 4.器具、托架除锈刷油设计要求	m	按设计图示排管长度计算	1.制作、安装 2.水压试验 3.除锈、刷油

续表

项目编码	项目名称	项目特征	计量单位	工程量计算规则	工程内容
031005005	暖风机	1.质量 2.型号、规格 3.安装方式	台	按设计图示数量计算	安装
031005006	地板辐射采暖	1.保温层材质、厚度 2.钢丝网设计要求 3.管道材质、规格 4.压力试验及吹扫设计要求	1.m² 2.m	1.以平方米计量,按设计图示采暖房间净面积计算 2.以米计量,按设计图示管道长度计算	1.保温层及钢丝网铺设 2.管道排布、绑扎、固定 3.与分集水器连接 4.水压试验、冲洗 5.配合地面浇注
031005007	热媒集配装置	1.材质 2.规格 3.附件名称、规格数量	台	按设计图示数量计算	1.制作 2.安装 3.附件安装
031005008	集气罐	1.材质 2.规格	个		1.制作 2.安装

2. 定额计算规则

《重庆市通用安装工程计价定额》(第十册 给排水、采暖、燃气安装工程)规定如下:

(1)光排管散热器制作分 A 型、B 型,区分排管公称直径,按设计图示散热器长度计算,其中联管、支撑管不计入排管工程量;光排管散热器安装不分 A 型、B 型,区分排管公称直径,按设计图示光排管散热器长度计算。

(2)暖风机、热空气幕安装,按设计图示设备数量以"台"计算。

(3)地板辐射采暖管道安装,区分管道外径,按设计图示中心线长度计算。保护层(铝箔)隔热板、铁丝网,按设计图示尺寸计算实际铺设面积以"m²"计算。边界保温带,按设计图示长度计算。

(4)热媒集配装置安装,区分带箱、不带箱,按设计图示分支管环路数以"组"计算。

3. 计算工程量

(1)清单工程量与定额工程量计算规则对比。

对比分析《通用安装工程工程量计算规范》(GB 50856—2013)和《重庆市通用安装工程计价定额》(CQAZDE—2018)中关于采暖器具工程量计算规则后可知,两者计算规则一致。

(2)计算实例。

【例7.1】图7.11所示为某驿站房间的采暖系统图,散热器采用钢制 A 型光排管散热器,单片标准散热量104 W/片,各散热器片数如图7.11所示,请计算散热器工程量。

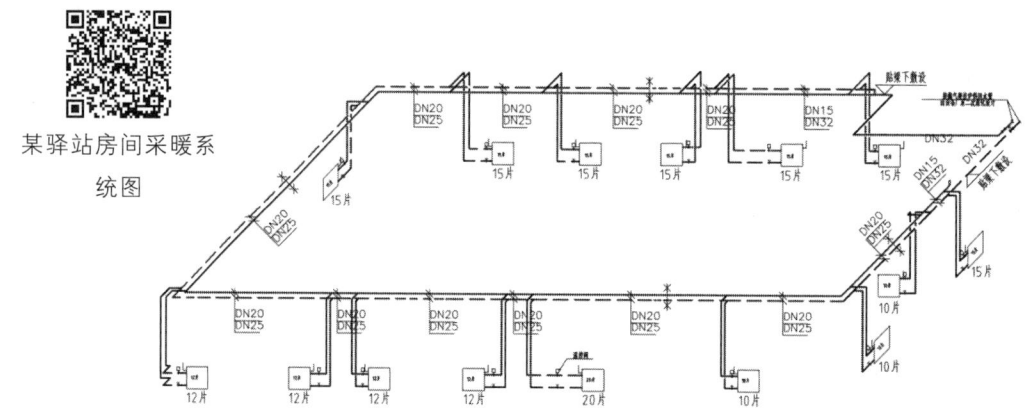

图7.11 某驿站房间采暖系统图

【解】结合图纸信息,识读图纸后,可知:

散热器-20片,共1组;

散热器-15片,共7组;

散热器-12片,共4组;

散热器-10片,共3组。

4. 清单组价

(1)清单项与定额项的组合关系。

清单项与定额项的组合关系见表7.3。

表7.3 采暖器具清单项与定额项的组合关系

工程量清单项					可组合定额项目	
项目编码	项目名称	项目特征	计量单位	工程内容	主要内容	定额子目
031005001	铸铁散热器	1.型号、规格 2.安装方式 3.托架形式 4.器具、托架除锈、刷油设计要求	片(组)	1.组对、安装 2.水压试验 3.托架制作、安装 4.除锈、刷油	—	—
031005002	钢制散热器	1.结构形式 2.型号、规格 3.安装方式 4.托架刷油设计要求	组(片)	1.安装 2.托架安装 3.托架刷油	—	—
031005003	其他成品散热器	1.材质、类型 2.型号、规格 3.托架刷油设计要求			1.金属复合散热器安装	CK1495-CK1499
					2.艺术造型散热器安装	CK1500-CK1502

续表

工程量清单项					可组合定额项目	
项目编码	项目名称	项目特征	计量单位	工程内容	主要内容	定额子目
031005004	光排管散热器	1.材质、类型 2.型号、规格 3.托架形式及做法 4.器具、托架除锈刷油设计要求	m	1.制作、安装 2.水压试验 3.除锈、刷油	1.A型光排管散热器制作	CK1503-CK1520
					2.B型光排管散热器制作	CK1521-CK1538
					3.光排管散热器安装	CK1539-CK1556
031005005	暖风机	1.质量 2.型号、规格 3.安装方式	台	安装	1.暖风机安装	CK1557-CK1564
					2.空气幕安装	CK1565-CK1567
031005006	地板辐射采暖	1.保温层材质、厚度 2.钢丝网设计要求 3.管道材质、规格 4.压力试验及吹扫设计要求	1.m² 2.m	1.保温层及钢丝网铺设 2.管道排布、绑扎、固定 3.与分集水器连接 4.水压试验、冲洗 5.配合地面浇注	1.塑料管道敷设 2.保温隔热层敷设	CK1568-CK1570
						CK1571-CK1573
031005007	热媒集配装置	1.材质 2.规格 3.附件名称、规格数量	台	1.制作 2.安装 3.附件安装	1.不带箱热媒配装置安装	CK1586-CK1589
					2.带箱热媒集配装置安装	CK1590-CK1593
031005008	集气罐	1.材质 2.规格	个	1.制作 2.安装	1.集气罐制作	CK1574-CK1579
					2.集气罐安装	CK1580-CK1585

（2）水灭火系统管道定额说明。

① 光排管散热器安装不分 A 型、B 型执行同一定额子目。光排管散热器制作项目已包括联管、支撑管所用人工与材料。

② 手动放气阀的安装按《重庆市通用安装工程计价定额》（第十册 给排水、采暖、燃气安装工程）第五章相应定额子目执行。如随散热器已配套安装就位，不得重复计算。

③ 暖风机安装项目不包括支架制作安装，其制作安装按《重庆市通用安装工程计价定额》（第十册 给排水、采暖、燃气安装工程）"第二章 支架及其他"相应定额子目执行。

④ 地板辐射采暖塑料管道敷设项目包括了固定管道的塑料卡钉（管卡）安装、局部套管敷设及地面浇筑的配合用工。如工程要求固定管道的方式与定额不同，固定管道的材料可

按设计要求进行调整，其他不变。

⑤ 地板辐射采暖的隔热板项目中的塑料薄膜，是指在接触土壤或室外空气的楼板与绝热层之间所铺设的塑料薄膜防潮层。如隔热板带有保护层（铝箔），应扣除塑料薄膜材料消耗量。地板辐射采暖塑料管道在跨越建筑物的伸缩缝、沉降缝时所铺设的塑料板条，应按照边界保温带安装项目计算，塑料板条材料消耗量可按设计要求的厚度、宽度进行调整。

⑥ 热媒集配装置安装项目包括成品分集水器和配套固定支架的安装，以及与分支管的连接。固定支架如不随分集水器配套供应需现场制作，按《重庆市通用安装工程计价定额》（第十册 给排水、采暖、燃气安装工程）"第二章 支架及其他"相应定额子目执行。

（3）定额项目的工程内容说明。

定额项目的工作内容是正确选用定额子项的关键因素。《重庆市通用安装工程计价定额》（CQAZDE—2018）采暖器具工程部分定额项目的工作内容列于表7.4中，方便学习使用。

表7.4 定额项目的工程内容

序号	项目名称	定额编号	工作内容说明
1	E.1.1 金属复合散热器安装	CK1495-CK1499	固定组件安装，散热器稳固、水压试验
2	E.1.2 艺术造型散热器安装	CK1500-CK1502	固定组件安装、散热器稳固、水压试验
3	E.2.1 A型光排管散热器制作	CK1503-CK1520	切割、组对、焊接、冲洗及水压试验
4	E.2.2 B型光排管散热器制作	CK1521-CK1538	切割、组对、焊接、水压试验
5	E.2.3 光排管散热器安装	CK1539-CK1556	托钩安装，散热器稳固、水压试验
6	E.3.1 暖风机安装	CK1557-CK1564	暖风机吊装、稳固、单机试运转
7	E.3.2 空气幕安装	CK1565-CK1567	空气幕吊装、稳固、单机试运转
8	E.4.1 塑料管道敷设	CK1568-CK1570	划线定位、切管、调直、煨弯、管道固定、隐蔽冲压、冲洗及水压试验
9	E.4.2 保温隔热层敷设	CK1571-CK1573	基层清理、下料切割、铺装、边缝填补
10	E.5.1 集气罐制作	CK1574-CK1579	切割、坡口、组对、焊接、水压试验及冲洗
11	E.5.2 集气罐安装	CK1580-CK1585	集气罐安装、水压试验
12	E.6.1 不带箱热媒配装置安装	CK1586-CK1589	外观检查、固定支架、分集水器安装，与分支管连接，水压试验
13	E.6.2 带箱热媒集配装置安装	CK1590-CK1593	外观检查，箱体、固定支架、分集水器安装，箱体周边缝隙填堵，与分支管连接，水压试验

（4）采暖器具工程清单计价。

结合例7.1及图7.11，完成该驿站工程采暖器具工程的清单计价。

① 问题分析。

a. 问题一：不同片数散热器单独套取清单项。

结合项目图纸，该工程一共有4种不同片数的散热器，故应针对同一清单套取4次，末尾编码分别为001、002、003和004。

b. 问题二：散热器具体信息的确定。

结合项目图纸，该工程散热器为钢制 A 型光排管散热器，排管长度为2 m，管径为DN25。

② 清单计价。

完成清单计价表，具体见表7.5。

表7.5 清单子目表

序号	编码	项目名称	项目特征及主要工程内容	单位	数量	综合单价	综合合价
1	031005003001	散热器-10片	项目特征： 1.名称：散热器 2.材质、类型：钢制 A 型光排管散热器 3.型号、规格：10片 工作内容： 1.安装 2.托架安装 3.托架刷油	片	30	78.22	2 346.6
	CK1503	A 型光排管散热器制作；排管长度：$L \leq$ 2 m；公称直径（mm 以内）：50		10片	3	782.16	2 346.48
2	031005003002	散热器-12片	项目特征： 1.名称：散热器 2.材质、类型：钢制 A 型光排管散热器 3.型号、规格：12片 工作内容： 1.安装 2.托架安装 3.托架刷油	片	48	78.22	3 754.56
	CK1503	A 型光排管散热器制作；排管长度$L \leq$ 2 m；公称直径（mm 以内）：50		10片	4.8	782.16	3 754.37

序号	编码	项目名称	项目特征及主要工程内容	单位	数量	综合单价	综合合价
3	031005003003	散热器-15片	项目特征： 1.名称：散热器 2.材质、类型：钢制A型光排管散热器 3.型号、规格：15片 工作内容： 1.安装 2.托架安装 3.托架刷油	片	105	78.22	8 213.1
	CK1503	A型光排管散热器制作；排管长度L≤2 m；公称直径（mm以内）：50		10片	10.5	782.16	8 212.68
4	031005003004	散热器-20片	项目特征： 1.名称：散热器 2.材质、类型：钢制A型光排管散热器 3.型号、规格：20片 工作内容： 1.安装 2.托架安装 3.托架刷油	片	20	78.22	1 564.4
	CK1503	A型光排管散热器制作；排管长度L≤2 m；公称直径（mm以内）：50		10片	2	782.16	1 564.32

7.3.2 其他部分工程计量与计价分析

由于管道工程计量与计价、管道附件工程计量与计价、管道支架工程计量与计价、管道及支架刷油工程计量与计价这四部分的计量计价规则已在前面章节中介绍，因此针对该驿站项目采暖工程，对这四部分进行计量与计价结果展示。

1. 工程量表

该驿站项目除采暖器具外，其他工程量计算结果见表7.6。

表7.6 其他部分工程量表

序号	项目编码	项目名称	计量单位	工程量
管道工程				
1	031001001001	镀锌钢管-DN15	m	15.11
2	031001001002	镀锌钢管-DN20	m	121.45
3	031001001003	镀锌钢管-DN25	m	122.8
4	031001001004	镀锌钢管-DN32	m	24.13
管道附件				
5	031003001012	闸阀DN32	个	1
6	031003001019	自动排气阀DN32	个	1
7	031003001020	自动排气阀DN15	个	1
8	030603002001	压力调节阀DN32	台	1
支架及其他				
9	031002001001	支架	kg	87.912
刷油工程				
10	031201001001	管道刷油	m²	27.74

2. 清单计价

该驿站项目除采暖器具外，其他工程计价结果见表7.7。

表7.7 其他部分清单子目表

序号	编码	项目名称	项目特征及主要工程内容	单位	数量	综合单价	综合合价
1	031001001001	镀锌钢管-DN15	项目特征： 1.安装部位：室内 2.介质：水 3.规格、压力等级：DN15 4.连接形式：螺纹连接 5.压力试验及吹、洗设计要求：满足设计及规范要求 工作内容： 1.管道安装 2.管件制作、安装 3.压力试验 4.吹扫、冲洗	m	15.11	31.37	474
	CK0012	室内镀锌钢管（螺纹连接）；公称直径≤15 mm		10 m	1.511	313.66	473.94

续表

序号	编码	项目名称	项目特征及主要工程内容	单位	数量	综合单价	综合合价
2	031001001002	镀锌钢管-DN20	项目特征： 1.安装部位：室内 2.介质：水 3.规格、压力等级：DN20 4.连接形式：螺纹连接 5.压力试验及吹、洗设计要求：满足设计及规范要求 工作内容： 1.管道安装 2.管件制作、安装 3.压力试验 4.吹扫、冲洗	m	121.45	34.83	4 230.1
	CK0013	室内镀锌钢管（螺纹连接）；公称直径≤20 mm		10 m	12.145	348.3	4 230.1
3	031001001003	镀锌钢管-DN25	项目特征： 1.安装部位：室内 2.介质：水 3.规格、压力等级：DN25 4.连接形式：螺纹连接 5.压力试验及吹、洗设计要求：满足设计及规范要求 工作内容： 1.管道安装 2.管件制作、安装 3.压力试验 4.吹扫、冲洗	m	122.8	43.55	5 347.94
	CK0014	室内镀锌钢管（螺纹连接）；公称直径≤25 mm		10 m	12.28	435.46	5 347.45

续表

序号	编码	项目名称	项目特征及主要工程内容	单位	数量	综合单价	综合合价
4	031001001004	镀锌钢管-DN32	项目特征： 1.安装部位：室内 2.介质：水 3.规格、压力等级：DN32 4.连接形式：螺纹连接 5.压力试验及吹、洗设计要求：满足设计及规范要求 工作内容： 1.管道安装 2.管件制作、安装 3.压力试验 4.吹扫、冲洗	m	24.13	50.79	1 225.56
	CK0015	室内镀锌钢管（螺纹连接）；公称直径≤32 mm		10 m	2.413	507.9	1 225.56
5	031003001012	闸阀DN32	项目特征： 1.类型：闸阀 2.规格、压力等级：DN32 3.连接形式：螺纹 工作内容： 1.安装 2.调试	个	1	208.69	208.69
	CK0914	螺纹阀；公称直径≤32 mm		个	1	208.69	208.69
6	031003001019	自动排气阀DN32	项目特征： 1.类型：自动排气阀 2.规格、压力等级：DN32 工作内容： 1.安装 2.调试	个	1	253.38	253.38
	CK0940	自动排气阀；公称直径≤25 mm		个	1	253.38	253.38

续表

序号	编码	项目名称	项目特征及主要工程内容	单位	数量	综合单价	综合合价
7	031003001020	自动排气阀DN15	项目特征： 1.类型：自动排气阀 2.规格、压力等级：DN15 工作内容： 1.安装 2.调试	个	1	104.85	104.85
	CK0938	自动排气阀；公称直径≤15 mm		个	1	104.85	104.85
8	030603002001	压力调节阀DN32	项目特征： 1.名称：压力调节阀 2.型号：DN32 工作内容： 1.配合安装 2.阀门检查接线 3.挠性管安装 4.单体调试	台	1	1 301.32	1 301.32
	CF0293	自力式调节阀；压力调节阀；带指挥器		台	1	1 301.32	1 301.32
9	031002001001	支架	项目特征： 材质：型钢 工作内容： 1.制作 2.安装	kg	87.912	17.45	1 534.06
	CK0757	给排水、采暖、燃气安装工程；管道支架制作		100 kg	0.879 1	1 205.88	1 060.09
	CK0758	给排水、采暖、燃气安装工程；管道支架安装		100 kg	0.879 1	539.03	473.86

续表

序号	编码	项目名称	项目特征及主要工程内容	单位	数量	综合单价	综合合价
10	031201001001	管道刷油	项目特征： 涂刷遍数、漆膜厚度：满足设计及规范要求 工作内容： 1.除锈 2.调配、涂刷	m²	27.74	17.52	486
	CL0059	管道刷油；红丹防锈漆；第一遍		10 m²	2.774	46.58	129.21
	CL0060	管道刷油；红丹防锈漆；每增一遍		10 m²	2.774	44.57	123.64
	CL0064	管道刷油；银粉漆；第一遍		10 m²	2.774	42.98	119.23
	CL0065	管道刷油；银粉漆；每增一遍		10 m²	2.774	40.97	113.65

3. 采暖工程计量与计价表格文件

请扫描以下二维码获取本案例计量与计价表格文件。

某驿站采暖工程工程量计算表

某驿站采暖工程计价表格

总结框架图

第7章总结框架图如图7.12所示。

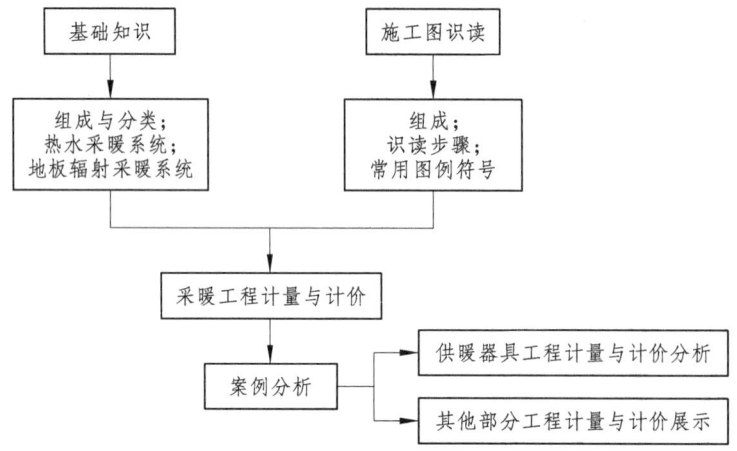

图7.12 第7章总结框架图

课后练习题

结合所提供的案例图纸和资料,完成采暖工程的工程量计算。

第8章 基于 BIM 技术的管道工程计量与计价综合案例

> 本章以生产实际项目"重庆工程学院教学科研楼项目"施工图为依托,进行管道工程计量与计价综合案例讲解,主要介绍了建模流程和计价流程,并对该项目的给水工程、消防工程、排水工程和通风工程的 BIM 计量计价过程配置了详细讲解视频。

8.1 管道工程建模计量

本节为 BIM 建模计量软件应用展示,结合鹏业软件以给水系统为引子展开描述,帮助大家熟悉 BIM 建模流程,以提高建模能力。

8.1.1 建模计量的准备工作

1. 新建工程文件

打开鹏业安装算量软件,点击新建按钮,设置工程名称等基本信息,点击确定,如图8.1所示。

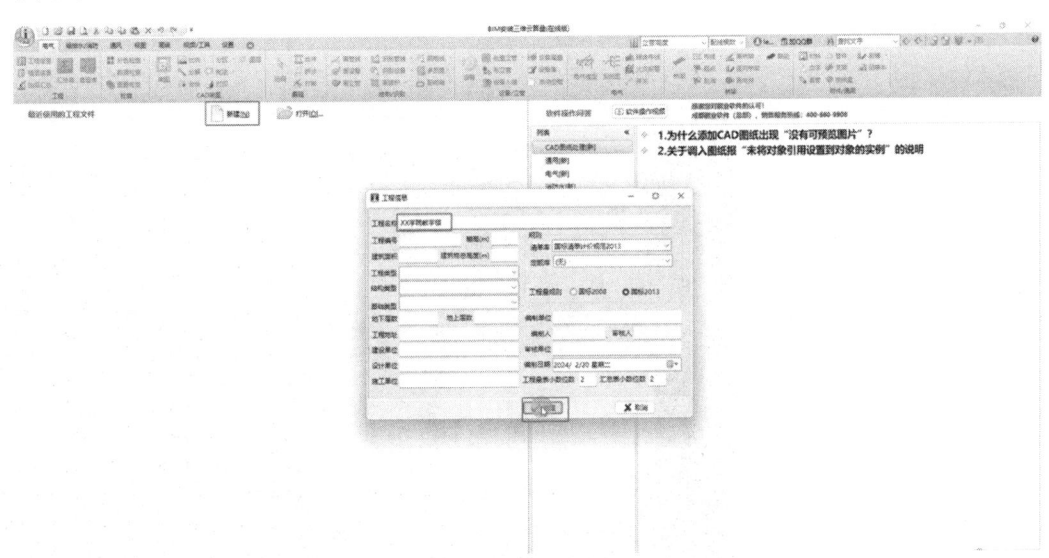

图8.1 新建工程文件

2. 导入图纸

点击添加 CAD 图纸按钮,选择对应的图纸并设置对应的专业类型即选择给排水、燃气工程,点击确定,如图8.2所示。

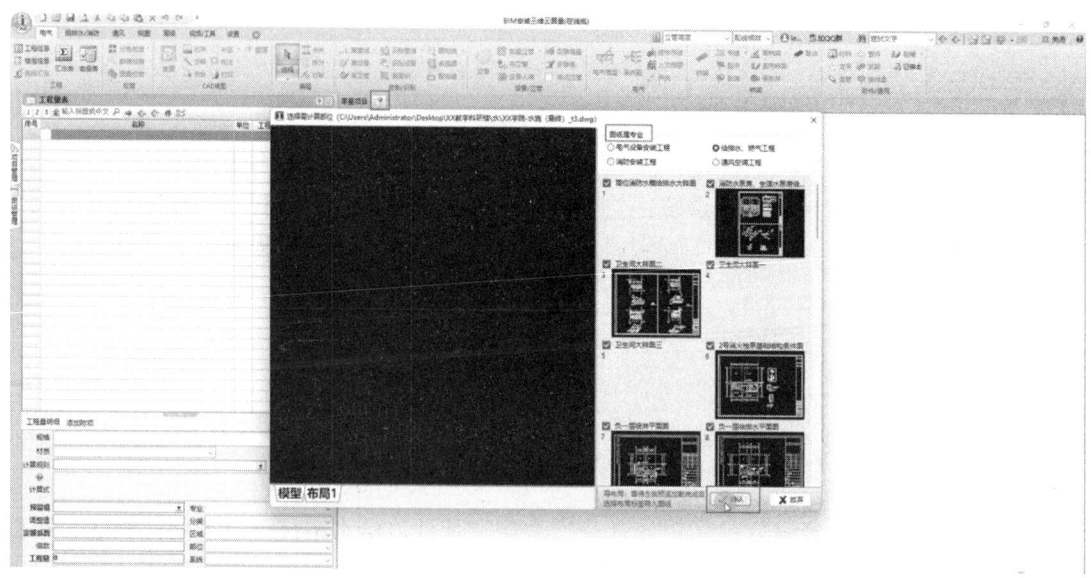

图 8.2 导入图纸

3. 测量比例

点击比例,根据操作提示,检查平面图和大样图中的任意一段距离,实际数据若与测量数据不一致即把数据修改为图纸中对应的数据并检查单位是否一致,点击确定,如图8.3所示。

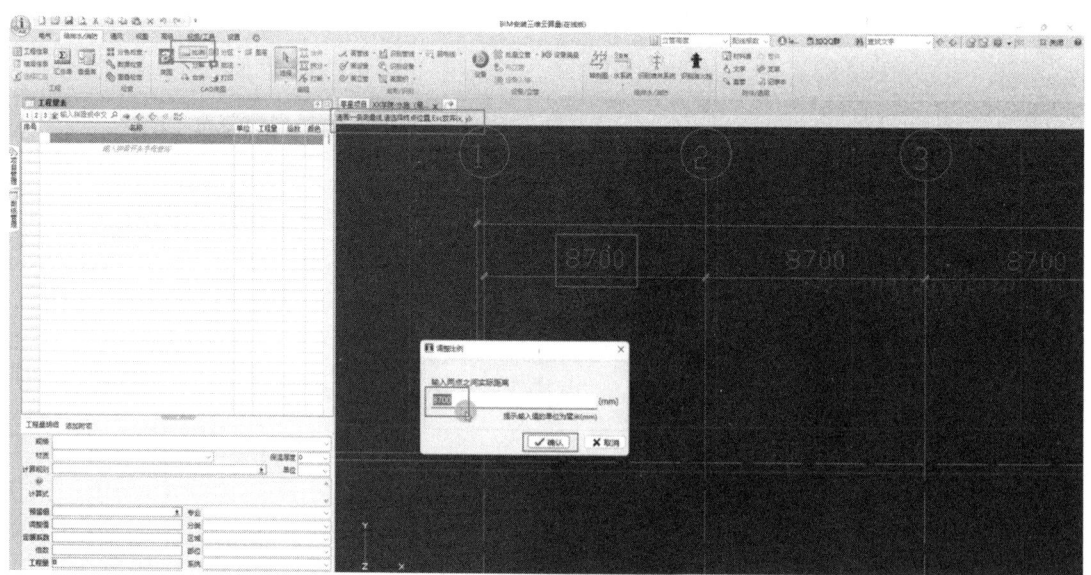

图8.3 测量比例

4. 设置楼层信息

点击"楼层信息",根据图纸中的层高信息依次设置层高,检查层底表格等完成楼层信息的设置,如图8.4所示。

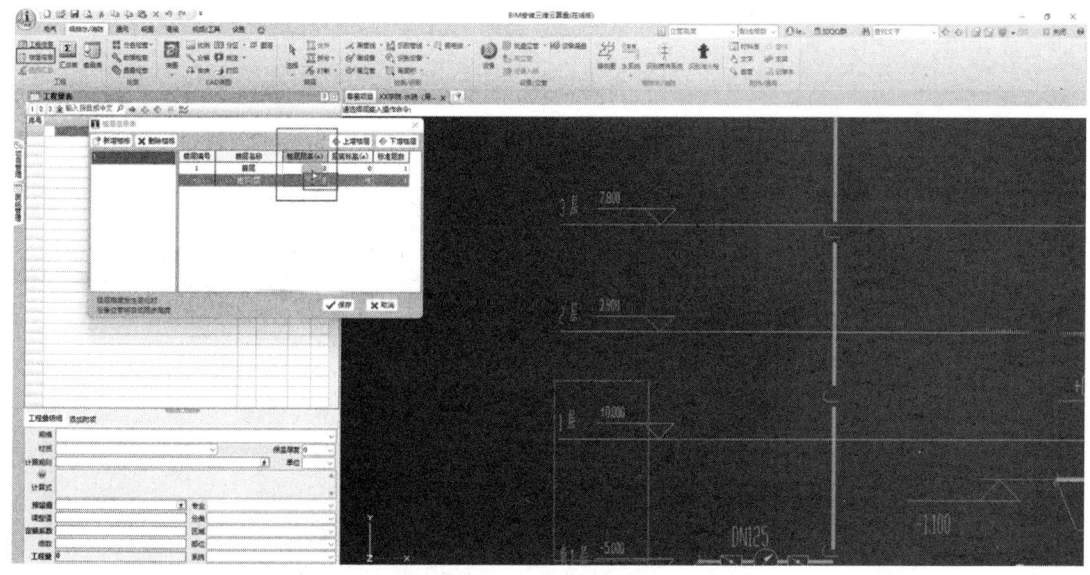

图8.4 设置楼层信息

8.1.2 计算管道工程量

1. 新建管道项目

根据图纸信息找到管材信息和系统图找到管径信息,创建对应的管道项目,依次设置名称、单位和规格等项目信息,如图8.5所示。

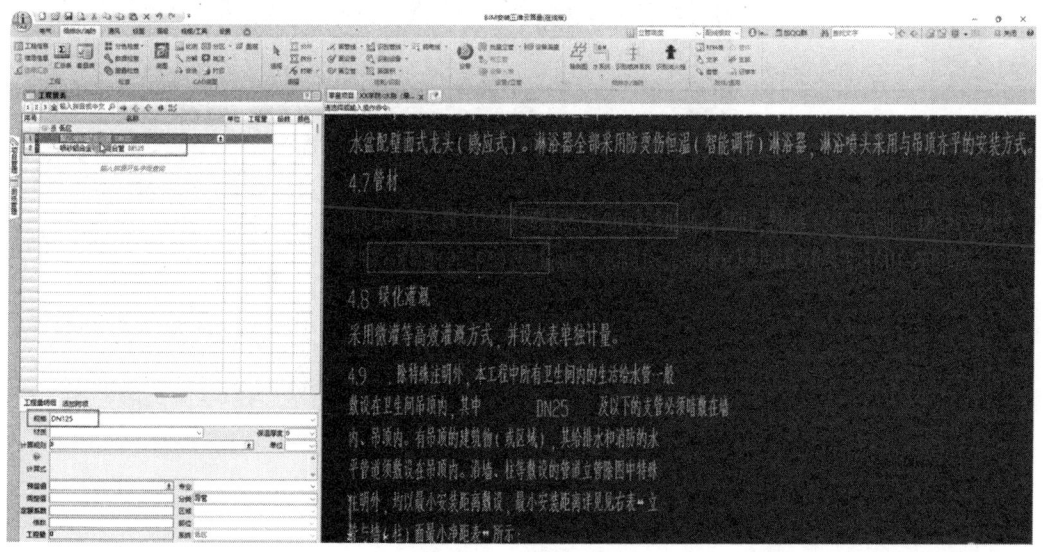

图8.5 新建项目

2. 管道建模算量

管道的计量单位均为 m，计算式为管道工程量=水平工程量+垂直工程量。其中水平工程量可以利用画管线或识别管线等方法，直接在平面图根据实际长度绘制出来即完成建模，垂直工程量则需要结合系统图的标高信息（不考虑层高），设置立管高度并在对应的位置绘制即完成建模，如图8.6所示。

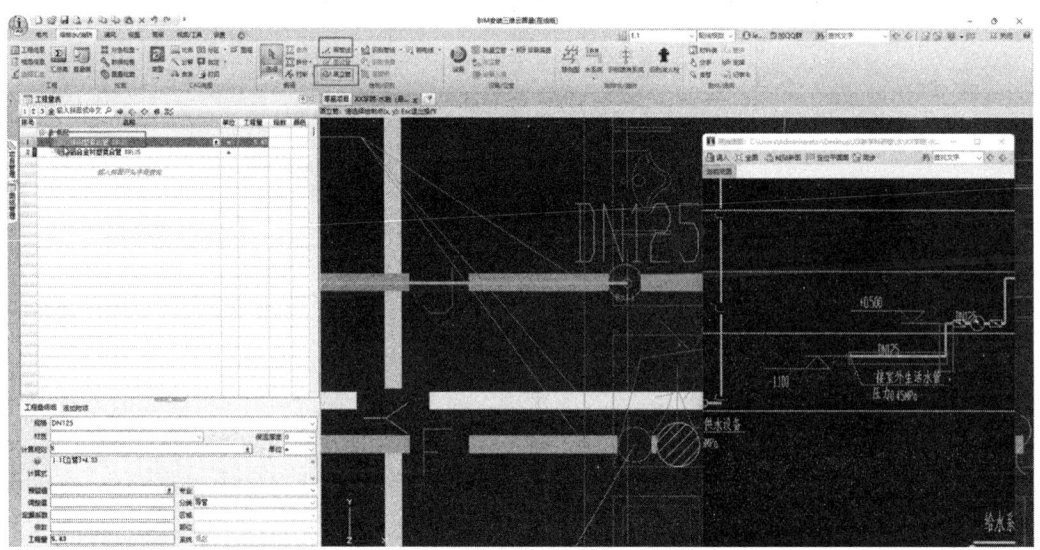

图8.6 管道建模算量

根据合适的层级可以将所有新建的管道项目进行分类，如图8.7所示。

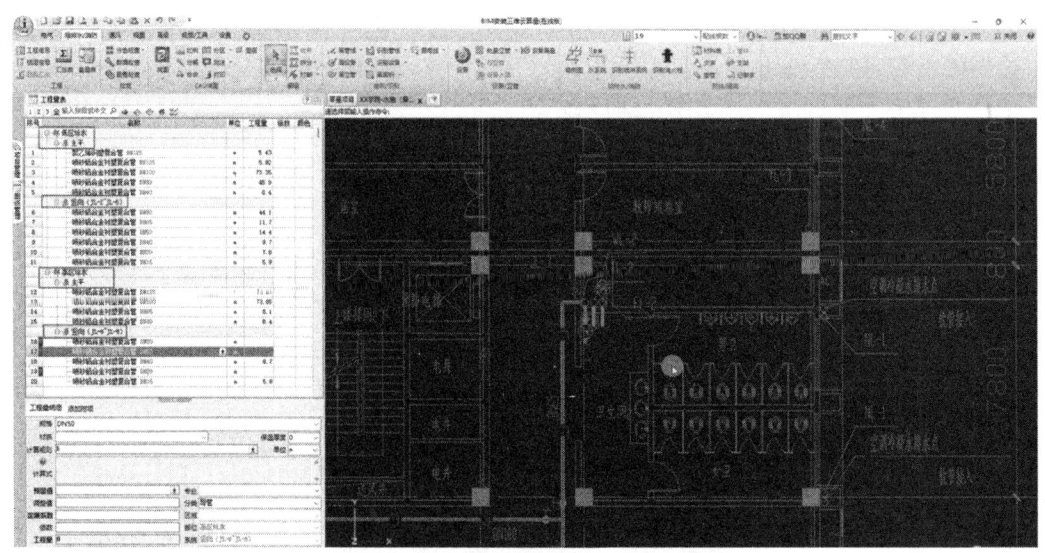

图8.7 项目层级分类

8.1.3 计算管道设备工程量

管道设备的计量单位均以数量来计算，利用识别设备的方法来快速绘制即完成建模，如

图8.8所示。识别设备的流程：新建设备项目名称→设置对应的规格→点击识别设备→在系统图中选择对应的图例→完成建模。

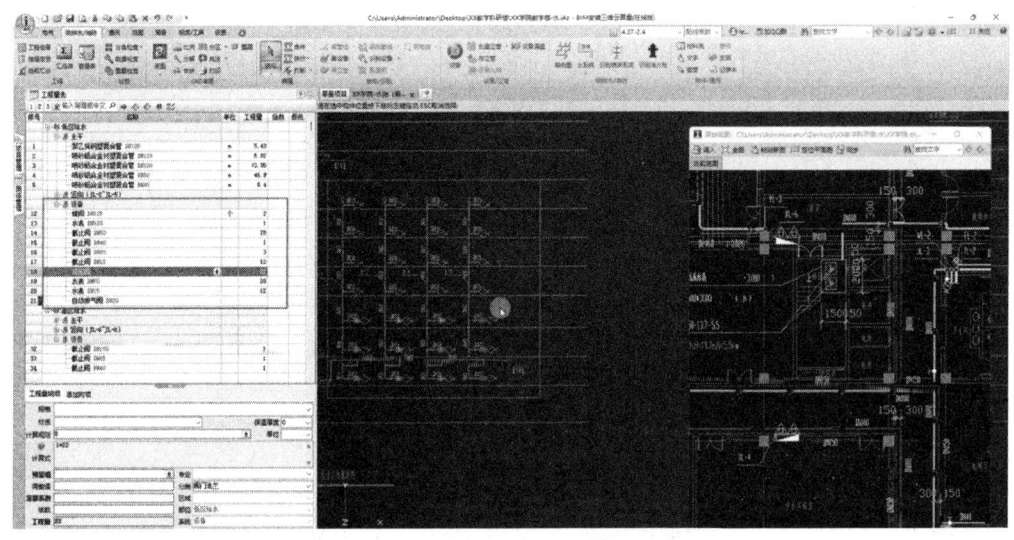

图8.8 管道设备建模

8.1.4 计算卫生间的工程量

卫生间的工程量分为管道和管道间的设备。可以直接在主界面根据上述方法进行计算，也可以在模型界面进行计算。模型界面可以看模型的三维，主界面不能看。

模型界面的计算工程量思路如下：

1. 进入模型界面

点击"水系统"，根据操作提示选择对应的管道，右键确定即进入模型界面，如图8.9所示。

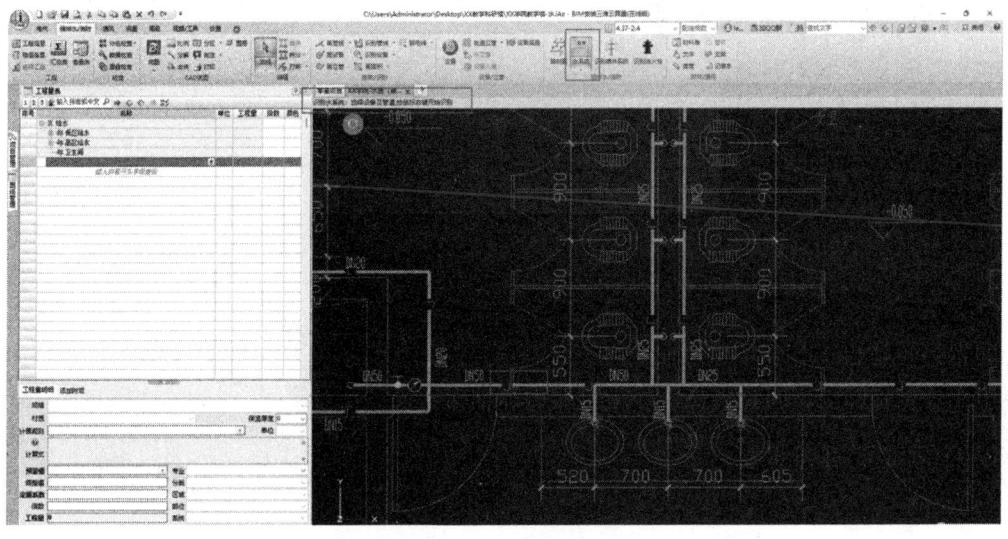

图8.9 进入模型界面

2. 设置楼层信息

依次设置楼层编号、默认高度等信息，如图8.10所示。

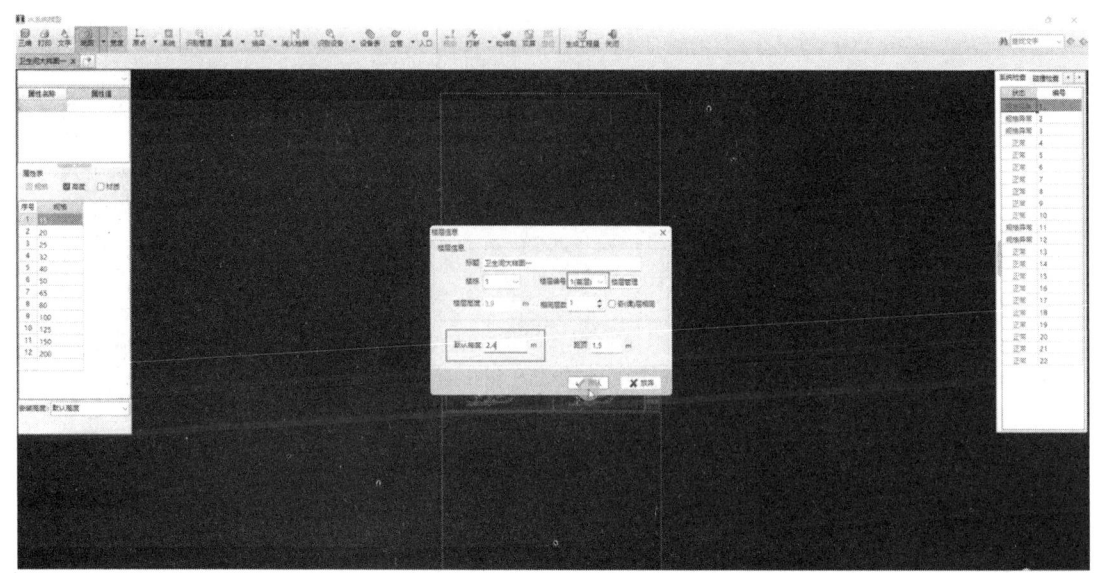

图8.10 设置楼层信息

3. 检查识别的管道模型

依次检查识别的管道规格、高度和管径是否与图纸信息一致，如图8.11所示，若不一致需要修改正确。其中缺失的管道需要手动补上，除了平面图以外的管道以及识别的设备均需要删除避免对卫生间管道工程量产生影响。全部管道绘制完成后可以切换三维查看水平管道和垂直管道是否绘制完整，还差立管的地方也需要手动绘制。

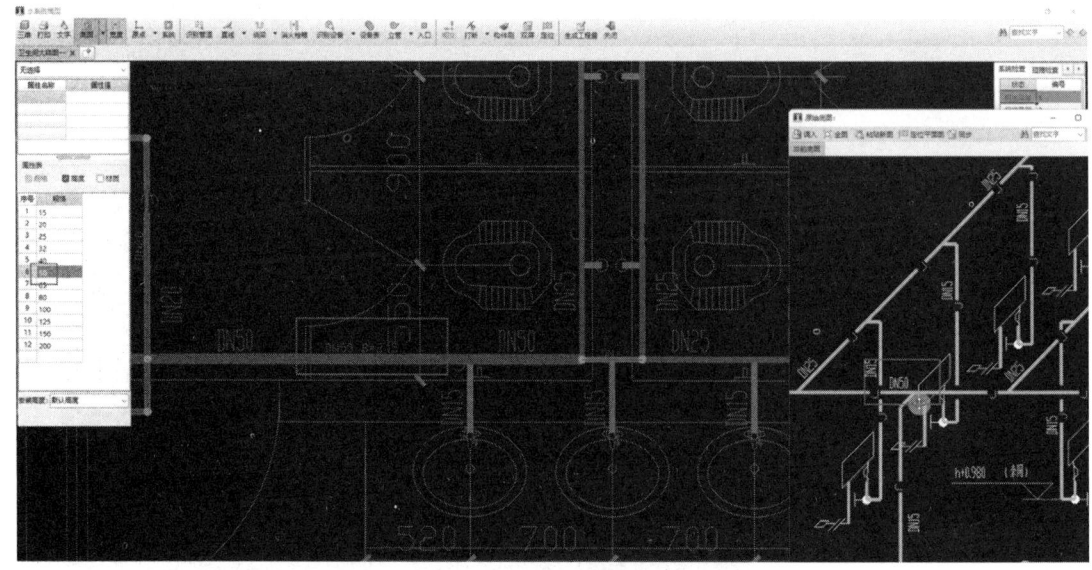

图8.11 检查管道模型

4. 生成管道工程量

管道模型检查后,设置项目名称。点击"生成工程量",根据实际需要选择刷油、保温和支架等形象,点击确定即完成卫生间的管道建模,如图8.12所示。

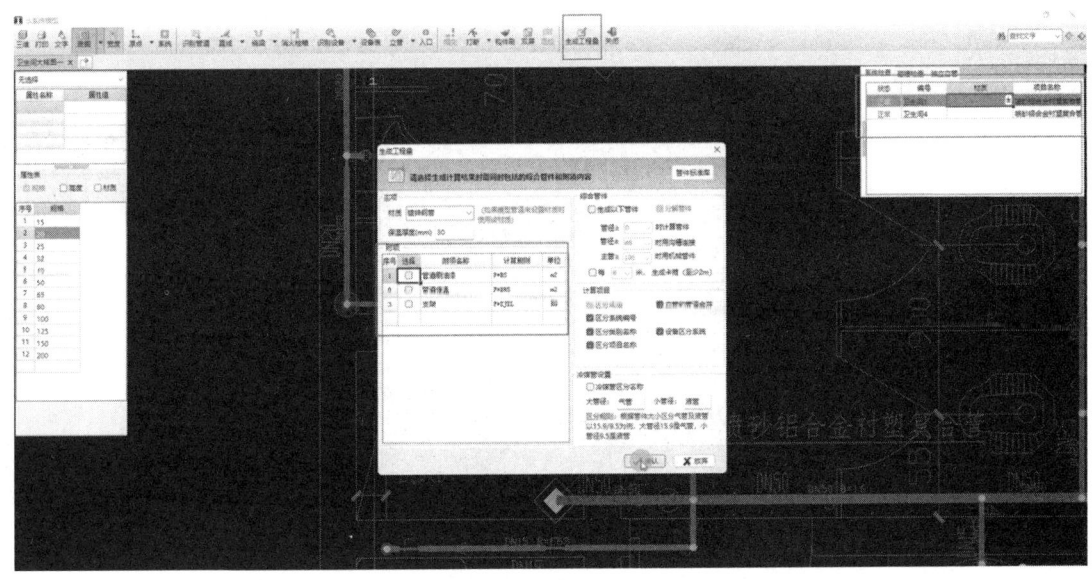

图8.12 卫生间管道工程量生成

5. 卫生间设备工程量

设备工程量可以利用识别设备的功能直接在主界面完成。其中,若卫生间部分的图纸为一个图层,可以先分解图层,再根据识别设备的功能进行设备的建模,如图8.13所示。

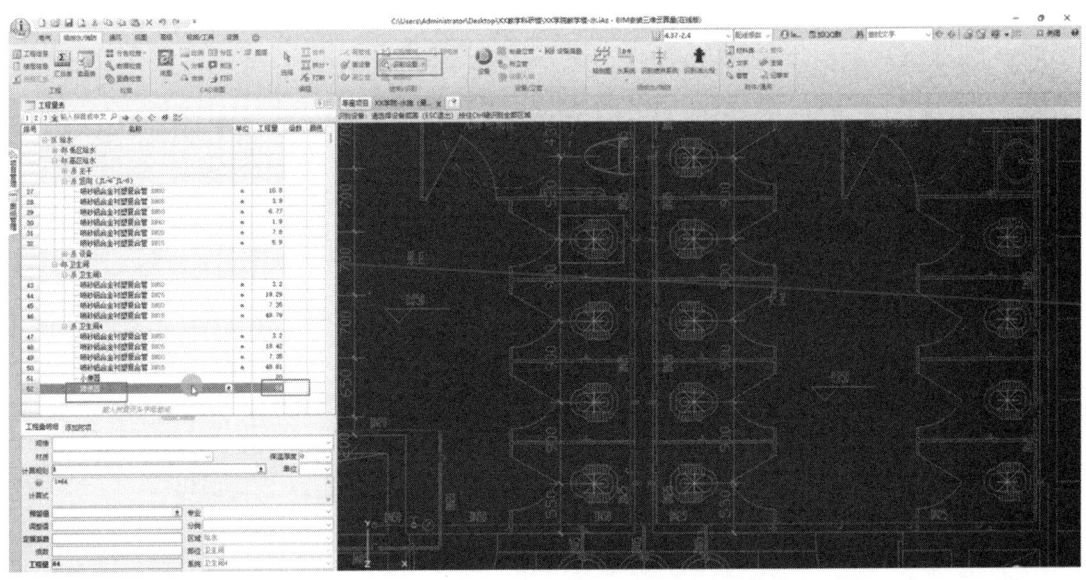

图8.13 卫生间设备建模

6. 设置卫生间的倍数

由于一栋楼的卫生间数量较多，不可能单独创建模型。计算思路为单个卫生间的工程量×对应的倍数（数量），如图8.14所示。

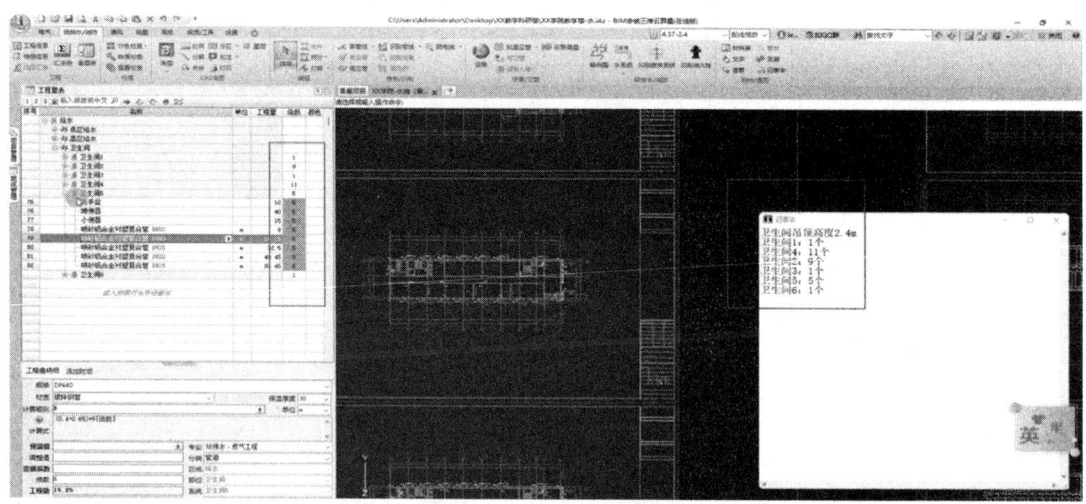

图8.14 设置卫生间倍数

8.1.5 套取清单

所有工程量都绘制完成后点击套量表，进入页面后选择一键套项，如图8.15~图8.17所示。值得注意的是每个清单都应该逐一检查是否正确和完整。各专业工程逐一完成清单套项并保存好文件。

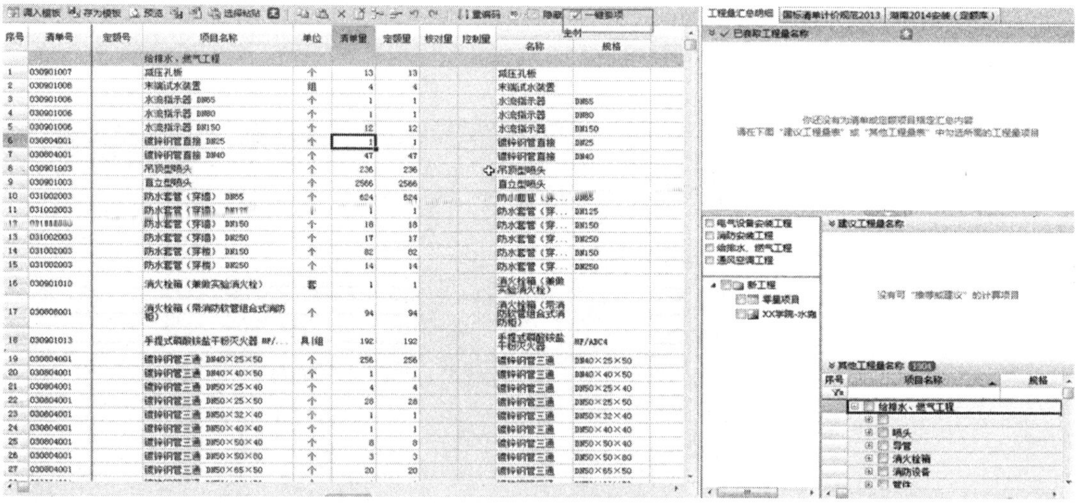

图8.15 一键套项

第8章 基于BIM技术的管道工程计量与计价综合案例

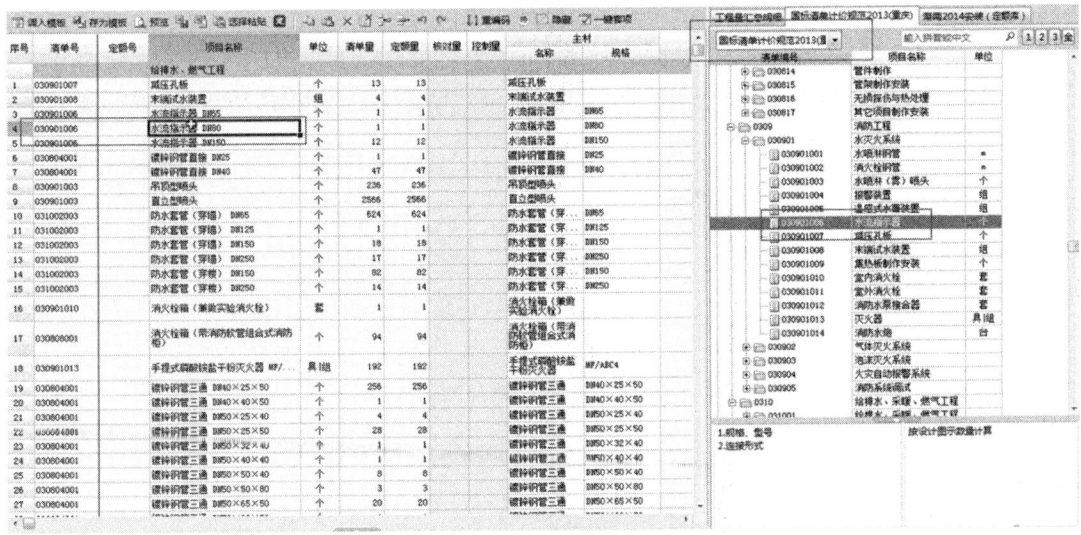

图8.16 检查清单编码

图8.17 设置重编码

8.2 管道工程计价

本节基于鹏业云计价软件以给水系统为例展开描述，帮助大家熟悉鹏业云计价流程，以提高计价能力。

8.2.1 计价前的准备工作

1. 新建计价文件

打开鹏业云计价软件，新建计价文件，选择"重庆工程量清单计价 CQFYDE-2018（一般计税法）"，如图8.18所示。

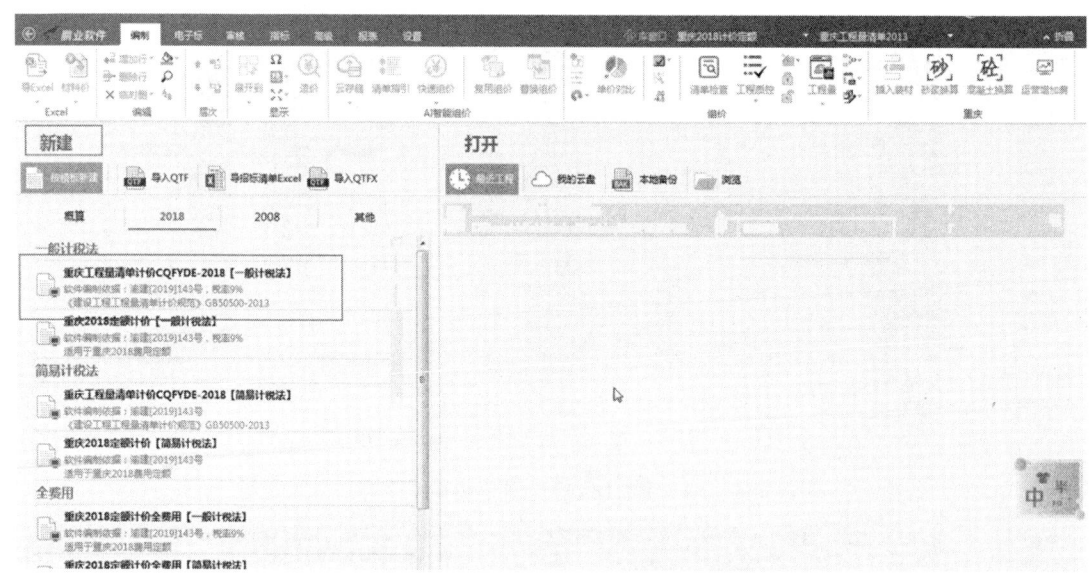

图8.18 新建计价文件

2. 导入算量文件

在计价文件中导入算量文件，按专业划分依次导入，如图8.19所示。

图8.19 导入算量文件

3. 设置总项目信息

根据实际信息填写对应的项目信息，如图8.20所示。

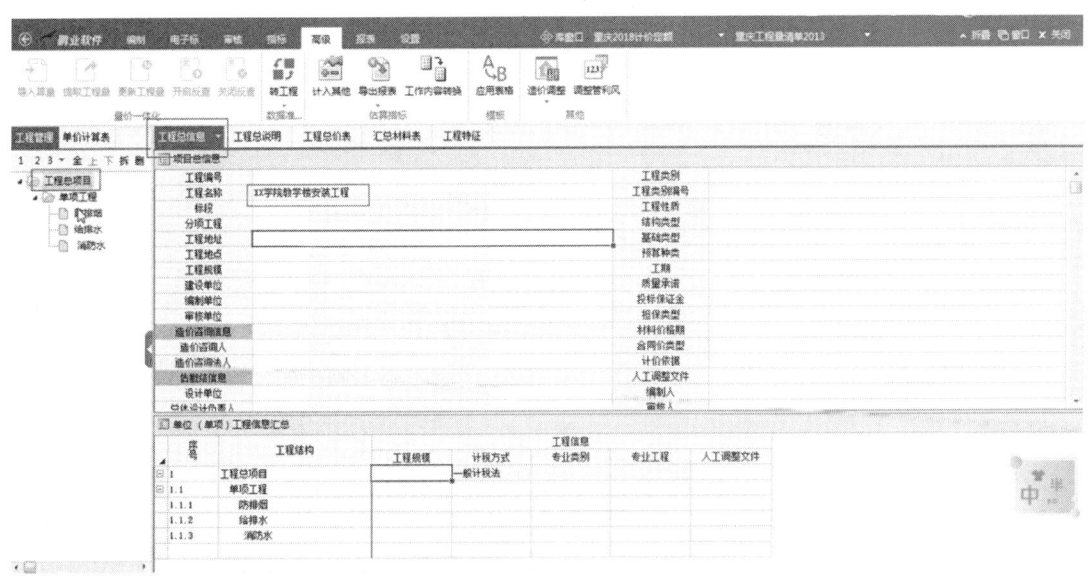

图8.20 设置总项目信息

4. 设置项目信息

各单位工程根据专业属性选择对应的专业工程,如图8.21所示。单项工程根据实际情况填写,如图8.22所示。并根据图纸信息和设计说明书文件等依次完成工程总信息、工程总说明、工程总价表、汇总材料表和工程特征等。

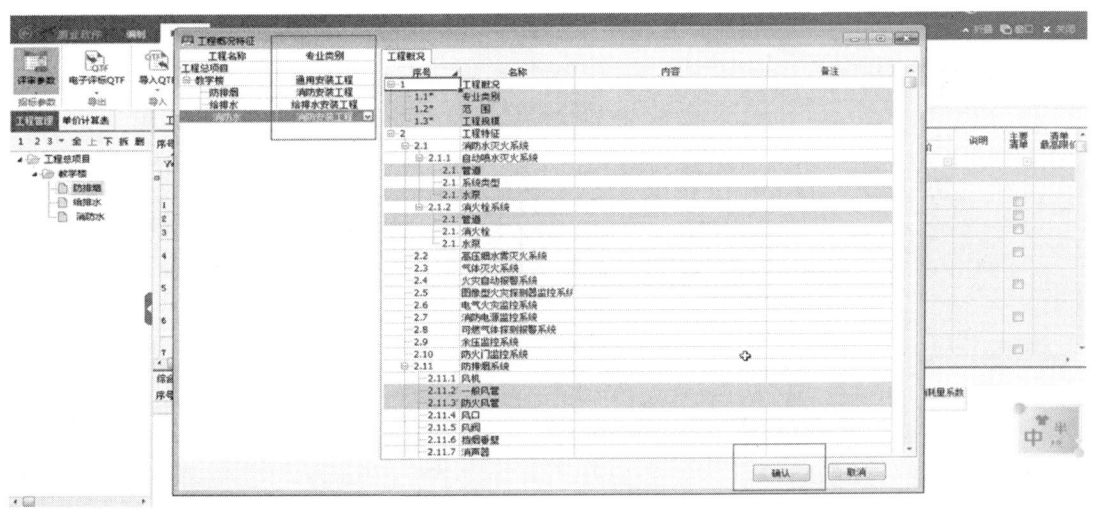

图8.21 单位工程设置

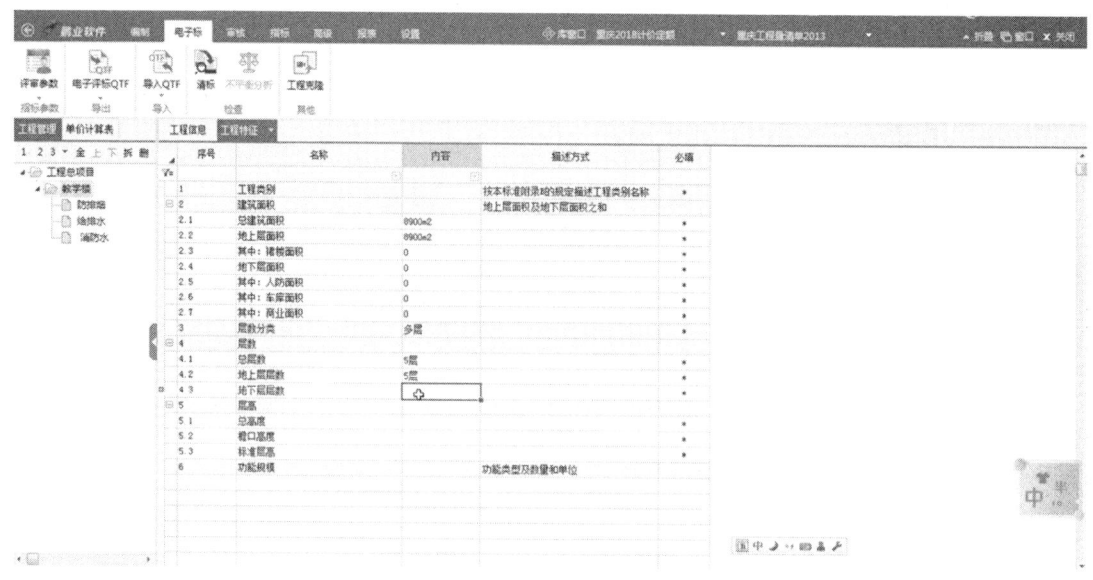

图8.22 单项工程设置

5. 设置项目特征

各单位工程的项目特征要根据实际图纸信息分别设置,如图8.23所示。

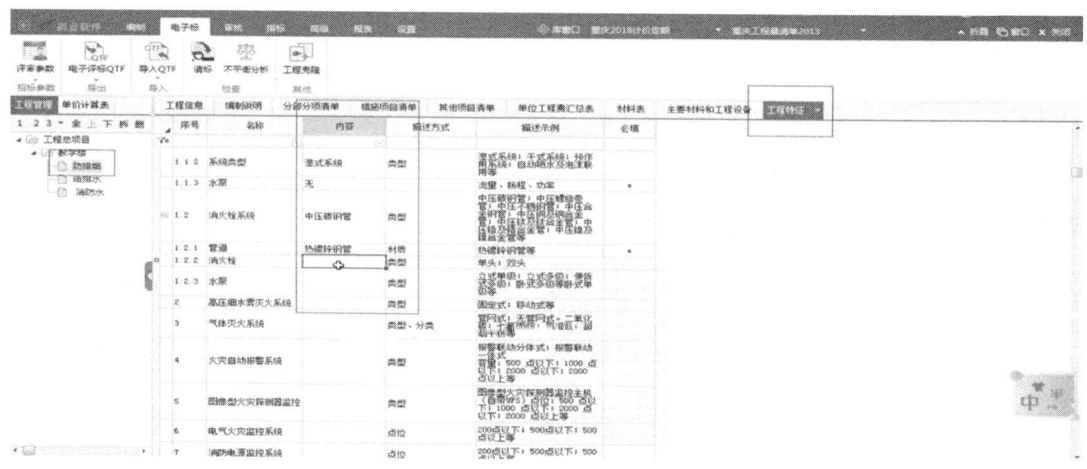

图8.23 设置项目特征

8.2.2 分部分项的组价

1. 设置清单顺序编码

清单编码可能存在重复,故需要重新编码,如图8.24所示。

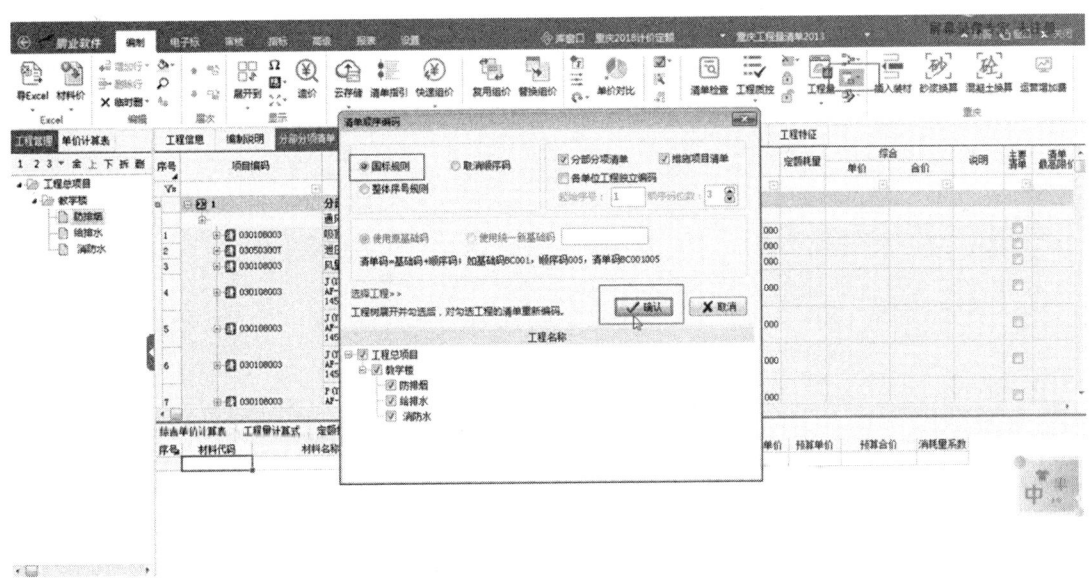

图8.24 设置清单顺序编码

2. 添加定额子目

根据清单项选择插入合适的定额子目并完善清单的项目特征，如图8.25所示。有些定额需要换算的要按规范要求进行换算。

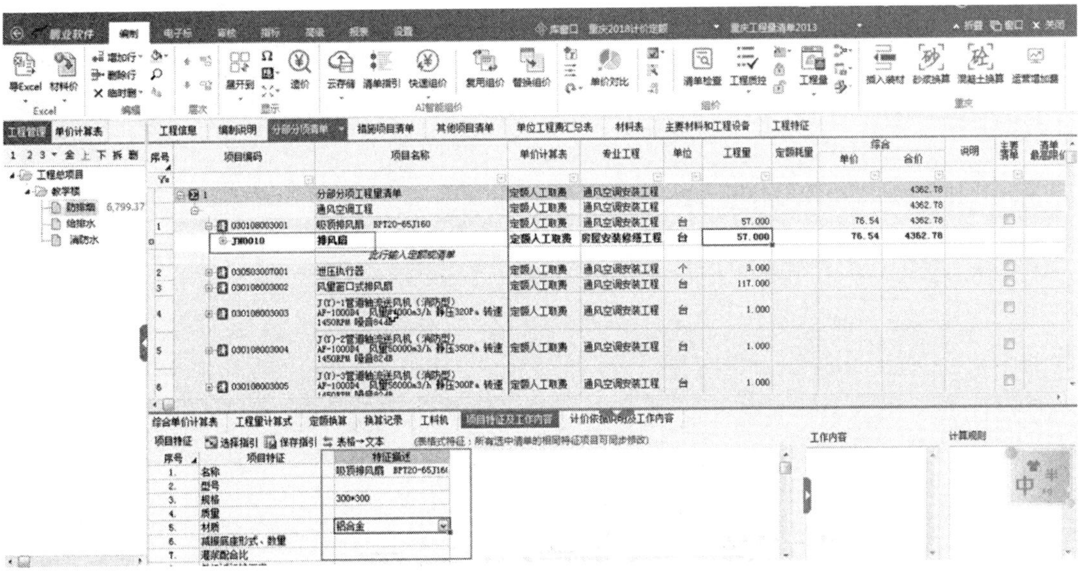

图8.25 添加定额子目

3. 添加主材

部分定额需要添加主材，右键选择添加主材并修改主材名称和设置单价，如图8.26所示。

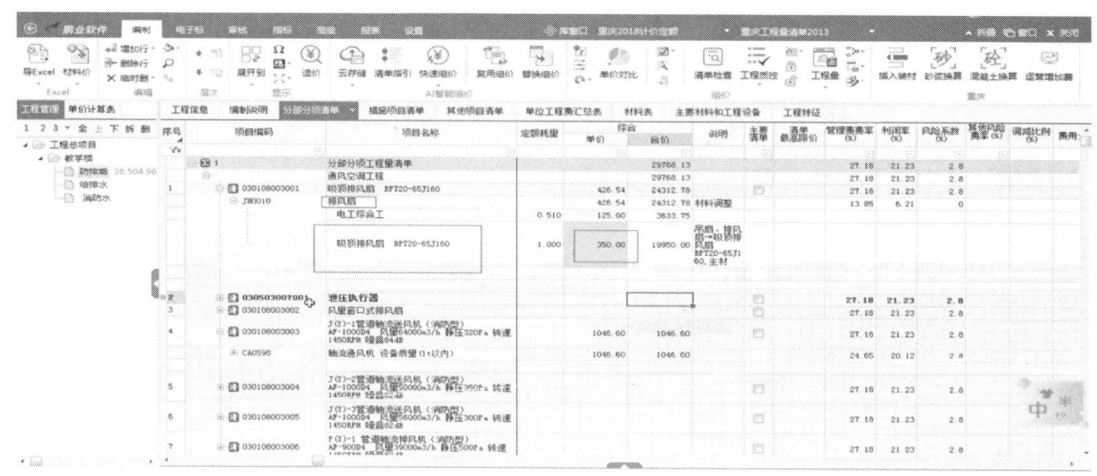

图 8.26 添加主材

4. 调价差

根据项目所在地的价格依次调整人工、材料和机械的价格，如图8.27所示。

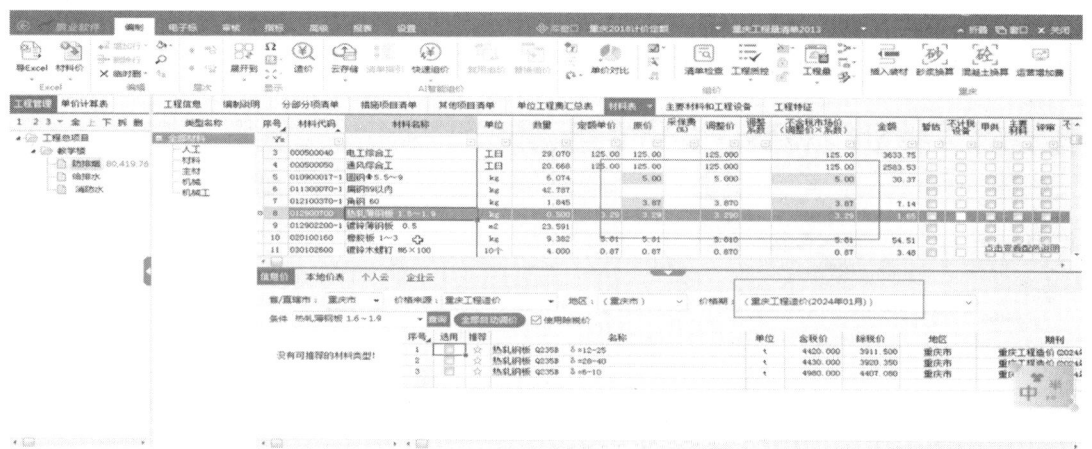

图8.27 调价差

8.2.3 措施项目的组价

1. 设置附加费

根据项目的实际情况设置不同的附加费，如图8.28所示。

2. 设置附加费的编码

设置附加费的编码如图8.29所示。

第 8 章 基于 BIM 技术的管道工程计量与计价综合案例

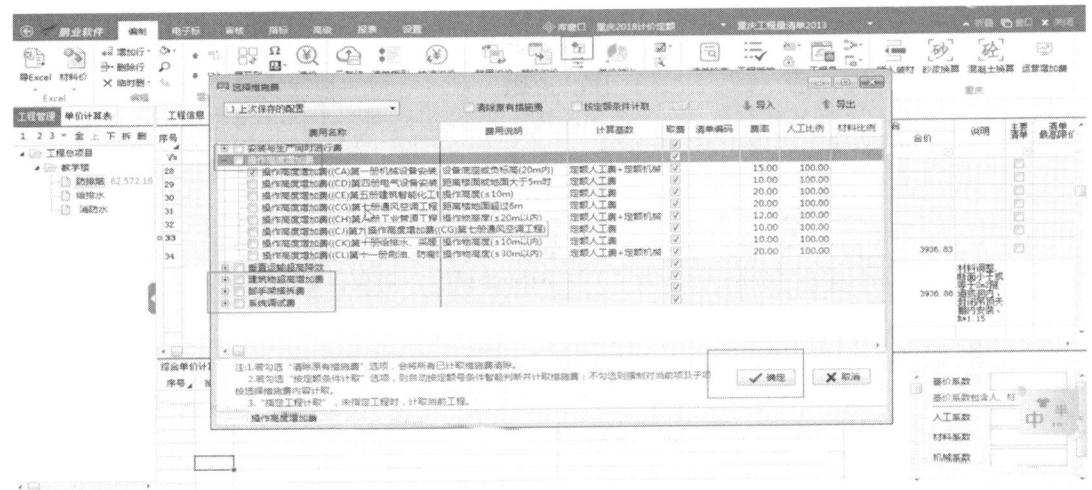

图 8.28 设置附加费

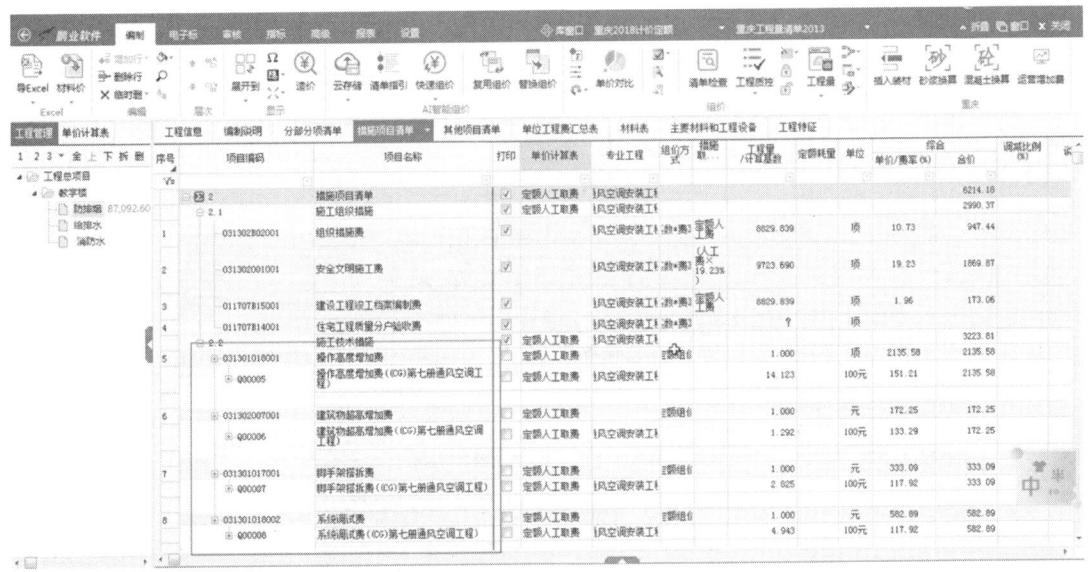

图 8.29 设置附加费的编码

8.2.4 检查文件

检查各清单和定额是否套取完整，检查填写的信息是否完整。保存好文件以便后续导出计价文件。

8.3 管道工程计量与计价综合案例

本节综合案例为实际工程"重庆工程学院教学科研楼项目"，以该工程施工图为依托进行管道工程计量与计价综合案例讲解，对该项目的给水工程、消防工程、排水工程和通风工程的 BIM 计量计价过程配置了详细讲解视频，具体请扫描二维码学习。

- 269 -

给水工程 BIM 建模　　管道工程计价　　排水工程 BIM 建模

喷淋系统 BIM 建模　　通风工程 BIM 建模　　消火栓系统 BIM 建模

总结框架图

第8章总结框架图如图8.30所示。

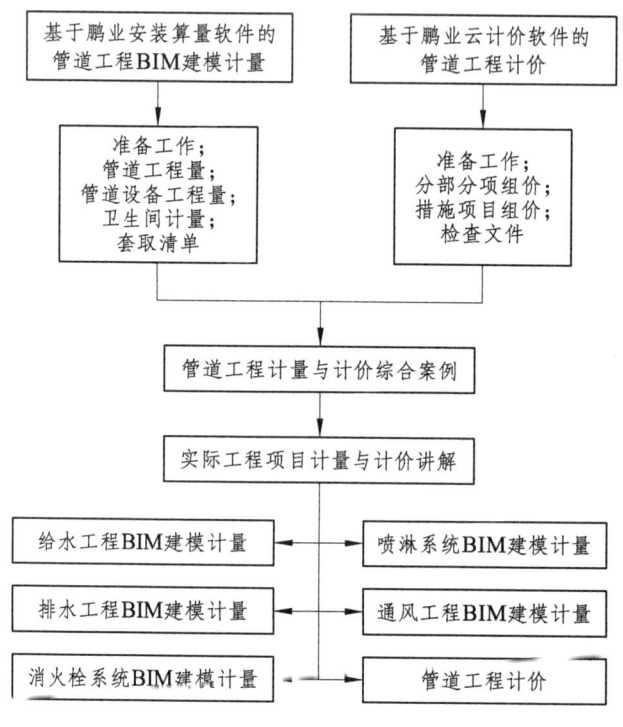

图8.30　第8章总结框架图

课后练习题

结合所提供的案例图纸和资料，完成管道工程的软件建模计量与计价。

参考文献

[1] 中华人民共和国住房和城乡建设部. 建筑给水排水制图标准：GB/T 50106—2010[S]. 北京：中国建筑工业出版社，2010.

[2] 中华人民共和国住房和城乡建设部，中华人民共和国国家质量监督检验检疫总局. 消防给水及消火栓系统技术规范：GB 50974—2014[S]. 北京：中国计划出版社，2014.

[3] 中铁工程设计咨询集团有限公司. 管网叠压供水设备选用及安装：06SS109[S]. 北京：中国建筑标准设计研究院出版，2006.

[4] 中国有色工业设计研究总院. 室内管道支架及吊架：03S402[S]. 北京：中国建筑标准设计研究院出版，2003.

[5] 中国建筑标准设计研究院，北京市自来水设计公司. 室外给水管道附属构筑物：05S502[S]. 北京：中国建筑标准设计研究院出版，2005.

[6] 上海建筑设计研究院有限公司，广西华蓝设计（集团）有限公司主编标准图集. 建筑给水塑料管道安装：11S405[S]. 北京：中国计划出版社，2011.

[7] 上海建筑设计研究院有限公司. 卫生设备安装：09S304[S]. 北京：中国计划出版社，2009.

[8] 华东建筑设计研究院有限公司. 住宅厨、卫给水排水管道安装：14S307[S]. 北京：中国建筑标准设计研究院出版，2014.

[9] 吴汉美，邓芮. 安装工程计量与计价[M]. 重庆：重庆大学出版社，2022.

[10] 陈华菊，韩记. 安装工程计量与计价[M]. 武汉：武汉理工大学出版社，2019.

[11] 黄建瓯. 安装工程计量与计价[M]. 武汉：武汉理工大学出版社，2023.

[12] 沈巍. 安装工程计量与计价[M]. 北京：机械工业出版社，2021.

[13] 张宝军，陈思荣. 建筑给水排水工程[M]. 武汉：武汉理工大学出版社，2023.

[14] 中华人民共和国住房和城乡建设部，中华人民共和国国家质量监督检验检疫总局. 建设工程工程量清单计价规范：GB 50500—2013[S]. 北京：中国计划出版社，2013.

[15] 中华人民共和国住房和城乡建设部，中华人民共和国国家质量监督检验检疫总局. 通用安装工程工程量计算规范：GB 50856—2013[S]. 北京：中国计划出版社，2013.

[16] 中华人民共和国住房和城乡建设部，中华人民共和国国家质量监督检验检疫总局. 房屋建筑与装饰工程工程量计算规范：GB 50854—2013[S]. 北京：中国计划出版社，2013.

[17] 重庆市建设工程造价管理总站. 重庆市建设工程费用定额：CQFYDE—2018[S]. 重庆：重庆大学出版社，2018.

[18] 重庆市建设工程造价管理总站. 重庆市通用安装工程计价定额：CQAZDE—2018[S]. 重庆：重庆大学出版社，2018.